高职高专“十三五”旅游管理类规划教材

饭店管理概论

（第三版）

张　波　　主　编
苏晓光　于丽艳　副主编

上海财经大学出版社

图书在版编目(CIP)数据

饭店管理概论/张波主编．—3 版．—上海：上海财经大学出版社，2017.7

(高职高专“十三五”旅游管理类规划教材)

ISBN 978-7-5642-2767-8/F·2767

Ⅰ.①饭… Ⅱ.①张… Ⅲ.①饭店-企业管理-高等职业教育-教材 Ⅳ.①F719.2

中国版本图书馆 CIP 数据核字(2017)第 152653 号

□ 责任编辑 台啸天
□ 书籍设计 钱宇辰

FANDIAN GUANLI GAILUN

饭店管理概论

(第三版)

张 波 主 编

苏晓光 于丽艳 副主编

上海财经大学出版社出版发行

(上海市武东路 321 号乙 邮编 200434)

网 址：http://www.sufep.com

电子邮箱：webmaster @ sufep.com

全国新华书店经销

上海华业装璜印刷厂印刷装订

2017 年 7 月第 3 版 2017 年 7 月第 1 次印刷

700mm×960mm 1/16 19.75 印张 386 千字

印数：10 001—14 000 定价：39.00 元

第三版前言

随着中国旅游产业的飞速发展，国内饭店业的发展规模与经济总量也得到了快速的扩大和提升。为了更好地适应这一发展形势，饭店业内的许多管理者更加注重对饭店管理理论与方法的深入学习与探索，探寻更加系统化、科学化、实用性强的饭店管理理论和经营管理模式；许多饭店管理专业的专家、学者也对饭店管理的理论研究予以更广泛的关注，进而使得饭店管理概论这门学科的研究，无论在理论上，还是在实践上，都得到了空前繁荣的飞速发展。

饭店管理概论是高职高专院校旅游管理与饭店管理专业的专业核心课程之一，是一门内容广泛、理论性与实践性都很强的专业课。

本书坚持以培养学生饭店管理实践过程中所需的职业素质与职业能力为主，遵循认知规律，以模块的形式编写，增强教学内容的实用性，其中的专业理论知识以实用、够用为度，以强化应用为教学重点，注重融会贯通，内容与饭店管理工作的实际结合，与中国饭店业职业经理人执业资格认定考试相融通，增强了适用性。

本书经过多次修订，先后在全国各地十几所高职院校的专业教学中使用，得到了广大师生的一致好评。本次修订，又吸纳了部分新的专业教师参与，在保留原有优势的基础上，重点在以下方面做了改进：一是与时俱进地更新了书中的许多案例、资料链接，以保持其内容的时代性，二是结合教师具体授课体会，增减了饭店服务与质量管理、饭店设施设备管理等章节的内容，以保证其内容的实用性与可操作性。

本书由山东淄博职业学院旅游管理系的张波副教授担任主编，石家庄铁路职业技术学院的苏晓光和上海工商外国语学院的王立进担任副主编。各章的编写分工为：第一、二、五、十章张波编写，第三、四章苏晓光编写，第六、七、九章于丽艳编写，另外，焦邻颖、刘秀丽教师也参与相关章节的编写工作。

本书在编写过程中，参考了大量饭店管理相关的书籍与文献（在书后列出），在此特表示感谢。由于水平有限，在编写中难免存在一定的缺陷与不足，敬请各位专家、同业及读者批评指正，以待修正完善。

张　波

2016年10月

目录

第一章

饭店业概述

能力目标

- 能正确区分和认识饭店的类型；
- 具有宏观把握饭店行业特点，熟悉行业环境的能力；
- 具有正确分析饭店行业的发展动态和发展趋势的能力。

知识目标

- 掌握饭店产品的性质及特点；
- 了解中外饭店业的发展简史；
- 了解饭店星级评定的标准。

课程导入

锦江收购法国罗浮酒店集团　2015年将在华扩张逾60家酒店

近日，旗下拥有85年老字号上海和平饭店的上海锦江国际酒店集团宣布以12亿欧元的价格收购欧洲第二大旅馆业者法国罗浮酒店集团(Louvre Hotels Group)，为中资企业海外收购饭店资产再添新例。法国罗浮酒店集团旗下金郁金香酒店的三大品牌未来也将主要在中国地区及亚太地区强势扩张布局。

法国罗浮酒店集团总部位于法国巴黎，2009年法国罗浮酒店与荷兰金郁金香酒店(Tnlip Inn)完成合并，并由喜达屋资本集团(Starwood Capital Group)接管，这一战略联盟使得法国罗浮集团一跃而成欧洲第二大、全球第八大的酒店管理集团，通过不同的商业模式在全球47个国家与地区管理经营多达1 140家饭店，总计逾95 217间客房。集团旗下共有6大不同等级规模的酒店品牌，涵盖豪华与经济型酒店，包括Premiere Classe(普瑞米尔经典酒店)、Campanile(钟楼酒店)、Kyriad Prestige(凯德酒店)、Tulip Inn(郁金香酒店)、Golden Tulip(金郁金香酒店)和 Royal Tulip(皇家郁金香酒店),其中后三个金郁金香旗下品牌已于 2008 年 8 月引入中国发展。

据了解,锦江集团此次收购交易预计在 2016 年第一季度完成。锦江酒店集团总部位于上海,是目前国内规模最大的综合性旅游企业集团之一,以饭店管理与投资、旅行服务及客运物流服务为主营业务。集团旗下控股子公司锦江国际酒店集团经营管理逾1 700家饭店,客房逾 25 万间,横跨亚、欧、美三大洲的十一个国家和地区,位列全球饭店集团前十。集团旗下品牌包含锦江、昆仑、锦江都城、锦江之星、金广快捷、百时快捷等。

请思考:结合本案例,思考当前饭店业发展呈现出怎样的趋势和特征。

第一节 饭店的概念、种类与等级

一、现代饭店的概念

饭店(Hotel)一词源于法语,原指贵族在乡间招待贵宾的别墅。后来,英、美等国沿用了这一名称来泛指所有商业性的住宿设施。在我国,表示住宿设施的名称有很多,如“宾馆”“饭店”“酒店”“旅馆”等。我国国家旅游局将现代宾馆、饭店等统称为旅游饭店。

现代饭店是一个具有综合性功能的场所,它除了满足人们的吃、住需求外,还提供娱乐、美容、健身、商务、交通、购物、邮政、会议等多项服务,以满足宾客在物质上和精神上的需求。

现代饭店应具备的基本条件,概括起来主要是三个方面:一是必须有一栋或一群建筑物所组成的服务设施,它们构成了饭店产品的实物部分。二是要有能够提供以住宿、餐饮、娱乐等为主的综合性服务体系,其构成了饭店产品的主体部分。三是要确立以追求经济利益为目的的经营目标,具有自主经营、自负盈亏的能力,能够通过有偿提供各种综合性服务,促进饭店的自我积累和发展。

二、现代饭店的种类

现代饭店的分类主要有两大目的:一是有利于推销,能使饭店明确推销对象和目标市场,从而更有效地制订计划,更集中地使用广告宣传费用,同时也能使宾客在选择饭店时有比较明确的目标;二是便于比较,一家饭店经营效益的好坏,要与同一类型的饭店相比较才有意义,特别是当饭店企业运用饭店行业的各种统计资料分析市场动向、研究竞争对策和制订经营方向时,同类饭店的比较显得格外重要。

根据不同的分类依据，世界各地的饭店可以被分为不同的种类。

(一)根据饭店经营性质分类

1. 商务型饭店

商务型饭店以接待商务旅行者为主，多位于城区，靠近商业中心。不但外观讲究，内部设施也富丽堂皇。客房、餐厅要有较高水平，各类服务、设施，特别是商务所需的设备设施，亦需一应俱全。例如，直拨海外的直通电话，迅速的电传、传真设施，投影仪、放映机、录像机和各种规模的谈话室和会议室等。商务中心提供打字、复印和其他文件服务，另外也要注重康乐中心、健身房和游泳池等设施齐全。

2. 度假型饭店

度假型饭店主要是为度假客人提供住宿、饮食、娱乐和各种交际活动的场所。一般位于海滨、山区和温泉附近，且交通非常方便。除了提供一般饭店所应有的一切服务项目以外，最突出、最主要的项目是它的康乐中心。中心的设备要齐全、完善，例如保龄球、网球、游泳池、酒吧、卡拉 OK、水上游艇、碰碰船、电子游戏等。度假型饭店环境优美，客人不仅可以享受到舒适的服务，同时可以尽情欣赏大自然的景色。如世界最大的度假型海滨饭店夏威夷希尔顿之村、深圳的西丽湖度假村等都是典型的度假型饭店。

近年来，在许多饭店业发达的国家，已出现度假型与商务型相结合的饭店，即所谓改良的度假型饭店，被认为是当代饭店发展的方向之一。

资料链接　　博鳌索菲特大饭店

博鳌索菲特大饭店(Sofitel Boao Hotel)暨博鳌亚洲论坛国际会议中心坐落在风光旖旎的东屿岛上，万泉河在她身边蜿蜒流淌，不远处的三江入海口与隔玉带滩遥遥相望的南中国海构成一幅美轮的风景。

由海南中远发展博鳌开发有限公司投资建造，法国雅高饭店(Accor Hotel Group)管理集团管理的博鳌索菲特大饭店拥有 437 间/套典雅时尚、舒适豪华的客房，中、西式佳肴应有尽有，休闲度假设施一应俱全。作为著名的“博鳌亚洲论坛”永久会址，论坛年会每年将上千位亚洲各国政要及各方代表汇集于此间颇具世界水准的会议度假饭店。博鳌索菲特大饭店从 2003 年 11 月正式开业迄今，已成功地为论坛的2003年、2004年及2005年三届年会提供了全方位的优质服务。同时，为诸多政府机构、跨国公司及企业提供了会议服务，成为知名的会议旅游目的地。

饭店的一流会议展览设施及专业细致的服务，以及绚丽多彩的传统中国风情和高贵典雅的法兰西风格的完美融合，使其成为会议和休闲度假的首选饭店。

博鳌索菲特大饭店荣膺"中国饭店金枕头奖"2005及2006年度十大最受欢迎度假饭店之一。

资料来源：http://han.house.sina.com.cn，新浪海南房产，2010年8月25日。

3. 长住型饭店

长住型饭店主要接待长住的商务和度假客人，这类饭店要求长住客人先与饭店签订一项协议书或合同，写明居住的时间和所需的服务项目。有的长住型饭店提供正常的客房和餐饮服务。很多公司都在饭店租用房间作为办公地点和场所，租用的时间一般在半年或一年以上。另一种长住型饭店只提供住宿，不提供专门客房和餐饮服务，这类饭店的客房由几个房间组成套房，备有生活设施，因不提供日常的饭店服务，收费也较便宜。

4. 公寓饭店

公寓饭店是西方国家一种较新型的饭店。此类饭店内部多采用公寓式布局，配有整套的生活设施及公用的娱乐、健身设施，适宜家庭居住。经营方法采用所谓的时间分享法，即由投资者出资兴建，其他人可任意租用，租期可以为一周、一月、一年、五年或更长时间，同时允许转租他人。

5. 汽车饭店

汽车饭店是为自备有汽车的游客提供食宿等服务的饭店。这种汽车饭店最初建在公路旁边，有明显的标志，旅馆不大，一般有100个房间左右，两层楼居多。二楼做客房、餐厅，一楼做车库，有的还有健身房、游泳池等综合服务设施。随着饭店业发展，这种汽车饭店逐渐打入城市周围和内部。它和一般饭店不同的地方在于，它建有规模较大的停车场且价格便宜，一般采用自动化服务，设有商店和餐厅。进入20世纪70年代以来，汽车饭店不仅提供客房和餐饮服务设施，有的还增加了洗衣房、会议室、舞厅、球场等其他饭店所拥有的综合服务设施。因此，这种新型的饭店很受旅游者的欢迎。

6. BB家庭式饭店

BB家庭式饭店是一种家庭式的、可向客人提供住宿和早餐的饭店。"BB"是英文Bed and Breakfast的缩写，意为"住宿和早餐"。它最早流行于欧洲，后逐渐传入美国。目前，美国各地都设有专门从事BB家庭式饭店订房服务的公司，旅游手册上也常有许多这种饭店的名称和电话号码，旅客可提前三四天预订房间。BB家庭式饭店发展迅速，受到许多旅游者的欢迎，其原因是：(1)经济实惠，房价较低。在美国的价格一般是每晚24～26美元不等，还可以得到一顿好的早餐。(2)自由自在，无拘无束。(3)不收小费。

资料链接　美国东部自驾：温馨的家庭旅馆

家庭旅馆，英文叫作“Bed and Breakfast”，简称“BB”。如果你去美国东北部的新英格兰地区旅行，一定要体验一下那里极具英伦文化特色的家庭旅馆哦！There is no place like home！是的，世界上没有任何一个地方会像家一样，但是，家庭旅馆的经营目标就是让旅行者感受到家的氛围。家庭旅馆有大有小，大的大约有20个左右的房间，几乎是小旅馆的规模。而比较常见的一般就是房主自己居住的一栋房子，除了自住的房间外，房主把其他两三间的客房都出租出去。房主基本都是老人，孩子们长大都走了，留下老人独住这样大的一栋房子，兼做家庭旅馆，贴补些家用。每一间家庭旅馆的装饰和布置都体现了主人的品位。很多家庭旅馆都是有着两百多年历史的老屋，里面的陈设也可以看出历史的痕迹。既然是床＋早餐，那么除了舒适的房间之外，精致的早餐也是家庭旅店的招牌之一。一般都是主人亲自下厨给客人烹制早餐，而且事先都会问一下客人对于早餐的喜好。早餐通常都是从英式红茶、咖啡、水果开始的，然后就是煎蛋、吐司、培根香肠等，虽然都是平常的食物，但是它们的做法都非常讲究，注重食物的色彩以及和餐具的搭配，总之就是非常好看的一盘子，让你迫不及待地想尝一尝。

(二)根据饭店规模分类

饭店的大小划分没有明确的规定，一般是以饭店的房间数、占地面积、饭店的销售额和纯利润的多少为标准，来衡量饭店的规模，其中，主要是房间数。饭店的规模通常按客房数量来划分。目前，国际上通行的划分标准有以下三种：

1. 小型饭店:客房数在 300 间以下。
2. 中型饭店:客房数在 300～600 间。
3. 大型饭店:客房数在 600 间以上。

以规模大小分类是比较客观的分类法,因为它有利于饭店之间进行比较。

资料链接　2014 年度中国饭店集团 30 强名单

序号	集团名称	饭店数量（家）	客房数量（间）
1	如家酒店集团	2 810	316 175
2	铂涛集团	3 251	298 435
3	华住酒店集团	2 669	270 063
4	格林豪泰酒店管理集团	2 124	208 152
5	上海锦江国际酒店(集团)股份有限公司	1 334	177 839
6	温德姆酒店集团	870	96 870
7	喜达屋酒店与度假村集团	267	85 365
8	洲际酒店集团	239	77 750
9	万豪国际集团	199	63 305
10	维也纳酒店集团	479	61 637
11	开元酒店集团	186	56 320
12	东呈酒店集团	571	54 423
13	青岛尚客优城际酒店管理有限公司	951	53 751
14	北京首旅酒店(集团)股份有限公司	166	35 885
15	雅高酒店集团	145	34 515
16	南京金陵酒店管理有限公司	126	34 436
17	山东蓝海酒店集团	100	32 999
18	碧桂园凤凰国际酒店管理公司	100	31 108
19	海航酒店(集团)有限公司	89	29 528
20	凯悦酒店集团	102	29 181
21	港中旅酒店有限公司	81	28 525
22	住友酒店集团	354	24 881

续表

序号	集团名称	饭店数量（家）	客房数量（间）
23	山东银座旅游集团有限公司	223	22 843
24	香格里拉酒店集团	47	21 536
25	君廷酒店及度假村集团	90	20 652
26	湖南华天国际酒店管理有限公司	78	20 296
27	绿地国际酒店管理集团	71	20 289
28	万达酒店及度假村	64	19 543
29	希尔顿酒店管理(上海)有限公司	52	19 428
30	广州岭南国际酒店管理有限公司	67	18 061

资料来源：中国旅游饭店协会网站。

三、现代饭店的等级及其评定标准

饭店等级的划分方法多种多样，各国都有相应的标准。根据旅游业的发展需要，世界各国基本上都由旅游相关的行政管理机构制定并把握饭店的等级划分。

目前世界上一些发达国家和以旅游业为经济支柱的国家将饭店所提供服务项目的多寡和服务质量的优劣作为划分饭店等级的主要标准，并以星级多少作为等级高低的标志，遂成为饭店业比较流行的等级划分方法。依据这一标准，将饭店划分为五个等级，用“星”的数目（或字母“A”，或直接用级）来表示，称为星级。星数愈多表示饭店的等级愈高。一般来讲，一星级、二星级饭店属低档饭店，也被称为经济性饭店；三星级饭店属中档饭店，也被称为舒适性饭店；四星级、五星级饭店属高档饭店，也被称为豪华饭店。中、高档饭店除提供食、宿等基本项目与服务外，还须向客人提供尽可能多的其他项目与服务，如各种娱乐服务、委托代办服务、会议服务等。

我国的旅游涉外饭店自 1988 年起实行星级制度。其间又经过了 1993 年、1997 年、2010 年三次修订。

以下为 2010 年修订版中华人民共和国星级酒店评定标准。

旅游饭店星级的划分与评定

前　言

本标准代替 GB/T 14308－1997《旅游涉外饭店星级的划分及评定》。

本标准与 GB/T 14308—1997 相比主要变化如下：

a. 用“旅游饭店”取代“旅游涉外饭店”，并按国际惯例明确旅游饭店的定义；

b. 规定旅游饭店使用星级的有效期限为五年，取消了星级终身制，增加了预备星级（见 5.2）；

c. 明确了星级的评定规则（见 7.5），增加了某些特色突出或极其个性化的饭店可以直接向全国旅游饭店星级评定机构申请星级的内容（见 7.5.3）；

d. 对餐饮服务的要求适当简化（原标准 6.1.6，6.2.6，6.3.7c、e，6.4.9b、d、e，6.5.9b、c、e、f）；

e. 将一星级饭店客房的最低数量要求由原来的 20 间改为 15 间（见 6.1.8）；

f. 将原标准三星级以上饭店的选择项目合并，归纳为“综合类别”、“特色类别一”、“特色类别二”和“特色类别三”四大部类，删去了原有部分内容，增加了饭店品牌、总经理资质、环境保护等内容（见 6.7）；

g. 强化对四星级以上饭店的核心区域前厅、客房和餐厅的要求，增加整体舒适度等内容（见附录 A 中的 3.12、4.21 和 5.5）；

h. 借鉴一些国家的做法，增设了“白金五星级”（见 3.2 和 6.6）。

本标准的附录 A、附录 B 和附录 C 为规范性附录，附录 D 为资料性附录。

本标准由国家旅游局提出。

本标准由全国旅游标准化技术委员会（CSBTS/TC 210）归口。

本标准起草单位：国家旅游局质量规范与管理司。

本标准主要起草人：张润钢、杨强、周政、贺静、戴斌。

本标准所代替标准的历次版本发布情况为：

——GB/T 14308—1993；

——GB/T 14308—1997。

1 范 围

本标准规定了旅游饭店星级的划分条件、评定规则及服务质量和管理制度要求。

本标准适用于正式营业的各种经济性质的旅游饭店。

2 规范性引用文件

下列文件中的条款通过本标准的引用而成为本标准的条款。凡是注日期的引用文件，其随后所有的修改单（不包括勘误的内容）或修订版均不适用于本标准，然而，鼓励根据本标准达成协议的各方研究是否可使用这些文件的最新版本。凡是不注日期的引用文件，其最新版本适用于本标准。

GB/T10001.1 标志用公共信息图形符号 第一部分:通用符号(GB/T 10001.1—2000,neq ISO 7001:1990)

GB/T10001.2 标志用公共信息图形符号 第二部分:旅游设施与服务符号(GB/T10001.2—2002,neq ISO 7001:1990)

3 术语和定义

下列术语和定义适用于本标准:

3.1 旅游饭店(tourist hotel)

能够以夜为时间单位向旅游客人提供配有餐饮及相关服务的住宿设施,也被称为宾馆、酒店、旅馆、旅社、宾舍、度假村、俱乐部、大厦、中心等。

3.2 星级(star-rating)

用星的数量和设色表示旅游饭店的等级。星级分为五个等级,即一星级、二星级、三星级、四星级、五星级(含白金五星级)。最低为一星级,最高为白金五星级。星级越高,表示旅游饭店的档次越高。

3.3 预备星级 probationary star-rating

作为星级的补充,其等级与星级相同。

4 符 号

星级以镀金五角星为符号,用一颗五角星表示一星级,两颗五角星表示二星级,三颗五角星表示三星级,四颗五角星表示四星级,五颗五角星表示五星级,五颗白金五角星表示白金五星级。

5 总 则

5.1 由若干建筑物组成的饭店其管理使用权应该一致,饭店内包括出租营业区域在内的所有区域应该是一个整体,评定星级时不能因为某一区域财产权或经营权的分离而区别对待。

5.2 饭店开业一年后可申请星级,经星级评定机构评定批复后,可以享有五年有效的星级及其标志使用权。开业不足一年的饭店可以申请预备星级,有效期一年。

5.3 除非本标准有更高要求,饭店的建筑、附属设施、服务项目和运行管理必须符合安全、消防、卫生、环境保护等现行的国家有关法规和标准。

6 星级的划分条件

6.1 一星级

6.2 二星级

6.3 三星级

6.4 四星级

6.5 五星级

6.5.1 饭店布局和功能划分合理，设施使用方便、安全。

6.5.2 内外装修采用高档材料，工艺精致，具有突出风格。

6.5.3 指示用标志清晰、实用、美观，公共信息图形符号符合 GB/T10001.1 和 GB/T10001.2 的规定。

6.5.4 有中央空调（别墅式度假饭店除外），各区域通风良好。

6.5.5 有与本星级相适应的计算机管理系统。

6.5.6 有公共音响转播系统；背景音乐曲目、音量适宜，音质良好。

6.5.7 设施设备养护良好，无噪音，达到完备、整洁和有效。

6.5.8 各项管理制度健全，与饭店规模和星级相一致。

6.5.9 各种指示用和服务用文字至少用规范的中英文同时表示。

6.5.10 能用普通话和英语提供服务，必要时能够用第二种外国语提供服务。

6.5.11 前厅

a. 空间宽敞，与接待能力相适应，不使客人产生压抑感；

b. 气氛豪华，风格独特，装饰典雅，色调协调，光线充足；

c. 有与饭店规模、星级相适应的总服务台；

d. 总服务台各区段有中英文标志，接待人员 24 小时提供接待、问询和结账服务；

e. 提供留言服务；

f. 提供一次性总账单结账服务（商品除外）；

g. 提供信用卡结算服务；

h. 18 小时提供外币兑换服务；

i. 提供饭店服务项目宣传品、客房价目表、中英文所在地交通图、全国旅游交通图、所在地和全国旅游景点介绍、主要交通工具时刻表、与住店客人相适应的报刊；

j. 24 小时接受客房预订；

k. 有饭店和客人同时开启的贵重物品保险箱，保险箱位置安全、隐蔽，能够保护客人的隐私；

l. 设门卫应接员，18 小时迎送客人；

m. 设专职行李员，有专用行李车，24 小时提供行李服务。有小件行李存放处；

n. 有管理人员 24 小时在岗值班；

o. 设大堂经理，24 小时在岗服务；

p. 在非经营区设客人休息场所；

q. 提供代客预订和安排出租汽车服务；

r. 门厅及主要公共区域有残疾人出入坡道，配备轮椅，有残疾人专用卫生间或厕位，能为残疾人提供必要的服务。

6.5.12　客房

a. 至少有40间(套)可供出租的客房；

b. 70%客房的面积(不含卫生间和门廊)不小于20平方米；

c. 装修豪华，具有文化氛围，有舒适的床垫、写字台、衣橱及衣架、茶几、座椅或沙发、床头柜、床头灯、台灯、落地灯、全身镜、行李架等高级配套家具。室内满铺高级地毯，或用优质木地板或其他高档材料装饰。采用区域照明且目的物照明度良好；

d. 客房门能自动闭合，有门窥镜、门铃及防盗装置。显著位置张贴应急疏散图及相关说明；

e. 有面积宽敞的卫生间，装有高级抽水马桶、梳妆台(配备面盆、梳妆镜和必要的盥洗用品)、浴缸并带淋浴喷头(另有单独淋浴间的可以不带淋浴喷头)，配有浴帘。采取有效的防滑措施。采用豪华建筑材料装修地面、墙面和天花板，色调高雅柔和，采用分区照明且目的物照明度良好。有良好的无明显噪音的排风系统，温度与客房无明显差异。有110/220V不间断电源插座、电话副机。配有吹风机。24小时供应冷、热水；

f. 有方便使用的电话机，可以直接拨通或使用预付费电信卡拨打国际、国内长途电话，并备有电话使用说明和所在地主要电话指南；

g. 提供互联网接入服务，并备有使用说明；

h. 有彩色电视机，播放频道不少于16个，画面和音质优良。备有频道指示说明。播放内容应符合中国政府规定；

i. 有可由客人调控且音质良好的音响装置；

j. 有防噪音及隔音措施且效果良好；

k. 有至少两种规格的电源插座，方便客人使用，并提供插座转换器；

l. 有纱帘及遮光窗帘；

m. 有单人间；

n. 有套房；

o. 有至少4个开间的豪华套房；

p. 有与本星级相适应的文具用品。有服务指南、价目表、住宿须知、所在地旅游景区(点)介绍和旅游交通图、与住店客人相适应的报刊；

q. 客房、卫生间每天全面清理1次，每日或应客人要求更换床单、被单及枕套，客用品和消耗品补充齐全，并应客人要求随时进房清理，补充客用品和消耗品；

r. 床上用棉织品(床单、枕芯、枕套、棉被及被衬等)及卫生间针织用品(浴巾、浴衣、毛巾等)材质良好、工艺讲究、柔软舒适；

s. 提供开夜床服务，放置晚安致意品；

t. 24 小时提供冷热饮用水及冰块，并免费提供茶叶或咖啡；

u. 客房内设微型酒吧(包括小冰箱)，提供适量酒和饮料，备有饮用器具和价目单；

v. 客人在房间会客，可应要求提供加椅和茶水服务；

w. 提供叫醒、留言及语音信箱服务；

x. 提供衣装干洗、湿洗、熨烫及修补服务，可在 24 小时内交还客人。18 小时提供加急服务；

y. 有送餐菜单和饮料单，24 小时提供中西式送餐服务。送餐菜式品种不少于 8 种，饮料品种不少于 4 种，甜食品种不少于 4 种，有可挂置门外的送餐牌；

z. 提供擦鞋服务。

6.5.13 餐厅及吧室

a. 有布局合理、装饰豪华的中餐厅；

b. 有布局合理、装饰豪华、格调高雅的专业外国餐厅，配有专门厨房；

c. 有独具特色、格调高雅、位置合理的咖啡厅(或简易西餐厅)，能提供自助早餐、西式正餐。咖啡厅(或有一餐厅)营业时间不少于 18 小时并有明确的营业时间；

d. 有 3 个以上宴会单间或小宴会厅，能提供宴会服务；

e. 有专门的酒吧或茶室或其他供客人休息交流且提供饮品服务的场所；

f. 餐具按中外习惯成套配置，材质高档，工艺精致，有特色，无破损磨痕，光洁、卫生；

g. 菜单及饮品单装帧精美，完整清洁，出菜率不低于 90%。

6.5.14 厨房

a. 位置合理、布局科学，传菜路线不与其他公共区域交叉；

b. 墙面满铺瓷砖，用防滑材料满铺地面，有地槽、有吊顶；

c. 冷菜间、面点间独立分隔，有足够的冷气设备。冷菜间内有空气消毒设施；

d. 冷菜间有二次更衣场所及设施；

e. 粗加工间与其他操作间隔离，各操作间温度适宜，冷气供应充足；

f. 有必要的冷藏、冷冻设施，生熟食品及半成食品分柜置放。有干货仓库并定期清理过期食品；

g. 洗碗间位置合理；

h. 有专门放置临时垃圾的设施并保持其封闭，排污设施(地槽、抽油烟机和排风

口等)保持畅通清洁;

i. 厨房与餐厅之间,有起隔音、隔热和隔气味作用的进出分开、自动闭合的弹簧门;

j. 采取有效的消杀蚊蝇、蟑螂等虫害措施。

6.5.15 会议康乐设施

有会议康乐设施设备,并提供相应服务。

6.5.16 公共区域

a. 有足够的停车场;

b. 三层以上建筑物有数量充足的高质量客用电梯,轿厢装饰高雅,另配有服务电梯;

c. 有公用电话;

d. 各公共区域均有男女分设的间隔式公共卫生间;

e. 有商店,出售旅行日常用品、旅游纪念品、工艺品等商品;

f. 有商务中心,代售邮票,代发信件,代办电报、电传、传真、复印、国际长途电话,提供打字和电脑出租等服务;

g. 代购交通、影剧、参观等票务;

h. 提供市内观光服务;

i. 有紧急救助室;

j. 有应急供电系统和应急照明设施;

k. 主要公共区域有闭路电视监控系统;

l. 走廊地面满铺地毯或其他高档材料,墙面整洁、有装修装饰,24 小时光线充足,无障碍物,紧急出口标识清楚醒目,位置合理。

6.5.17 在选择项目中至少具备 33 项。

6.6 白金五星级

6.6.1 具有两年以上五星级饭店资格。

6.6.2 地理位置处于城市中心商务区或繁华地带,交通极其便利。

6.6.3 建筑主题鲜明,外观造型独具一格,有助于所在地建立旅游目的地形象。

6.6.4 内部功能布局及装修装饰能与所在地历史、文化、自然环境相结合,恰到好处地表现和烘托其主题氛围。

6.6.5 除有富丽堂皇的门廊及入口外,饭店整体氛围极其豪华气派。

6.6.6 各类设施配备齐全,品质一流;有饭店内主要区域温湿度自动控制系统。

6.6.7 有位置合理、功能齐全、品味高雅、装饰华丽的行政楼层专用服务区,至少对行政楼层提供 24 小时管家式服务。

6.6.8 以下项目中至少具备 5 项:

a. 普通客房面积不小于36平方米；

b. 有布局合理、装饰豪华、格调高雅、符合国际标准的高级西餐厅，可提供正规的西式正餐和宴会；

c. 有位置合理、装饰高雅、气氛浓郁的独立封闭式酒吧；

d. 有净高不小于5米、至少容纳500人的宴会厅；

e. 国际认知度极高，平均每间可供出租客房收入连续三年居于所在地同星级饭店前列；

f. 有规模壮观、构思独特、布局科学、装潢典雅、出类拔萃的专项配套设施。

6.6.9 在选择项目中至少具备37项。

6.7 选择项目(共74项)

6.7.1 综合类别(22项)

a. 五家以上饭店共享同一连锁品牌或十家以上饭店由同一家饭店管理公司管理；

b. 总经理连续五年以上担任过同级饭店高级管理职位；

c. 总经理连续两年以上接受饭店管理专业教育或培训；

d. 总经理持有全国旅游岗位培训指导机构颁发的《旅游行业管理人员岗位培训证书》；

e. 不少于15%的员工通过全国旅游岗位培训指导机构认可的“旅游饭店职业英语等级测试”；

f. 委托代办服务(“金钥匙”)；

g. 电梯内有方便残疾人使用的按键；

h. 有残疾人客房；

i. 客用电梯轿厢内两侧均有按键；

j. 不少于50%的客房配备客用保险箱；

k. 不少于70%的客房内配有静音、节能、环保型冰箱；

l. 为客房内床上用品及卫生间一次性客用品、客用布草的再次使用设有征询客人意见牌；

m. 客房内配有逃生用充电式手电；

n. 客房卫生间有大包装、循环使用的洗发液、沐浴液方便容器；

o. 客房卫生间配备防雾梳妆镜或化妆放大镜；

p. 不少于50%的客房卫生间淋浴与浴缸分设；

q. 不少于50%的客房卫生间干湿区分开(或有独立的化妆间)；

r. 客房卫生间有饮用水系统；

s. 设有无烟楼层；

t. 餐厅、酒吧均设有无烟区；

u. 餐厅及酒吧不使用一次性筷子、一次性湿毛巾和塑料桌布；

v. 有中水处理系统。

6.7.2　特色类别一(20 项)

a. 至少容纳 200 人的多功能厅或专用会议室，并有良好的隔音、遮光效果，配设衣帽间；

b. 至少容纳 200 人的大宴会厅，配有序门和专门厨房；

c. 至少 2 个小会议室或洽谈室(至少容纳 10 人)；

d. 现场监控系统及视音频转播系统；

e. 有录音、扩音功能的音响控制系统；

f. 同声传译设施(至少 2 种语言)；

g. 多媒体演示系统(含电脑、多媒体投影仪、实物投影仪等)；

h. 会议即席发言麦克风；

i. 至少 2 000 平方米的展厅；

j. 独立的鲜花店；

k. 独立的酒吧、茶室等；

l. 大堂酒吧；

m. 饼屋；

n. 所有客房内配有电熨裤机；

o. 所有客房附设写字台电话；

p. 套房数量占客房总数的 10%以上；

q. 所有套房供主人和来访客人使用的卫生间分设；

r. 有 5 个以上开间的豪华套房；

s. 设行政楼层，有本楼层客人专用服务区；

t. 行政楼层客房内配有可收发传真或上网的设备。

6.7.3　特色类别二(16 项)

a. 有观光电梯；

b. 有自动扶梯；

c. 歌舞厅；

d. 有影剧场、舞美设施和舞台照明系统，能满足一般演出需要；

e. 美容美发室；

f. 健身中心；

g. 桑拿浴；

h. 保健按摩；

i. 视音频交互服务系统(VOD),提供客房内可视性账单查询服务;

j. 提供语音信箱服务;

k. 24 小时提供加急洗衣服务;

l. 定期歌舞表演;

m. 专卖店或商场;

n. 独立的书店或图书馆(至少有 1 000 册图书);

o. 有 24 小时营业的餐厅;

p. 旅游信息电子查询系统。

6.7.4 特色类别三(16 项)

a. 自用温泉或海滨浴场或滑雪场;

b. 不少于 30%的客房有阳台;

c. 室内游泳池;

d. 室外游泳池;

e. 棋牌室;

f. 游戏机室;

g. 桌球室;

h. 乒乓球室;

i. 保龄球室(至少 4 道);

j. 网球场;

k. 高尔夫练习场;

l. 电子模拟高尔夫球场;

m. 高尔夫球场(至少 9 洞);

n. 壁球场;

o. 射击或射箭场;

p. 其他运动休闲项目。

7 星级的评定规则

7.1 星级评定的责任分工

7.1.1 旅游饭店星级评定工作由全国旅游饭店星级评定机构统筹负责,其责任是制定星级评定工作的实施办法和检查细则,授权并督导省级以下旅游饭店星级评定机构开展星级评定工作,组织实施五星级饭店的评定与复核工作,保有对各级旅游饭店星级评定机构所评定饭店星级的否决权。

7.1.2 省、自治区、直辖市旅游饭店星级评定机构按照全国旅游饭店星级评定机构的授权和督导,组织本地区旅游饭店星级评定与复核工作,保有对本地区下级旅游饭店星级评定机构所评饭店星级的否决权，并承担推荐五星级饭店的责任。同时，负责将本地区所评星级饭店的批复和评定检查资料上报全国旅游饭店星级评定机构备案。

7.1.3　其他城市或行政区域旅游饭店星级评定机构按照全国旅游饭店星级评定机构的授权和所在地区省级旅游饭店星级评定机构的督导，实施本地区旅游饭店星级评定与复核工作，保有对本地区下级旅游饭店星级评定机构所评饭店星级的否决权，并承担推荐较高星级饭店的责任。同时，负责将本地区所评星级饭店的批复和评定检查资料逐级上报全国旅游饭店星级评定机构备案。

7.2　星级的申请

7.2.1　申请星级的饭店，均须执行《旅游统计调查制度》，承诺履行向全国旅游饭店星级评定机构提供不涉及本饭店商业机密的经营管理数据的义务。

7.2.2　旅游饭店申请星级，应向相应评定权限的旅游饭店星级评定机构递交星级申请材料；申请四星级以上的饭店，应按属地原则逐级递交申请材料。申请材料包括：饭店星级申请报告、自查自评情况说明及其他必要的文字和图片资料。

7.3　星级的评定规程

7.3.1　受理

接到饭店星级申请后，相应评定权限的旅游饭店星级评定机构应在核实申请材料的基础上，于 14 天内做出受理与否的答复，对申请四星级以上饭店，其所在地旅游饭店星级评定机构在逐级递交或转交申请材料时应提交推荐报告或转交报告。

7.3.2　检查

受理申请或接到推荐报告后，相应评定权限的旅游饭店星级评定机构应在一个月内以明查和暗访的方式安排评定检查。检查合格与否，检查员均应提交检查报告，对检查未予通过的饭店，相应星级评定机构应加强指导，待接到饭店整改完成并要求重新检查的报告后，于一个月内再次安排评定检查。对申请四星级以上的饭店，检查分为初检和终检：

a. 初检由相应评定权限的旅游饭店星级评定机构组织，委派检查员以暗访或明查的形式实施检查，并将检查结果及整改意见记录在案，供终检时对照使用；初检合格，方可安排终检；

b. 终检由相应评定权限的旅游饭店星级评定机构组织，委派检查员对照初检结果及整改意见进行全面检查；终检合格，方可提交评审。

7.3.3　评审

接到检查报告后的一个月内，旅游饭店星级评定机构应根据检查员意见对申请星级的饭店进行评审。评审的主要内容有：审定申请资格，核实申请报告，认定本标准的达标情况，查验违规及事故、投诉的处理情况等。

7.3.4 批复

对于评审通过的饭店，旅游饭店星级评定机构应给予评定星级的批复，并授予相应星级的标志和证书。对于经评审认定达不到标准的饭店，旅游饭店星级评定机构不予批复。

7.4 星级的评定办法

7.4.1 星级的评定按照本标准及附录A、附录B和附录C中给出的最低得分和得分率执行，服务与管理制度评价参见附录D。

7.4.2 星级的评定和复核的检查工作由星级标准检查员承担。

7.5 星级的评定原则

7.5.1 饭店所取得的星级表明该饭店所有建筑物、设施设备及服务项目均处于同一水准。如果饭店由若干座不同建筑水平或设施设备标准的建筑物组成，旅游饭店星级评定机构应按每座建筑物的实际标准评定星级，评定星级后，不同星级的建筑物不能继续使用相同的饭店名称。否则，旅游饭店星级评定机构应不予批复或收回星级标志和证书。

7.5.2 饭店取得星级后，因改造发生建筑规格、设施设备和服务项目的变化，关闭或取消原有设施设备、服务功能或项目，导致达不到原星级标准的，必须向原旅游饭店星级评定机构申报，接受复核或重新评定。否则，原旅游饭店星级评定机构应收回该饭店的星级证书和标志。

7.5.3 某些特色突出或极其个性化的饭店，若自身条件与本标准规定的条件有所区别，可以直接向全国旅游饭店星级评定机构申请星级。全国旅游饭店星级评定机构应在接到申请后一个月内安排评定检查，根据检查和评审结果给予评定星级的批复，并授予相应星级的证书和标志。

7.6 星级的复核及处理

7.6.1 星级复核是星级评定工作的重要补充部分，其目的是督促已取得星级的饭店持续达标，其责任划分完全依照星级评定的责任分工。

7.6.2 对已经评定星级的饭店，旅游饭店星级评定机构应按照本标准及附录A、附录B和附录C进行复核，每年一次。

7.6.3 复核工作应在饭店对照星级标准自查自纠、并将自查结果报告旅游饭店星级评定机构的基础上，由旅游饭店星级评定机构以明查或暗访的形式安排抽查验收。旅游饭店星级评定机构应于本地区复核工作结束后进行认真总结，并逐级上报复核结果。

7.6.4 对严重降低或复核认定达不到本标准相应星级的饭店，按以下办法处理：

a. 旅游饭店星级评定机构根据情节轻重给予签发警告通知书、通报批评、降低或取消星级的处理，并在相应范围内公布处理结果；

b. 凡在一年内接到警告通知书三次以上或通报批评两次以上的饭店，旅游饭店星级评定机构应降低或取消其星级，并向社会公布；

c. 被降低或取消星级的饭店。自降低或取消星级之日起一年内，不予恢复或重新评定星级；一年后，方可重新申请星级；

d. 已取得星级的饭店如发生重大事故，造成恶劣影响，其所在地旅游饭店星级评定机构应立即反映情况或在权限范围内做出降低或取消星级的处理。

7.6.5 饭店接待警告通知书、通报批评、降低星级的通知后，必须认真整改并在规定期限内将整改情况报告处理机构。

7.6.6 旅游饭店星级评定机构对星级饭店进行处理的责任分工依照星级评定的责任分工办理。全国旅游饭店星级评定机构保留对各星级饭店的直接处理权。

7.6.7 凡经旅游饭店星级评定机构决定提升或降低、取消星级的饭店，应立即将原星级标志和证书交还授予机构，由旅游饭店星级评定机构做出更换或没收的处理。

7.7 星级的标志和证书

7.7.1 旅游饭店星级的标志和证书由全国旅游饭店星级评定机构统一制作、核发。

7.7.2 旅游饭店星级的标志须置于饭店前厅最明显位置。

8 服务质量要求

8.1 服务基本原则

8.1.1. 对客人礼貌、热情、亲切、友好。

8.1.2 对所有客人，不分种族、民族、国别、贫富、亲疏，一视同仁。

8.1.3 密切关注并尽量满足客人的需求，高效率地完成对客服务。

8.1.4 遵守国家法律法规，保护客人的合法权益。

8.1.5 尊重客人的道德信仰与风俗习惯，不损害民族尊严。

8.2 服务基本要求

8.2.1 员工仪容仪表要求

a. 着工装、佩工牌上岗，仪容仪表端庄、大方、整洁；

b. 服务过程中表情自然、亲切、热情适度，提倡微笑服务；

c. 遵守饭店的仪容仪表规范。

8.2.2 言行举止要求

a. 站、坐、行姿符合各岗位的规范与要求，主动服务，有职业风范；

b. 以协调适宜的自然语言和身体语言对客服务，让客人感到尊重舒适。

8.2.3 语言要求

a. 语言文明、简明、清晰，符合礼仪规范。

b. 对客人提出的问题暂时无法解决时，应予耐心解释并于事后设法解决，不推诿和应付。

8.2.4 业务能力与技能要求：服务人员应掌握相应的业务知识和技能，并能熟练运用。

9 管理制度要求

9.1 有员工手册。

9.2 有饭店组织机构图和部门组织机构图。

9.3 管理制度：主要针对管理层如层级管理制度、质量控制制度、市场营销制度、物资采购制度等。一项完整的饭店管理制度包括制度名称、制度目的、管理职责、项目运作规程（具体包括执行层级、管理对象、方式与频率、管理工作内容）、管理分工、管理程序与考核指标等项目。

9.4 部门化运作规范：包括管理人员岗位工作说明书、管理人员工作关系表、管理人员工作项目核检表、专门的质量管理文件 、工作用表和质量管理记录等内容。

9.5 服务和专业技术人员岗位工作说明书：对服务和专业技术人员的岗位要求、任职条件、班次、接受指令与协调渠道、主要工作职责等内容进行书面说明。

9.6 服务项目、程序与标准说明书：针对服务和专业技术人员岗位工作说明书的要求，对每一个服务项目完成的目标，为完成该目标所需要经过的程序，以及为各个程序的质量标准进行说明。

9.7 工作技术标准说明书：对国家和地方主管部门和强制性标准所要求的特定岗位的技术工作如锅炉、强弱电、消防、食品加工与制作等，必须有相应的工作技术标准的书面说明，相应岗位的从业人员必须知晓。

9.8 其他可以证明饭店质量管理水平的证书或文件。

资料链接　　白金五星级饭店的历史沿革

白金五星由来

1988 年，国家旅游局开始组织实施旅游饭店星级评定工作。2003 年 12 月 1 日颁布，2004 年 7 月 1 日实施的新版《旅游饭店星级划分与评定》标准中设立了白金五星，它是中国自 1988 年出台饭店星级标准 16 年来，第三次修订并首次出现自行设计的标准。白金五星的饭店缀有五颗星的标牌将选用白金色。

白金五星试点

2006 年 7 月 7 日，国家旅游局在北京中国大饭店举行新闻发布会，宣布正式启动创建白金五星级饭店试点工作。北京中国大饭店、上海波特曼丽嘉饭店、广州花园饭店、济南山东大厦等 4 家饭店入围首批白金五星级饭店创建试点名单。广州花园饭店和山东大厦属于国有企业，中国大饭店和波特曼丽嘉饭店则为合资企业。2007 年 1 月前，国家旅游局将组织各方人士，对这四家已被列为创建白金五星试点的饭店，通过明察暗访、专家评定及公示等方式，对其创建成果进行检验。结果在 2007 年 1 月份公布，通过的饭店则将获准悬挂白金五星的标牌。2007 年 1 月 26 日，中国首批白金五星级饭店验收工作结束。

首批白金五星饭店评定

2007 年 4 月 15 日，国家旅游局在其官方网站公示，北京中国大饭店、上海波特曼丽嘉饭店、广州花园饭店基本达到白金五星级饭店标准要求，拟批准为白金五星级饭店；另外一家参与试点的山东大厦没有上榜。此次公示结果是经全国旅游星级饭店评定委员会委派的专家小组现场验收，并经过全国旅游星级饭店评定委员会审核。此次白金五星饭店的公示期为 10 天(2007 年 4 月 13～22 日)，公示期内将接受社会各界的监督，若有异议，可以向全国旅游星级饭店评定委员会办公室反映。如果公示结果并未出现太大的异议，这 3 家饭店将最终戴上中国首创的白金五星桂冠。

首批通过白金五星审批饭店

2007 年 8 月 16 日，国家旅游局局长、全国旅游星级饭店评定委员会主任邵琪伟为获得白金五星级饭店的北京中国大饭店、上海波特曼丽嘉饭店、广州花园饭店三家饭店颁发证书和标牌。国家旅游局表示，白金五星级饭店将采取有限制条件的申评制，全国星评委每年根据申报情况进行一次评定验收，对于已经评上白金五星的饭店也将实行年审制。

资料来源：http://baike.meadin.com/view/3.htm，迈点百科网。

第二节 饭店业的发展历史

饭店是伴随着人类旅行活动的开展而出现在人类社会的。饭店最初的基本功能是为旅途中的人们提供过夜住宿服务。随着人类社会的发展,饭店的服务功能及服务范围大大拓展,其设施设备的装备水平及服务手段也日趋现代化、专业化。由各种不同等级、类型、规模、经营方式的众多饭店所组成的饭店业,已成为现代社会中一个令人瞩目、具有巨大发展潜力的新型产业。

一、世界饭店业的发展历史

根据国外对饭店业发展历史的研究,一般把世界饭店业的发展划分为客栈时期、大饭店时期、商业饭店时期和现代饭店时期四个发展阶段。

(一)客栈时期

在西方,客栈时期一般是指 12 世纪到 18 世纪之间这段历史时期。客栈是指乡间或路边的小客栈、小旅店,供过往旅行者寄宿之用。早期的客栈规模小、设备简陋。一个房间摆上几张床,旅客们往往挤在一起睡觉,吃的也是和主人差不多的家常饭。除提供食宿之外,客栈不提供其他服务。客栈是独立的家庭生意,客栈的房舍是家庭住宅的一部分,这个家庭就是客栈的拥有者和经营者。到了 15 世纪,客栈开始流行。有些客栈已拥有 20～30 间客房,条件好的还有一个酒窖、一个食品室、一个厨房。到了客栈盛行的 18 世纪,在英国等地的客栈除了为过往旅客提供食宿之外,还成为人们聚会并互相交往、交流信息的场所。当地的客栈往往坐落在乡镇人群活动的中心区域或公共马车车站旁,成为当地社会政治与商业活动的中心。

(二)大饭店时期

18 世纪后叶,随着欧美等国进入工业化时代,世界饭店业进入了大饭店时期。大饭店时期一般是指 19 世纪初到 20 世纪初这一时期。当时在欧洲的多数大城市里,人们大兴土木争相建造豪华饭店。具有代表性的此类饭店有巴黎的巴黎大饭店和罗浮宫大饭店、柏林的恺撒大饭店、伦敦的萨依伏大饭店等。大饭店和客栈有着根本的区别。大饭店都建在繁华的大都市,规模宏大,建筑与设施豪华,装饰讲究。饭店的服务是第一流的,讲究礼仪,主要接待王公、贵族、官宦和社会名流。饭店投资者、经营者的根本兴趣是取悦于社会上流,求得社会声誉,往往不太注重经营成本。

大饭店时期,饭店服务有了创新。作为本时期饭店经营者的代表人物,瑞士人恺撒·里兹(Caeser Ritz)提出了“客人永远是对的”饭店经营格言。大饭店时期的许多经营与服务的哲学和信条至今仍在世界饭店业中奉为圭臬，恪守不渝。

3. 商业饭店时期

商业饭店时期是指从20世纪初到20世纪50年代这一时期。美国的饭店大王埃尔斯沃思·斯塔特勒(Ellsoorth Statler)被公认是商业饭店的创始人。斯塔特勒凭着自己多年从事饭店经营的经验及对市场需求的了解，立志要建造一种"在一般公众能负担的价格之内提供必要的舒适与方便、优质的服务与清洁卫生"的饭店，打出了"平民化、大众化"的旗号。1908年，他在美国纽约州水牛城建造了第一家由他亲自设计并用自己名字命名的斯塔特勒饭店，一个带卫生间的客房房价仅为1美元50美分。斯塔特勒提出了饭店经营成功的根本要素是"地点、地点、地点"的原则，还提出"饭店从根本上来说，只销售一样东西，这就是服务"等至理名言。

斯塔特勒创建的饭店被誉为现代商业饭店的里程碑。商业饭店的特点为：服务对象主要是商务旅行者，服务设施与服务项目讲求舒适、方便、清洁、安全与实用，而不是刻意追求豪华与奢侈；价格合理，使客人感到物有所值；经营管理上讲究经营艺术，改善管理，注重质量标准化，降低成本以获取最佳利润。

商业饭店时期是世界饭店史中最为重要的阶段，也是世界各国饭店业最为活跃的时期，它从各方面奠定了现代饭店业的基础。

资料链接　　埃尔斯沃思·密尔顿·斯塔特勒

美国旅馆家埃尔斯沃思·密尔顿·斯塔特勒(Ellsworth Milton-Statler)1863年出生于美国的宾夕法尼亚州。斯塔特勒先生是把豪华贵族型饭店时代真正推进到现代产业阶段的商业型饭店时代的鼻祖。

斯塔特勒先生建造并经营的第一家正规饭店是举世闻名的布法罗斯塔特勒饭店(Buffaol Statler Hotel)。该饭店1908年开业，拥有300间客房，它在美国首次推出了每间客房配备浴室的新方式。斯塔特勒先生的推销口号是"带浴室的房间只要1.5美元"(A room with a bath changes a dollar and a half)。这家饭店在开业第一年就盈利3万美元。而且，斯塔特勒先生也迫使他的竞争对手们不得不仿效他的方式来改革自己的饭店，以保住自己已有的市场占有率。

尽管饭店价格低廉，但却能获利，在当时，他的经营方法从多种意义上来说都是创新的。现在世界上的饭店之所以能如此合理、简洁，许多地方应归功于斯塔特勒先生的贡献。事实上，直至现代，斯塔特勒先生的饭店在美国饭店业中仍是设施、设备和服务方面的典范。例如，门锁与门把手合成一体，钥匙就设在门把手中间，使客人在暗处也容易打开门锁。还有客房电话、开门同时能自动照明的大型壁橱、每间房配备浴室、浴室内装大镜子、冰水专用龙头、免费给各房间送报纸，等等。诸如此类的现代饭店所必备的设施设备都是由斯塔特勒先生一手创立的。

斯塔特勒先生非常重视强调饭店位置。寻找适宜的地点来建造饭店是他一生的信条。但是，他说的地点选择，不仅要看当时的情况，而且要看到未来的发展，要把饭店设计在未来繁华的街道上。如1916年，他看准了宾夕法尼亚铁路公司在纽约建造新客运车站的机会，决心在那里建起一栋大饭店。该饭店地上16层，地下3层，拥有2 200间全部带浴室的客房，总造价为1 200万美元。这就是当时世界上最大的饭店——宾夕法尼亚饭店(Pennsylvanis Hotel)，人们称为纽约斯塔特勒饭店。宾夕法尼亚饭店于1919年1月25日正式开业。不久，战后经济危机席卷美国，饭店业最先受到打击，不少饭店宣布破产。可是纽约斯塔特勒饭店由于位置好，从它开业那天起到10年后经济危机最严重的时期，其客房出租率一直维持在90%以上。除交付铁路公司100万美元的租金外，每年还有纯利润200万～300万美元。

斯塔特勒先生的格言是：客人永远是对的(The guest is always right)。在斯塔特勒饭店员工人手一册的《斯塔特勒服务守则》上，他写道："一个好的饭店，它的职责就是要比世界上任何其他饭店更能使顾客满意。饭店服务指的是一位雇员对客人所表示的谦恭的、有效的开心程度。任何员工不得在任何问题上与客人争执，他必须立即设法使客人满意，或者请他的上司来做到这一点。"

斯塔特勒先生在1928年65岁时去世。当时他已建成了拥有7 250间客房的斯塔特勒饭店集团。在1929年经济大萧条时，美国85%的饭店面临倒闭的困境，以斯塔特勒先生的遗孀为总裁的斯塔特勒饭店集团的生意却极其兴隆。在以后的26年间，斯塔特勒先生的遗孀稳坐总裁宝座，并使斯塔特勒饭店集团的规模有所扩展，发展到拥有客房10 400间。1954年，所有饭店以1.11亿美元出售给了希尔顿集团，具有光荣历史的斯塔特勒饭店打上了休止符号。

资料来源：盛鹏主编，《饭店开业筹备管理实务》，旅游教育出版社2008年版。

(四)现代饭店时期

现代饭店时期从20世纪50年代开始至今。在50年代，随着欧美国家战后的经济复苏，人们在国内、国际的旅行和旅游活动日益频繁，空中交通及高速公路日益普及。在大中城市里，大型高层的饭店数量倍增，公路两旁的汽车旅馆更是星罗棋布。一些有实力的饭店公司，以签订管理合同、授让特许经营权等形式，进行国内甚至跨国的连锁经营，逐渐形成了一大批使用统一名称、统一标志，在饭店建造、设备设施、服务程序、物资采购与人才培训等方面统一标准的饭店联号公司。其中拥有大型豪华饭店的饭店联号公司有：希尔顿国际饭店(Hilton Hotel Corp)、希尔顿饭店(Hilton International)、喜来登饭店(Sheraton Corp)、凯悦国际饭店(Hyatt International)、威斯汀饭店(Westin Hotels)等；拥有中小型饭店或汽车旅馆的饭店联号公司有：假日饭店集团（Holiday Inns Corp）、华美达饭店集团（Ramada Inns）、最佳西方国际饭店集团（Best Western International）等。

现代饭店的特点除注重规模效益、连锁经营外，还表现在为适应现代人的需求，其功能日益多样化，饭店不再是仅仅向客人提供吃、住的场所，还要满足客人对娱乐、健身、购物、通信、商务等方面的多种需求的地方，饭店也是当地社交、会议、展览、表演等活动的场所。在经营管理上，注重用科学的手段进行市场促销、成本控制、人力资源管理等；在设备设施上，注意运用适合客人需求的饭店服务及办公的各种高新科技产品。在社会上，为饭店行业进行配套服务的专业公司也日臻完善，有饭店管理咨询公司、饭店订房代理公司、饭店会计事务所、饭店建筑设计事务所、饭店设备用品公司等，还有开设饭店管理专业的各类院校。

在现代饭店时期，饭店业发达的地区并不仅仅局限于欧美，而是遍布全世界。值得一提的是亚洲地区的饭店业从 20 世纪 60 年代起步发展到如今，其规模、等级、服务水准、管理水平等方面毫不逊色于欧美的饭店业。在美国《机构投资者》（Institutional Investor）杂志每年组织的颇具权威性的世界十大最佳饭店评选中，亚洲地区的饭店往往占有半数以上，并名列前茅。由香港东方文华饭店集团管理的泰国曼谷东方大饭店，十多年来一直在世界十大最佳饭店排行榜上名列榜首。在亚洲地区的饭店业中，已涌现出较大规模的饭店集团公司，如日本的大仓饭店集团（Okura Hotels）、日本的新大谷饭店集团（New Otani Hotels）、香港东方文华饭店集团（Oriental Mandarin）、香港丽晶饭店集团（Regent Hotels）、新加坡香格里拉饭店集团（Shangrila Hotels）、新加坡文华饭店集团（Mandarin Singapore），等等，这些饭店集团公司不仅在亚洲地区投资或管理饭店，而且已扩展到欧美地区。

资料链接　　香格里拉饭店集团简介

总部设在中国香港的香格里拉酒店集团是亚洲最大的豪华酒店集团，且被视为世界最佳酒店管理公司之一。香格里拉酒店集团是香格里拉亚洲有限公司的品牌，该公司在中国香港股票市场上市。

香格里拉酒店集团
SHANGRI-LA

起源于马来西亚的郭氏集团是由郭鹤年先生创建的一家大型综合企业集团，拥有香格里拉亚洲有限公司的大部分股权。郭氏集团的经营涉及多个领域并延及亚洲许多国家。除酒店外，集团还经营商贸、地产、饮料、物流、报业及种植业。

香格里拉这个名字源自英国作家詹姆斯·希尔顿1933年发表的传奇小说《消失的地平线》，它所寓意的恬静、祥和、殷勤的服务，完美地诠释了闻名遐迩的香格里拉酒店集团的精髓。

酒店管理集团拥有两个品牌：香格里拉和商贸饭店。香格里拉品牌主要为五星级豪华的城市和度假酒店。多数城市酒店的客房量都超过500间，而度假酒店的规模则相对略小。1989年设立的商贸饭店为四星级的品牌酒店，价格定位适中。目前集团在北京、长春、迪拜、吉隆坡、马尼拉、槟城、新加坡、沈阳和仰光共拥有九家商贸品牌的饭店。

员工培训被奉为公司的首要任务，为此，公司每年拨出大量经费，用以训练员工掌握专业化的知识、技能，从而在各自的岗位上取得最佳成绩。因此，香格里拉被诸多国际著名的报刊冠以多项殊荣，同时更赢得同业伙伴的极高赞誉，也因此成为最受欢迎的雇主之一。目前，集团聘用了30 000名员工，本着“殷勤好客香格里拉情”的服务宗旨，为世界各地的宾客提供卓越的服务。多年以来，香格里拉酒店集团扩展迅速，在亚洲主要城市及广受欢迎的度假胜地都建有豪华酒店和度假村。

资料来源：百度文库。

二、中国饭店业的发展历史

中国饭店业是一个既古老而又年轻的行业。在中国，饭店业已有3 000多年的历史，曾经历了驿站、客栈时期；19世纪末，随着资本主义生产方式的输入而出现了一批大型西式店。中华人民共和国成立后，特别是随着改革开放政策的实行，我国饭店业进入了迅速发展的新型饭店时期。

(一)中国古代的饭店业

在中国，最早的饭店设施可追溯到春秋战国或更远古的时期。数千年来，中国的唐、宋、明、清被认为是饭店业发展较快的时期。在中国古代，住宿设施大体可分为官办设施和民间旅店两类。

古代官方开办的住宿设施主要有驿站和迎宾馆两种。驿站是中国历史上最古老的一种官办住宿设施，专门接待往来信使和公差人员。到了唐代，驿站广泛接待过往官员及文人雅士。元代时，有的驿站建筑宏伟、陈设华丽，除接待信使、公差外，还接待过往商旅及达官贵人。迎宾馆是古代官方用来款待外国使者、外民族代表及商客，安排他们食宿的馆舍。在历代，曾有“四夷馆”“四方馆”“会同馆”等各种称谓，称为“迎宾馆”则始于清末。中国古代迎宾馆作为一种官办接待设施，适应了古代民族交往和中外往来的需要，它对中国古代的政治、经济和文化交流起了不可忽视的作用。

古代民间旅店在3 000多年前的周朝时期就出现了。它的产生和发展与商贸活动的兴衰及交通运输条件密切相关。秦汉两代是中国古代商业较为兴旺发达的时期，民间旅店业也因此有了发展。在唐代盛世，经济繁荣、社会安定，旅店业也得到了大发展，民间旅店进入商业都市，遍布繁华街道。明清时期，民间旅店业更加兴旺。由于封建科举制度的进一步发展，在各省城和京城出现了专门接待各地赴试者的会馆，成为当时旅馆业的重要组成部分。

（二）中国近代饭店业

中国近代由于受到外国帝国主义的入侵，沦为半殖民地半封建社会。当时的饭店业除有传统的旅馆之外，还出现了西式饭店和中西式饭店。

西式饭店是对 19 世纪初外国列强入侵中国后，由外国资本建造和经营的饭店的统称。这类饭店在建筑式样、设施设备、内部装修、服务与经营对象及方式等方面都与中国的传统旅馆不同。西式饭店规模宏大，装饰华丽，设备先进，经理人员皆来自英、法、德等国，接待对象主要以来华外国人为主，也包括当时中国上层社会人物及达官贵人。西式饭店是帝国主义列强入侵中国的产物，为帝国主义的政治、经济、文化服务。但另一方面，西式饭店的出现对中国近代饭店业的发展起了一定的促进作用。当时西式饭店经营者中，有不少人受过饭店经营的专业教育和训练，他们把当时西式饭店的建筑风格、设备配置、服务方式、经营管理的理论和方法带到了中国。

中西式饭店是在西式饭店带动下，由中国的民族资本投资兴建的一大批中西风格结合的新式饭店。这类饭店在建筑式样、店内设备、服务项目和经营方式上都接受了西式饭店的影响，而且在经营体制方面也仿效西式饭店的模式，实行饭店与银行、交通等行业联营。至 20 世纪 30 年代，中西式饭店的发展达到了鼎盛时期，在当时的各大城市中，均可看到这类饭店。中西式饭店将输入中国的欧美饭店业经营观念和方法与中国饭店经营环境的实际相融合，成为中国近代饭店业中引人注目的部分，为中国饭店业进入现代饭店时期奠定了良好的基础。

（三）中国现代饭店业

我国现代饭店业的发展历史不长，但速度惊人。自 1978 年我国开始实行对外开放政策以来，大力发展旅游业，这为我国现代饭店业的兴起和发展创造了前所未有的良好机遇。

1978 年，我国国际旅游业刚刚起步的时候，我国能够接待国际旅游者的饭店仅 203 座，客房 3.2 万间。饭店业规模小、数量少，难以满足国际旅游客源迅速增加的形势下对饭店业的要求。同时，由于这些饭店大多为新中国成立前遗留下来或五六十年代建造的，饭店功能单一，设备陈旧，难以达到国际旅游所要求的水平。20 世纪 80 年代初期至中期，通过引进外资，兴建了一大批中外合资、中外合作的饭店，又利用内资陆续新建和改造了一大批饭店，使我国饭店业进入了一个较快发展时期。到 1984 年，饭店数量达 505 座，客房 7.7 万间。这个规模和数量，比 1980 年翻了一番，初步缓解了饭店供不应求的矛盾和硬件差、管理差的状况。1985 年，国家提出了发展旅游服务基础设施，实行国家、地方、部门、集体和个体一起上的方针，调动了各方面的积极性，从而使饭店业发展势头蓬勃高涨。到 1988 年，饭店数量达到 1 496座，客房 22 万间。1992～1995 年期间，随着全国各地改革开放的进一步深入以及经济建设的热潮，饭店业从数量上到质量上都得到了进一步的发展。到 1995 年，全国的饭店数量达3 720座，客房 49 万间。20 世纪 90 年代中后期，我国饭店业的总量急骤增加，到 2000 年末，全国旅游涉外饭店业的规模为：饭店10 481座，客房 94.82 万间。与此同时，饭店业档次结构也发生明显变化，20 世纪 80 年代初那种只提供一食一宿的招待型饭店，已经被当今各种档次、多种类型的饭店所取代。可以说，二十年来我国饭店建设速度和发展规模超过了同时期世界上任何其他国家。

在行业规模扩大、设施质量提升的同时，我国饭店业的经营观念也发生了质的变化，经营管理水平得到了迅速的提高。从 1978 年至今，我国饭店业大体经历了四个发展阶段。

第一阶段（1978～1983 年），由事业单位招待型管理走向企业单位经营型管理。

这一时期的饭店，很大部分是从以前政府的高级招待所转变而来的，在财政上实行统收统支、实报实销的制度，基本没有上缴利润，没有任何风险，服务上只提供简单的食宿，谈不上满足客人要求的各种服务项目；经营上既没有指标，也没有计划，因此，作为一个饭店也就既没有压力，也缺乏活力，与满足国际旅游业发展和为国家增加创汇的要求极不相称。1978～1983 年，旅游行政管理部门重点围绕三个方面，即如何使我国饭店业从招待型管理转轨为企业型管理、如何提高饭店管理水平和服务水平、如何提高管理人员素质以使其掌握现代化饭店管理知识等方面，做了大量工作。在总结和推广当时一些饭店先进经验的基础上，提出了饭店应实现经营、管理的企业化，建立岗位责任制，增加服务项目，开展多种经营。在管理队伍建设方面，着手抓管理人员的培训和知识更新。经过几年努力，一大批原来的事业单位初步实现了企业化，饭店经营水平有了明显变化，服务质量有了显著提高。

第二阶段（1984～1987 年），由经验型管理走向科学管理。

1984 年，我国饭店业在全行业推广北京建国饭店科学管理方法，走上与国际接轨的科学管理轨道，这是我国饭店业在发展中迈出的第二步。建国饭店是北京第一家中外合资、聘请外国饭店管理集团管理的饭店，开业时间不长，就以符合国际水准的服务蜚声中外，并取得了良好的经济效益。1984 年 3 月，中央和国务院领导同志指示，国有饭店也应按照北京建国饭店的科学办法管理。国家旅游局在认真总结该饭店经营管理办法的基础上，在全国分两批选定 102 家饭店进行试点。试点的主要内容是：第一，推行总经理负责制及部门经理逐级负责制；第二，推行岗位责任制，抓好职工培训；第三，推行严格奖惩制度，打破“大锅饭”和“铁饭碗”，调动职工积极性，保证服务质量稳步提高；第四，推行充分利用经济手段，开展多种经营，增收节支，提高经济效益的方法。通过推行这套管理方法，全国饭店业在 102 家试点单位带动下，在管理上、经营上、服务上都发生了深刻变化。其效果概括起来讲就是：企业化管理进程加快了，科学管理体系开始形成了，经营方式灵活了，管理队伍活力增强了，服务质量进步了，经济效益和社会效益提高了。从此，我国饭店业迈上了科学管理之路。

第三阶段（1988～1994 年），吸取国际上通行做法，推行星级评定制度，我国饭店业进入了国际现代化管理新阶段。

20 世纪 80 年代中后期，我国的饭店业经过持续的高速发展，到 1988 年，已拥有旅游涉外饭店1 496座，客房 22 万间。为使我国迅速发展的饭店业能规范有序地继续发展并与国际饭店业的标准接轨，1988 年 9 月，经国务院批准，国家旅游局颁布了饭店星级标准，并开始对旅游涉外饭店进行星级评定。我国的饭店星级标准是在对国内外饭店业进行大量调查研究的基础上，参照国际通行标准并结合我国实际情况，在世界旅游组织派来的专家指导下制定出来的。1993 年经国家技术监督局批准，定为国家标准。饭店星级是国际饭店业的通用语言。我国饭店业实行星级制度，可以促使饭店的服务和管理符合国际惯例和国际标准。评定星级既是客观形势发展的需要，也是我国饭店业进入规范化、国际化、现代化管理的新阶段的需要。

第四阶段（1994 年至今），我国饭店业逐步向专业化、集团化、集约化经营管理迈进。

20 世纪 80 年代以来，国际上许多知名饭店管理集团纷纷进入中国饭店市场，为我国饭店业展现了专业化、集团化管理的优越性以及现代饭店发展的趋势。1994 年，我国的饭店业已形成了一定的产业规模。经国家旅游局批准，我国成立了第一批自己的饭店管理公司，这为迅速崛起的中国饭店业注入了新的活力，引导我国饭店业向专业化、集团化管理的方向发展。另外，20 世纪 90 年代中后期，我国饭店业的总量骤增。由于受到国内外经济环境变化的影响，饭店业的经营效益出现滑坡，“走集约型发展之路”越来越成为饭店业的共识，要求饭店业应从单纯追求总量扩张、注重外延型发展向追求质量效益、强化内涵型发展转变。

资料链接　　见证历史风云的锦江饭店

锦江饭店作为上海最负盛名的国宾馆，从20世纪30年代董竹君创立锦江川菜馆，发展到今天，80多年来已接待过150多个国家和地区的500多位政府首脑及国家元首。

卡特“非常”赠言

2009年1月16日，中美建交30年图片展在锦江小礼堂隆重开幕，美国前总统卡特下榻锦江饭店并出席了剪彩仪式。在离开锦江饭店前，卡特先生特意亲笔题词，并留了一张贺卡给饭店总经理许铭先生，卡片上写的是：“非常荣幸入住《中美上海公报》发表地——上海锦江饭店，也非常感谢锦江饭店的热情款待，非常满意员工们无微不至、悉心周到的服务，此次中国上海之行和锦江饭店让我们感到十分难忘。”

就像住在家里

当年印度总理尼赫鲁下榻锦江饭店，饭店根据这个国家的传统，布置了带有佛教特色的装饰品，并且尽量用红色和金黄色的食用器皿，使整个环境充满了庄严和华贵，甚至房间的小摆设、书桌上的文具都精心准备。周到细心的服务使得尼赫鲁总理连连称赞：“住在锦江饭店，不仅感到自由放松，而且像在自己的家里一样。”

著名台湾女作家琼瑶来到上海，走进锦江饭店下榻的房间，高兴地对锦江的员工说道：“呵，你们想得真周到！”原来，在她的房间里，鲜花和水果散发着幽幽的清香，服务员还根据她的爱好，在她的会客室中挂上了名家的书画，同时还准备了笔墨等文具用品，以方便她的写作。

如今，上海新建了许多富丽堂皇的多星级宾馆，但锦江却始终保持独有的风格和特色，致力于提高服务的品质。许多客人，包括一些挑剔的客人，依旧喜欢入住锦江饭店，而他们选择锦江饭店，就是冲着锦江的服务。曾入住饭店的安哥拉总理在留言簿中这样写道：“锦江的服务是一流的，员工的态度是和蔼的，我希望下次再住锦江。”全国残联前主席邓朴方每次来沪，总是笑着对饭店员工说：“到了锦江就像到了自己的家，外面再高级的宾馆，我也不去，我就要住锦江。”

风景这边独好

走在幽静安宁的茂名南路上，路边梧桐树历经沧桑，更显枝盛叶茂，而沿街绵延300多米深咖啡色的泰山墙面砖依然坚实厚重。无论世事流转怎样变迁兴衰，正如锦江饭店总经理许铭先生所说：“半个多世纪，锦江以人为本的服务理念早已深入人心，我们还将继续努力……”

资料来源：http://www.china.com.cn/chinese/feature/541272.htm，中国网。

第三节 饭店产品及其特点

饭店作为企业经济组织，在经营过程中以提供产品为自身生存和发展的前提，但饭店企业提供给宾客的产品以有形的场所、设施设备和无形的服务为主，以此满足宾客的需要。由于饭店产品的特殊性，宾客购买和使用饭店产品以体验为主，只有用后才知道是否满意，因此对饭店无形产品的研究是饭店产品研究的重点。

一、饭店产品的概念

产品一般是指用于市场交换的、能够满足人们某种需要和欲望的劳动成果，包括实物、场所、服务、设施等。饭店产品是指宾客或社会大众所感受到的、饭店提供的能够满足其需要的场所、设施、有形产品和无形服务的使用价值的总和。饭店产品主要在饭店内提供，也有可能在饭店之外提供，如送餐、美食节免费品尝等。

饭店产品笼统来说包括有形的设施与无形的服务，但从不同的层面上分析，又有多种理解。从宾客的角度来看，饭店产品是一种经历与体验；从社会的角度来看，饭店产品代表着一种形象，尤其高档饭店，是时尚、豪华、高消费的代名词；从饭店自身来看，饭店产品就是饭店赖以生存的基本条件，是饭店经营者精心设计的待售的作品。综合起来，饭店产品的概念包含三个层次的含义：

（一）物质形态的商品

物质形态的商品又被称为核心产品，比如菜品、酒水饮料、商品等。其特点是随着顾客的购买，其所有权发生转移。就饭店业的产品而言，物质形态的商品主要在餐饮部、商品部生产和销售，从总量上或销售额上来讲，并不占主要部分。

（二）显性的非实体利益产品

显性的非实体利益产品，主要是指顾客可以使用并且通过使用产生美感、享受和舒服的需求满足的产品，这类产品又被称为核心产品的辅助品或包装物，比如餐具、家具、棉织品等。这类产品的特点是，它们是以物质形态表现出来的，但其在服务或销售过程中的所有权不发生变化，当顾客损坏或携走时，应承担赔偿的责任。

所以，显性的非实体利益产品是饭店提供服务的基本物质依托，它对服务质量的影响是十分巨大的，也是饭店产品改进中最需要下工夫的部分。

资料链接　酒店家具在客房应用中的15点建议

1. 客房中床距离卫生间的门不得小于20厘米，因为服务员需要一定的操作空间；

2. 客房的地毯要耐用、防污甚至防火，尽可能不要用浅色或纯色的，现今，很多商务型酒店的客房地面是复合木地板，既实用又卫生，而且温馨舒适；

3. 客房家具的角最好都是钝角或圆角的，这样不会给儿童带来伤害；

4. 客房家具要注意防火、安全性能；

5. 客房家具要注意防水、防潮及环保性能；

6. 客房家具还要具有耐磨、抗划伤、易维护保养等性能；

7. 窗帘的轨道一定要选耐用的材料，遮光布要选较厚的，帘布的皱褶要适当，而且选用能水洗的材料，若只能干洗的话，运营成本会增加，得不偿失；

8. 电视下设可旋转的转盘；

9. 当前较流行的房间的灯光控制是各个按钮控制，或者大面板控制，极少用以前的触摸式按钮；

10. 插座的设计要考虑手机的充电使用，这是许多酒店客房设计所忽略的；

11. 床头灯的选择要精心，既要防眩光，也要耐用；

12. 行李台的设计往往不受重视，很多酒店客房的行李台的木质台边的漆被撞得凹凸不平，若采用这样的行李台其软包部分最后能由平面转到立面上来，并且有50厘米左右的厚度，可以防止行李箱的碰撞，也可以采用活动的行李架，但是墙上要做好防撞的设计，有的酒店的防撞板是18毫米的厚玻璃，既新颖有个性又实用，还可采用耐磨的板式家具，耐磨，抗划伤；

13. 艺术品如挂画，最好选用原创的国画或油画，不管水平高低，总比电脑打印的装饰画值得一挂，也从侧面体现酒店的品位；

14. 电脑上网线路的布置要考虑周到，其插座的位置不要离写字台太远，拖得太长的线也显得不是那么雅观；

15. 写字台的灯光在50～60勒克司时，看书写字最舒适，低于25勒克司，眼睛就容易疲劳，卫生间的明亮很重要，总量应不低于50勒克司，但是局部又有区别：浴灯10勒克司，马桶上的灯10勒克司，镜子的灯为30勒克司。

资料来源：中国建材网。

（三）隐性的非实体利益产品

隐性的非实体利益产品主要是指顾客只能通过到现场服务接触后才能体验、体察或感知到的，满足顾客心理需要的产品。当然，由于在顾客的消费过程或体验中，其对物质产品与精神需求的要求是难以分开的，但隐性的非实体利益产品因素仍然对其消费过程的满足起决定性的作用。隐性的非实体利益产品的特点是无所有权或者所有权不明确，是无形的，一般不可触摸到，它只能被感知或体察到。比如空气是否清新、温度湿度是否合适、色彩和光线的基调与变化是否合理，空间感是否宽敞，服务态度是否具有亲和力等。隐性的非实体利益产品的隐性因素通常有：

（1）服务态度因素：企业的广告与社会承诺、员工的服务态度；

（2）环境因素：地点、清洁、卫生、秩序、健康、温度、湿度、微生物、污染、微小环境气候等；

（3）饭店气氛因素：格调、音乐、色彩、光线、舒适性；

（4）文明程度因素：标志、环境保护与资源的合理利用等；

（5）等候因素：等候的时间、告知标志、排队的秩序等；

（6）方便与便利因素：是否易于抵达、客用设施的操作说明等；

（7）距离与空间感因素：顾客的心理判断是豪华、舒适，还是拥挤；

（8）时间因素：营业时间高峰期与低谷期；

（9）产品的地位因素：是否独特，如红地毯通道、总统套房等；

（10）保密性因素：是否隔音、有无监控等；

（11）安全性因素；

（12）延伸服务能力因素。

隐性的非实体利益产品的隐性因素一般都具有无形、易逝、只能被感知、所有权不明确等方面的特点。

资料链接 饭店客房设计的个性化

客房设计应该根据饭店本身的定位进行设计，且不同风格的饭店，客房设计是不同的，如东南亚风格与欧式风格、日式风格都是不同的。各个地域的饭店有自身的特色，饭店的客房也一样。

五星级的商务饭店、经济型饭店、风景胜地的度假饭店等各种客房的空间要求、布置要求不一。商务饭店客房空间要宽阔，有整体感，布置材料要生动、丰富而紧凑；经济型饭店客房只需满足客人基本生活需要，面积较小，但也能做出好的创意，做到“小而不俗，小中有大”；度假饭店的客房，首要功能是要满足家庭或团体旅游、休假的入住需求和使用习惯，保证宽阔的面积和预留空间是最起码的平面设计要求。

客房是饭店客人的真正归宿，即使是经济型饭店，也应非常重视客房设计。有人为经济型饭店的投资战略总结了一个顺口溜：“五星的床，四星的房，三星的堂，二星的墙。”可见客房内提供的物品，及客房的格局、空间、氛围和客房卫生间的设备设施等都不能含糊。客房，关上门以后就如同客人的“家”，“客房是客人在异乡的家”，这不仅仅是一句销售用语，也很准确地定义了客房的功能设计原则。饭店的客房应该是一个私密、放松、舒适的地方，是浓缩了休息、私人办公、娱乐、商务会谈等诸多使用要求的功能性空间。

无论是欧美风格的色彩艳丽、丰富、直观的饭店客房设计，还是色彩清淡、含蓄、内敛、冷雅的现代设计，客房实际上都是文化主题和技术要素的结晶，它的系统性、功能性、方向性、标准性和艺术性都很强。饭店客房设计也是一种文化的推广，它可以体现为一条不可剪裁的“文脉”，如在香港君悦饭店中，大面积的“黑中含金”设计，以及客房及楼道中的“苏州园林”黑白照片，把欧陆式豪华饭店的风范和中国民族情感的人性需要巧妙地融合起来，给人留下深刻印象。

资料来源：余鲁、余学伟，《探索国内饭店客房的个性化设计》，《美术大观》，2006年第3期。

二、饭店产品的构成

从饭店的角度讲，饭店产品是饭店有形设施和无形服务的综合。只有将优质的服务和运行良好的设施设备有机结合，才能使饭店产品的品质得以彰显。

饭店产品的构成主要有：

（一）饭店的位置

饭店所处的位置，包括它与机场、车站的距离，周围的风景环境，距游览景点和商业中心的远近等。这些都是顾客选择饭店的重要因素。饭店只要能充分利用现有的优势向客人推销，往往就能吸引客人，取得较佳效果。

饭店的位置没有绝对性，主要以易于抵达、适合顾客需要为原则。当然，由于饭店类型不同，饭店位置的选择标准不尽相同。

（二）饭店的设施

饭店设施是指饭店的建筑规模，饭店的各类客房、商务套间、豪华套间、总统套房；各类别具特色的中餐厅、西餐厅、风味餐厅、快餐厅、面包房、点心房、康乐中心，包括保龄球、台球、麻将室，歌舞厅、卡拉 OK 厅，游泳池、商务中心、美容院、按摩室、桑拿浴室、健身房以及公共的休息场所、卫生间等。

饭店的设施还包括饭店提供服务与管理所必要的其他设施设备，如必要的电梯、扶梯、自动消防系统、消防设备与器材、喷淋灭火装置、自动报警系统、备用发电机、闭路监控系统、必要的停车场等。

设施是饭店提供服务、提高顾客满意度的基础保证；设施不仅要求齐全、方便实用，更重要的是保证设施处于良好运行状态。

（三）饭店的服务

服务是饭店产品中最重要的组成部分之一，也是顾客选择饭店的主要依据之一。饭店服务通常包括服务项目、服务内容、服务方式、服务速度、服务效率、服务态度等方面。

服务的构成要素还包括训练有素、端庄大方、懂得礼仪、恭敬待客的服务员，操作熟练、动作轻盈利落、主动热情、善为客人处理意外情况的现场管理员，以及能用标准、流利的国际语言，耐心地解答客人的问询，积极地为客人排忧解难，使客人体验到安全可靠的服务。良好的服务，可以说是饭店产品中最为重要的部分。

（四）饭店的形象

饭店形象是社会及其大众对饭店的一种评价或看法。饭店通过销售与公关活动在公众中树立良好形象。饭店的历史、饭店的知名度、饭店的星级、饭店的经营思想、饭店的经营作风、饭店的服务质量与信誉度等诸多因素，是最有说服力的活广告。

（五）饭店的价格

饭店的价格不仅体现饭店产品的价值与真实水平，也是饭店形象与产品质量的客观反映。价格是顾客选择饭店的重要标准之一，尤其是在不太了解饭店实际情况时更是如此。

（六）饭店的气氛

气氛是客人对饭店的一种感受。气氛取决于饭店设施设备的条件，取决于饭店的空间与距离感，更取决于员工的服务态度与行为。

合理的布局结构、宽敞的空间、和谐的色彩搭配、优美的环境、舒畅的音乐、科学的照明、良好的隔音效果、热情的服务、亲切的文化，这一切都会使顾客形成对饭店气氛的最佳感受。

随着旅游者的日渐成熟，饭店不仅仅是旅游者的临时寄宿场所，更成为不同旅游者，尤其是国外旅游者，体验各国文化和地区区域文化、民族文化的重要的场所。饭店的气氛对旅游者将会具有更加强大的吸引力。

资料链接　　萨沃伊饭店照明改造

作为英国史上第一家用电照明的饭店，萨沃伊饭店(The Saroy Hotel)是照明史上的一个转折点。最近，其主体翻修正在进行中，我们可以从中学习到如何将传统奢华与现代科技完美结合。

位于伦敦市中心的“萨沃伊”是1889年在英国建立的第一家豪华饭店，翻新如此具有里程碑意义的建筑需要深思熟虑。在过去三年里，设计师Pierre Yves Rochon和建筑师Reardon Smith、Buro Happold一直尝试着在现代科技和传统奢华中找到适当的平衡点，决不会妥协于低消耗的需求而打造出有损于完美的照明环境。

国际照明设计师Chris Lewis担任着萨沃伊灯光改造的首席设计师，他说："这个行业始终推动着低能源和LED的应用，但我们的客户更在意的是打造出完美的照明环境。"对比MR16卤素灯和LED灯，萨沃伊拒绝了使用LED照明，原因是它的显色性特征减弱了温暖的感觉，"客户希望饭店带来的感觉是温暖和豪华的，而这也是饭店的卖点，"刘易斯说，"卤素灯是我们的照明主体，但是照射圆柱体、嵌壁式、玻璃后照光和书架照明等客户不太注意的地方仍会使用LED照明。"

资料来源：http://www.lightingchina.com/design/recommend5.html，中国照明网照明设计频道。

三、饭店产品的特点

饭店产品不仅不同于一般商品，也与其他服务业产品有较大的不同。饭店产品的特点主要表现为：

（一）具有综合性和季节性

现代旅游是一种高级消费形式，要满足客人吃、住、行、购、娱等多种需要，因此饭店产品往往同时具有生存、享受和发展三种功能。一方面，饭店产品必须是能够满足顾客多层次消费的综合性商品。另一方面，旅游受季节、气候等自然条件和各国休假制度的影响较大，在国际上，各国的休假大多是在夏季和秋季，因此饭店产品的消费具有明显的季节性，淡旺季客人多寡差别很大，市场销售大起大落。

（二）价值不能储存

一般商品的买卖活动会发生商品所有权的转移，而饭店出租客房、会议室和其他综合服务设施时，同时提供服务，但并不发生实物转让。客人买到的只是某一段时间的使用权，而不是所有权。以每晚租金80元的饭店客房为例，如果此房当天租不出去，那么这80元的价值就无法实现，也就是说，它的价值具有不可储存性，价值实现的机会如果在规定的时间内丧失,便一去不复返,它不像一般的商品那样,一时卖不出去,可以储存起来以后再销售。所以,饭店业的行家把客房比喻为“易坏性最大的商品”“只有 24 小时寿命的商品”。这就是饭店业普遍以“顾客第一”为经营信条,在经营时,有时甚至以低于成本的价格销售饭店产品也不愿饭店设施闲置的根本原因。

(三)生产与消费同步

一般商品由生产到消费要经过商业流通才能到达消费者手中。商品的生产过程与顾客的消费过程是分离的,一般商品是先生产后消费,不受顾客即时需要的限制,工厂能够主动地调整生产的产量、时间和节奏,顾客看到的和感受到的只是最终产品。饭店出售的产品却不存在这样“独立”的生产过程,它要受顾客即时需要的制约,其生产过程和消费过程几乎是同步进行的。只有当客人购买并在现场消费时,饭店的服务和设施相结合才能成为饭店产品。

(四)人为因素影响大,具有不可预见性

首先,饭店服务是无形的,服务质量的好坏不能像其他商品那样用机械或物理的性能指标来衡量。来自不同国家、地区的不同类型的旅游者,由于他们所处的社会经济环境不同,民族习惯、经历、消费水平和结构不同,对服务接待的要求也不尽相同。因此,旅游者对服务质量的感受往往带有较大的个人色彩。饭店提供的服务质量的好坏在一定程度上取决于旅游者各自的需要和特点。饭店的服务人员和管理人员不能忽视这一点,不能以自己的想象或自己的服务标准来对待各国旅游者。

其次,一般的商品可以摆在柜台里,让顾客自由选择购买。而饭店产品却具有不可捉摸性。旅游者在购买前对饭店产品看不见、摸不清,通常不可能对这一产品的质量和价值做出准确的判断,往往产生“担风险”的心理,因而不利于饭店产品的销售。饭店服务也不能像其他产品那样,如果做得不好,可以重新返工,但饭店的任何一个环节出了问题,对饭店所造成的损失,常常是难以弥补的。

(五)质量不稳定

相对于一般产品而言,饭店产品的质量具有不稳定性,这是因为,饭店产品的质量很大程度上取决于服务人员为宾客提供的面对面的服务的优劣,而人的个体差别很大。所以,同一项服务,由不同的人提供就会有不同的服务质量。饭店管理者应通过制定并执行严格的质量标准,对员工进行职业培训,同时推行以人为中心的管理方式,培养良好的企业精神和制定激励员工士气的制度等,通过这些重要途径提高饭店服务质量。

本章小结

饭店作为企业,经政府主管部门批准,有固定名称和经营场所、完善的组织机构和规章制度，拥有独立支配的财产，承担社会责任，对公众开放，提供各种饭店服务。饭店可根据规模、经营特色等分类。随着社会的进步、科学技术的发展，饭店作为现代商务和旅游不可缺少的企业，不论在建筑物、设施、产品、服务，还是经营管理方面都需要不断完善和发展。

饭店等级是由世界各国饭店协会和旅游管理机构根据饭店设施及服务的特色和质量对饭店进行的总体评价。

饭店实施登记可方便顾客购买饭店产品，保护消费者利益，同时方便各国旅游组织和饭店业的营销工作。

饭店产品由满足顾客需求的各种物质实体和非物质形态服务构成。

知识结构图

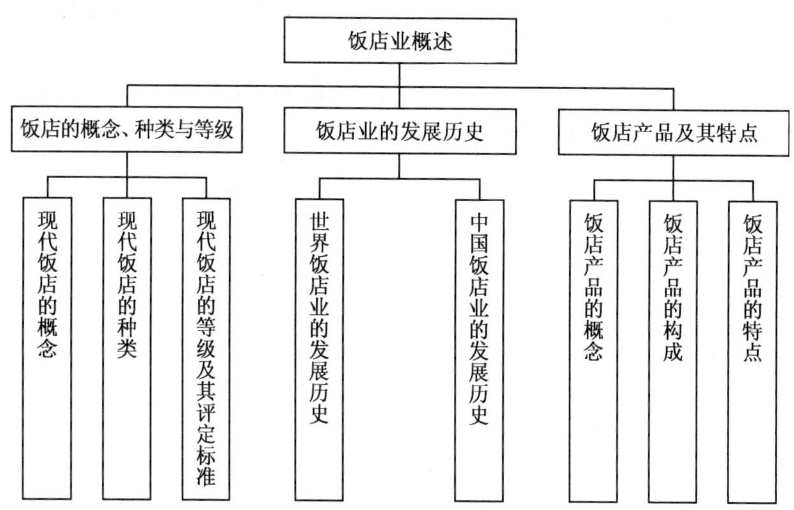

案例研究

宾馆装修靓丽，力求食宿放心

宾馆饭店接待是递给国内外宾客的第一张名片。随着第七届“亚艺节”的临近，佛山各大宾馆饭店已提前做足各项准备措施，让来自亚洲各国的宾客享受快乐、安全、温馨的“ 佛山行 ”。

“部长房”恭候贵宾

将要接待亚洲文化部长的佛山宾馆，特地将客房进行全方位改造装修，同时对饭店的软硬件也进行了更高标准的提升，目前各项准备工作已完成。据宾馆副总经理李力介绍，为迎接“亚艺节”，饭店共投入1 500万元对宾馆进行装修，其中仅 22 套“ 部长房 ”室内格局改造以及家私布饰等就投入 800 多万元。按照组委会要求，宾馆还投入 150 多万元对会议室的音响、同声传译等设备进行全部换新。

记者获悉，佛山宾馆将于本月 9 日起开始闭馆，不再接待其他访客，全力服务亚洲文化部长及其随行人员。李力表示，宾馆方面早已培训成立 22 个接待组，专门服务各位文化部长。

安全卫生有保障

佳宁娜饭店此次的接待准备工作特别侧重饮食材料的选择以及餐饮服务人员的健康，而菜式口味则偏向于大众化。据了解，本次接待中，所有冷盘、白切鸡、菌类、动物内脏以及半熟类食物等一律不准上桌。据佳宁娜餐饮部负责人介绍，本次接待中专门指定了 4 位师傅主厨，其他餐饮服务人员也要求每天上班之前由饭店专请医生为每位服务人员进行例行身体检查，确保每位接待人员的身体健康。

除此之外，饭店将客房内的布局全部更新，全体员工加强英语、日语培训，保证每位接待人员可与外宾正常交流，并学习各国风俗、礼仪、禁忌等基础知识，加强安全消防应急处理措施以及接待业务模拟培训等。

问题：1. 佛山宾馆是什么类型的饭店？其宾馆装修对饭店产品的构成有何意义？

2. 佳宁娜饭店加强安全卫生工作对饭店产品构成及质量有何意义？

实训练习

1. 利用网络资源，查找并登录中国饭店协会网站，浏览网站相关内容，并结合其他手段和方法，广泛收集资料，分析我国饭店行业发展现状。

目的：使学生通过分析相关资料了解行业状况，把握行业特点。

要求：资料收集要真实可靠，学生可分组进行分析，最后形成分析报告进行交流。

2. 对本地星级饭店进行统计和实地考察，了解当地饭店行业的发展情况。

目的：通过调查分析使学生对饭店企业有比较直观的认识，对当地饭店行业状况有所了解，达到理论联系实际的目的。

要求：分组进行调查，对当地饭店的星级、分布地点、数量等重要信息要形成统计报告。

复习思考

1. 饭店按照经营性质不同可分为哪几类?
2. 国际饭店业的发展经历了哪几个重要阶段,有何代表性人物?
3. 简述我国饭店等级评定概况。
4. 饭店实施等级划分的目的与作用是什么?
5. 饭店产品由哪几部分构成? 具有怎样的特点?

第二章

饭店管理基础理论

能力目标

- 具有充分理解和执行饭店各种计划的能力;
- 能够综合运用各种控制手段,对饭店经营管理活动进行有效的管理控制;
- 能够将各种饭店管理理论综合分析,应用于饭店经营管理过程。

知识目标

- 掌握饭店管理的基本含义、饭店管理纲要的内容;
- 掌握饭店管理的五大职能;
- 系统而全面地掌握饭店管理的基础理论与方法。

课程导入

7天酒店放羊式管理秘诀

2011年以来,国内经济型酒店频频出现业绩下滑,但与如家、汉庭等位居同一阶次的7天连锁酒店却逆势而上,实现连续九个季度持续盈利。在国内经济型酒店整体市场环境不太乐观的情况下,7天酒店能保持持续盈利,它有哪些秘诀呢?

将IT融入管理中

与其他酒店IT系统仅停留在客房预订服务不同,如今7天的电子商务系统已涵盖了酒店管理的方方面面,如中央预订系统、物料计划管理系统、店务系统、中央报表系统等。从而在成本控制、系统管控上更具优势,这些看似道理简单,却难以复制。

会员制直销模式

凭借庞大的会员基数,7天保证了充足的客流量。这也归因于7天强大的IT

技术优势,早在2005年7天就建立了会员体系。目前7天连锁酒店会员已超过3 860万,规模最为庞大;如家的活跃会员数为790万,汉庭的会员数仅为900万。

放羊式管理

与如家等传统酒店采用的科层制管理不同,7天削弱了总部对单店的控制力,给予店长充分的权力。在7天,每一个店长都是经营者,而非单单是执行者。在店长之上,不再设立区域经理和总监。7天在单店入住率、客户好评度等几项上设立了评价指标,达到标准的店长可获得数十万的奖金。丰厚的奖励机制以及扁平式的管理,使得每一个7天的店长、店员都以主人翁的姿态来为客人服务,从而将提供优质服务做到了极致。

成本控制

7天酒店没有宽敞的大堂,只有一个前台,没有设置报刊架和饮水机,也没有等候区。每家门店都要求在3分钟内完成入住登记,因此没有必要在此多花成本。7天的客房布置得非常紧凑,床、电视、淋浴室都是按照最优化原则设计摆放,以缩小空间。一张长长的没有抽屉的桌板横跨床头和窗台,同时兼顾电视柜和书桌的功能。原因很简单,客人没有使用抽屉的需求。7天没有在每个房间配备电吹风,而是在每一层的楼道间配置一个电吹风,这样也无形间减少了成本。7天正是在每一个细节节省成本,而将真正的服务用到客房中来。7天的商务大床房的枕头达到了五星级酒店标准。

综合而言,7天的核心竞争力在于其将电子商务较早地应用于酒店管理中来,并在人才管理机制、成本控制上具备优势。未来,国内经济型酒店扩张步伐将进一步加快,包括7天连锁酒店在内的经济型酒店将面临新一轮的问题和挑战,如何在扩张中保证服务质量、控制成本、协调各品牌战略是需要思考的问题。

资料来源:慧聪网。

请思考:结合本材料思考,卓越的饭店管理对饭店企业生存和发展具有怎样的意义?

第一节　饭店管理概述

一、饭店管理的含义

(一)饭店管理的概念

饭店管理是以管理学的一般原理和理论为基础,综合运用多学科知识,与饭店具体实践相结合,从饭店本身的业务特点和管理特点出发而形成的一门独特的管理学科。它是管理学科的一个分支,有其特定的研究对象——饭店经营活动。虽然饭店管理理论来源于管理学的各种学说和原理，但它已形成了自己独特的管理体系和管理内容。

现代饭店管理是指饭店管理者在了解市场需求的前提下，为了有效实现饭店的规定目标，遵循一定的原则，运用各种管理方法，对饭店所拥有的人力、财力、物力、时间、信息等资源进行计划、组织、指挥、协调和控制等一系列活动的总和。

饭店管理的概念表明了饭店管理的目的、手段、要素和职能。

1. 饭店管理的目的

衡量饭店管理成效的主要依据就是饭店预定目标的实现程度，所以饭店管理的目的就是实现饭店的预定目标，取得一定的社会效益和经济效益。

饭店是一个开放系统，它和社会有着广泛的联系，它在向社会提供特定的使用价值的同时也担负着一定的社会责任。饭店的社会效益就是指饭店的经营管理活动带给社会的功用和影响，它表现为社会对该饭店和饭店产品的认可程度。如饭店的知名度、美誉度、饭店利用率、饭店和社会的各种关系等。

饭店的经济效益是指饭店通过经营管理所带来的投资增值额，在市场经济条件下，追求饭店利润最大化正是饭店管理的动力所在。对饭店而言，社会效益是经济效益的基础，社会效益不好的饭店，其经济效益必然会受到极大影响，所以饭店业非常看重自身形象。另外，随着人类环境问题的日益严重、环境保护意识的日益普及和可持续发展观念的深入人心，饭店还应考虑环境效益，尽量使饭店的经济效益、社会效益与环境效益达到完美统一。

资料链接　　雅高环保项目获亚太旅游协会金奖

2013 年 8 月法国雅高集团凭借其可持续发展项目“21 世纪地球”，获得亚太旅游协会颁发的企业环保项目金奖。

据悉，雅高集团通过“21 世纪地球”项目做出了 21 项涉及多个方面的环保承诺，并设定了 2015 年需要达到的一系列相关环保目标。雅高集团亚太区企业传播及客户忠诚计划副总裁蒋伟业表示：“雅高集团在该项目实施一年后，旗下酒店就已经取得了不错的成绩。比如，80％的酒店推广使用在本地采购的绿色食品原材料，88％的酒店提供营养均衡的健康菜单供客人选择。”

其中，“21 世纪地球”项目中的为地球植树项目自 2009 年启动以来，全球已经有超过1 400家雅高酒店参与其中。这1 400家酒店捐出由减少毛巾洗涤而节省下来费用的一部分，资助世界各地的树木种植项目，树木种植项目已遍及泰国、印尼、日本、澳大利亚和新西兰等地。到目前为止，通过该项目节省下的毛巾洗涤费用已帮助雅高在全球资助种植了 300 万棵树木。

资料来源：中国旅游饭店协会网站。

2. 饭店管理的手段

饭店管理的手段就是饭店管理者在管理过程中要遵循一定的管理原则，把饭店管理的基础理论、原理等通过一定形式和方法转化为实际的运作过程，以提高饭店管理成效，达到饭店管理目标。

3. 饭店管理的要素

饭店管理的要素就是指饭店所拥有的人力资源、财力资源、物力资源、信息资源和时间资源等。

在饭店管理所有要素中，人力资源最为重要，它是饭店的主体、饭店管理成功与否的关键，也是饭店三个效益的实现者。所以饭店必须具有一批管理素质良好的管理者和行业素质良好的从业人员。在“以人为本”的饭店管理中，不仅应考虑饭店所需要的人的数量和质量问题，即饭店需要多少人和需要什么样的人，更为关键的是管理者自身的素质。实际上，一家饭店管理水平、服务质量的高低都取决于饭店管理者的水平。

财力是指饭店的资金运作状况。只有具备一定的财力，饭店才可以购置运转中所需的各种设施设备和原材料，才能支付员工工资及其他各种管理费用等，所以财力是饭店正常运转的基本保证。

饭店的物力资源主要是指饭店运转所必需的物资以及各种技术设备，如饭店的建筑物、电梯、空调、锅炉、客用品、服务用品、原材料等。物力资源是饭店运转的基础，所以也是饭店管理要素之一。物力和财力是紧密地联系在一起的，因为物力通常以固定资金和流动资金的形式表现出来。

信息是饭店管理者制定计划的依据、决策的基础，也是饭店组织的重要手段、质量控制的有效工具。随着宾客需求的不断变化和饭店之间竞争的日趋激烈，饭店常处于瞬息万变的经营环境之中，因此，信息的取得、整理和利用日益受到饭店管理者的重视，并成为饭店管理的一个要素。

另外，在市场经济条件下，时间的价值越来越被重视，在"时间就是金钱"的今天，使得时间也成为饭店中一种不可忽视的资源，而管理者对时间价值的认识则决定其对时间资源的有效管理。管理者对时间资源的有效管理可以提高饭店的工作效率、降低员工的劳动强度，也有利于提高饭店的服务质量。

4. 饭店管理的职能

在饭店管理的概念中，管理职能是管理者与饭店实体相联系的纽带，是其必不可少的组成内容之一。饭店管理的职能就是计划、组织、指挥、协调和控制。饭店管理就是管理者通过执行计划、组织、指挥、协调、控制等不同职能来实现的饭店内外各要素不断调整并取得和谐的动态过程，缺少任何一个职能，饭店管理就难以进行。所以，饭店管理的本质是饭店管理者科学地执行管理职能。

(二)饭店管理者

饭店管理成功的关键在于人，即饭店是否拥有管理素质良好的管理者和行业素质良好的员工。其中，饭店管理者的素质又是饭店管理水平高低的决定性因素，它直接影响着饭店管理的成败。

1. 饭店管理者的含义

从事管理工作的人就是管理者，也就是利用各种资源去实现组织目标的指挥者、组织者。管理者通常有四个基本特征：其一，他们是被正式组织承认并被任命的；其二，有下属，他们是管理别人的人；其三，从事管理工作，执行管理职能；其四，借助别人的力量来完成既定任务，实现自己的工作目标。

2. 饭店管理者的层次

在饭店中，根据管理者的责任和权限的不同，通常分为高层管理者、中层管理者和基层管理者三个层次。

(1)高层管理者

饭店中的高层管理者即为决策层，是饭店管理的核心层，如总经理、副总经理等。他们是对饭店管理成败负有主要责任的关键人物，对饭店的发展、总体规划、人力、物力、财力的统筹安排等拥有充分的权力。所以，一家饭店的管理水平的高低实质上取决于饭店最高层管理者的水平。作为决策层主要的工作是对饭店进行宏观决策、确定饭店的方针、政策和目标等，考虑饭店的全局问题和战略问题。

因此，饭店决策层管理者应善于用系统和全局的观念看待和处理问题。面对复杂多变的内外环境，能够利用饭店所获得的各种信息，快速、果断地做出正确决策。使饭店在激烈的市场竞争中处于有利地位。

资料链接　　饭店总经理的岗位职责

一、全权负责处理饭店的一切事务，带领全体员工努力工作，完成饭店所确定的各项目标。

二、制定饭店经营方向和管理目标，包括制定一系列规章制度和服务操作规程，规定各级管理人员和员工的职责，并监督贯彻执行。制定饭店一系列价目，如房价、餐饮毛利等。对本行业各种动向有高度的敏感性，制定市场拓展计划，带领销售部进行全面的推广销售。详细阅读和分析每月报表，检查营业进度与营业计划完成情况，并采取对策，保证饭店经营业务顺利进行。

三、建立健全饭店的组织系统，使之合理化、精简化、效率化。主持每周的总经理办公会检查情况汇报，并针对有关问题进行重点讲评和指示。传达政府或董事会的有关指示、文件、通知，处理好人际关系，协调各部门之间的关系，使饭店有一个高效率的工作系统。

四、健全各项财务制度。阅读分析每日、每月财务报表，督促监督财务部门做好成本控制、财务预算等工作；指导财务工作；分析每季财务报表；检查分析每月营业情况；检查收支情况，检查应收账款和应付账款。

五、有重点地定期巡视公众场所及各部门工作情况，检查服务质量，并将巡视结果传达至有关部门。

六、饭店维修保养工作。

七、与各界人士保持良好的公共关系，树立饭店形象，并代表饭店出面接待饭店重要贵宾。

八、指导训导工作，培养人才，提高整个饭店的服务质量和员工素质。

九、以身作则，关心员工，奖罚分明，使饭店有高度凝聚力，并要求员工以高度热情和责任去完成好本职工作。

十、选聘、任免饭店副总经理、总经理助理等重要人事变动。负责饭店管理人员的录用、考核，决定饭店机构设置，员工编制及奖惩、晋升工作。

资料来源：范运铭主编，《现代饭店管理概论》，首都经济贸易大学出版社2009年版。

(2)中层管理者

饭店的中层管理者就是饭店的管理层，是饭店承上启下的中坚力量，如部门经理层等，中层管理者通常根据高层管理者的计划和决策，制订具体的实施计划和工作任务，并将其分配给下属的各个基层单位去完成，在此过程中，中层管理者要能够了解基层单位的要求，并善于发现问题、分析问题，从而从根本上解决问题。中层管理者负责其所管辖部门的一切业务，主要目标是保证本部门正常运转。

(3)基层管理者

饭店中的基层管理者主要指饭店中的控制层，是管理指令的执行层，如主管、领班等。他们按照中层管理者的规定和要求管理所负责区域的具体事务，并带领下属完成中层管理者所布置的各项工作任务。基层管理者非常注重操作技能的掌握，因为其主要任务就是训练、指导下属员工，使之能够出色完成接待任务。

另外，对任何层次的饭店管理者来说，其与人相处的能力，即处世技巧是非常重要的。所以有人说，在饭店管理中，70%的精力需要用于人际关系的处理上。首先，饭店管理者必须与内外相关部门相处。如安全部经理要与当地公安部门保持联络，建立一种良好的关系；人事培训部经理对外要与当地的人事劳动部门联络有关招工、招聘事宜，对内要与各业务部门联络有关员工培训、晋升、换岗等事宜。其次，饭店管理者必须与客人沟通，建立良好的宾客关系，进而了解宾客的需求，改善饭店的服务质量，使宾客成为饭店的忠实客人。最后，管理者还必须与下属建立良好的合作关系。因为饭店管理者的特征之一就是通过下属来实现自己的目标任务，所以员工工作积极性的高低直接影响管理者本身的工作成效。

二、饭店管理的内容纲要

在了解饭店管理含义的基础上，饭店管理者必须进一步研究饭店管理的对象和内容，也就是研究管什么和怎么管的问题，目的是构筑饭店管理的框架，然后对框架各部分的实质内容进行展开研究，理清思路，在自己的意识中形成框架概念，即把握饭店管理的纲要。最后抓住纲要，实施有效管理。饭店管理的内容纲要如下：

1. 饭店的决策与计划管理
2. 饭店的组织管理
3. 饭店的服务与质量管理
4. 饭店的业务管理
5. 饭店人力资源管理
6. 饭店财务管理
7. 饭店设备与物资管理
8. 饭店公共关系与企业文化管理
9. 市场营销管理
10. 饭店安全管理

11. 饭店信息管理

第二节　饭店管理的职能

早在1916年，法国管理学家法约尔(Fayol)在其《一般管理与工业管理》一书中，就提出管理是由计划、组织、指挥、协调、控制五个因素构成，即现在常说的管理五大职能。尽管后来有许多管理学家提出了一些另外的说法，但都是在此基础上进行的取舍或补充。饭店管理过程中同样离不开这五大职能。饭店管理的核心就是管理者通过执行管理职能来实现饭店的经营目标。也就是说，执行管理职能是饭店管理者的主要职责，饭店管理职能贯穿于饭店管理全过程。

一、计划职能

(一)计划职能的含义

简单地说，计划就是饭店预先决定要做什么，如何做，何时做和由谁做，即计划的前提是决策，决策的结果形成计划。所以，饭店计划职能就是指饭店通过周密地、科学地调查研究，分析预测，并进行决策，以此为基础确定未来某一时期内饭店的发展目标，并规定实现目标的途径方法的管理活动。在市场经济条件下，社会、经济的发展为饭店的发展提供了机会，但也带来了风险。计划职能就是利用各种机会有效地利用现有资源，实现饭店最佳的经济效益和社会效益，即饭店利益的最大化，同时使饭店经营风险最小化。因此，在饭店管理中，首先要有科学合理的计划。

(二)计划职能的作用

1. 确立了饭店统一行动的目标

饭店管理者和员工分布在各个不同的部门工作，他们一般非常关注自己部门的利益，不太考虑饭店整体利益。而有一个完整的计划，则可以帮助他们了解饭店的整体利益，增强其全局观念。因此，计划职能通过确定饭店的经营管理目标，为饭店内各部门、各环节及各位员工的工作或行动指明了方向，明确了责任，有利于相互之间的沟通与协调，使饭店所有成员互相配合，最终实现饭店目标。

2. 充分利用饭店各种资源

计划职能可使饭店对所拥有的人、财、物等资源进行合理而有效地组合与调配，使人尽其才、物尽其用，减少人力、物力、财力的浪费。从而形成尽可能大的接待能力，并实现饭店效益最大化。

3. 增强适应环境变化的应变能力

计划职能在确定饭店目标的同时也规定了实现目标的途径和方法。这些途径和方法充分考虑了饭店内外环境的变化及其趋势，使饭店在市场竞争日趋激烈、宾客需要日益多变的环境中求生存、图发展,变被动为主动,增强了饭店的应变能力。而成功的饭店,通常都具有比对手更强的适应能力和应变能力。

(三)计划的类型

按照不同的分类标准,饭店计划可分为不同的类型,最常用的是按时间分类和按范围分类。

1. 按时间分类

按时间分类,可以将饭店计划分为长期计划、中期计划和短期计划。

长期计划是指饭店在较长时期(一般在 3 年以上)内有关饭店发展方向、规模、经济、设备、人员、等级等方面的战略性、纲领性计划。由于计划期较长,未来存在着大量的可变因素,如社会潮流、政府政策、经济发展以及客源需求的变化等。所以长期计划不宜过于具体,应符合"远粗近细"的计划原则。

中期计划是计划期在 1～3 年的计划。中期计划中,年度计划的制订较多。年度计划是指饭店具体规定计划期全年度和年度内各部门的阶段目标和任务的计划。它是饭店全体员工在计划期内的行动纲领和依据,是饭店最重要的计划。

短期计划是指饭店以一个季度(季度计划)或一个月(月度计划)为期限对饭店各种工作所做的具体安排。它是年度计划的具体化,对各种任务和具体事项要落实到部门、班组,是饭店员工实施的执行性计划,所以应尽量详细、具体、明确、具有可操作性。

2. 按范围分类

按范围分类可以将计划分为:饭店总体计划和各部门的分类计划,即部门计划。

饭店总体计划是指确定整个饭店目标和任务的综合性计划,它包括饭店的计划目标的制定、目标的分解及其说明、计划的实施过程及其措施方法等内容。

部门计划是指饭店内各部门为实现饭店的总目标而制定的本部门在计划期内需完成的具体目标和任务的实施性计划。所以部门计划制定是以饭店总目标和政策为指导的,它包括部门的具体目标、实施细则等内容。

另外,饭店接待业务计划也越来越受到饭店的重视,它是饭店计划的具体化,在饭店接待业务中起着重要的作用。

(四)计划的制订

制订计划是管理的基础。计划是否恰当直接影响到饭店管理的成效。

制订饭店计划必须充分考虑饭店的各种内外信息。对广泛收集的饭店内外信息进行整理分析。在信息准备基础上,管理者制订饭店计划草案以供相关人员讨论。并根据讨论意见对草案进行反复修改,使之更可行、更具体化。当饭店上下相关人员对计划草案达成共识后,即可把可行的计划确定下来,作为日后工作的依据。

(五)计划的实施

编制计划的目的是为了使饭店所有管理者和员工实施计划,实现计划目标。计划的实施分为计划的执行和计划的控制两方面。

1. 计划的执行

饭店计划一旦确定，就应将其分部门、分层次、分阶段层层分解，逐一落实到部门、班组、员工，分解至饭店业务活动的淡季、平季、旺季或月、周等。

计划展开分解后，使得饭店计划成为各个部门和每位员工的具体工作任务，为有效地完成这些任务，就必须授予相应的权利，并规定达到计划目标后的相应利益，做到责、权、利三者的和谐统一。即饭店通过落实岗位责任制和经济责任制，要求各岗位的员工和管理者按规定的标准完成工作任务，并承担一定的经济责任。同时，饭店应实行统一指挥，才可使计划目标不偏离饭店整体计划，并层层落实下去，取得预期效果。

由于计划是对未来的设想，所以在执行过程中必然会碰到由于未来不确定性所带来的各种障碍和困难，如天灾人祸、经济衰退、无序竞争等。因此，为确保计划目标的实现，饭店管理者应善于想方设法、因事制宜地逐个克服与解决各种问题。

在执行计划过程中，管理者还必须通过严格的考核制度和分配的激励机制调动员工积极性，监督计划的执行情况，检查计划的执行结果，及时发现问题，并予以彻底地解决。

2. 计划的控制

管理者通过检查计划的实施结果，将实际结果与计划目标进行比较，找出两者之间的差异。然后针对存在的差异进行认真分析，主要分析造成差异的原因，如是计划目标的问题，还是计划执行的问题，或是外部环境变化的问题等。

根据差异原因，饭店必须修订计划。但无论是局部修订还是总体修订，都必须慎重，均需饭店店务会议或办公会议反复讨论、论证后决策，并报上级主管部门批准。

另外，饭店还应根据计划实施的实际结果，客观、公正地对计划进行评价，反思计划的制订和实施过程，总结经验教训，为下期计划的科学合理性提供参考。

资料链接　　饭店营销计划的动态调整

1. 滚动式的营销计划

(1)营销计划制订后并非一成不变，要根据市场变化主动进行调整。这就需要对计划进行分解，包括月度分解和区域分解，既保证计划的稳定性，又保证计划的灵活性。

(2)滚动式营销计划需要从部门和制度上加以保障，要有专门的职能部门对计划执行状况进行评估，并对各区域计划进行综合平衡，使计划保持整体性的动态发展。

(3)滚动式营销计划执行的核心就是：先“由大到小”，再“由小到大”。也就是先从年度计划、季度计划、月度计划到周计划,然后再从周计划、月度计划、季度计划到年度计划,前一个阶段是对计划的整体性进行掌控,后一个阶段是通过有层次的滚动执行和调整,达到整个计划在适应性方面的保障。

2. 对市场态势的判断

(1)竞争环境判断:包括整个大环境和各区域的小环境。由于不同企业的市场重点不同,资源投入也有差异,造成不同区域间竞争环境各有特点,因此计划执行不能一刀切,应根据不同区域市场竞争环境的差异进行调整,使计划符合实际状况。

(2)行业趋势判断:某些行业发展变化很快,而各区域间行业的发展是不平衡的,因此计划执行中要根据行业发展状况分析提出相应措施,并符合行业不同发展阶段的特点。

(3)消费趋势判断:消费趋势是指顾客消费心理和特殊消费行为模式的变化趋势。

3. 对分支机构营销计划的强化

(1)分支机构是计划实施的基础部门,关系着计划能否真正执行到位,而且这又是最接近市场变化的层面,因此只有强化分支机构计划的执行效果,才能使计划真正达到动态调整。

(2)强化分支机构营销计划的执行效果,也就是提高分支机构计划实施的系统性,一定要规定分支机构做好计划分解工作,发挥分支机构执行计划的能动性,提高计划实施过程的针对性。

4. 营销计划动态调整的稳定性

(1)动态调整在不同层次上各有不同:计划强调灵活性和针对性,并不是说可以对计划任意调整,而应在不同层次上进行不同程度的调整。对全国性计划而言,要体现全国市场的特点;对省级计划而言,要体现省级市场的特点;对地区计划而言,要体现地市级市场的特点。

(2)动态调整是稳定性基础上的调整:除了上面提到的层次性,还有时间性的问题,而时间性构成了计划的稳定性,也就是说动态调整并不是可以随时调整,同样也要反映一年、一季、一月和一周的共性,同时还要兼顾各种共性之间的协调,从而在整体上保持动态、平衡的发展。

资料来源:http://www.canyin168.com/,职业餐饮网。

二、组织职能

(一)组织职能的含义

饭店组织职能是指为了有效地达到饭店计划目标,管理者确定组织结构,进行人、财、物、时间、信息等资源的调配,并划分部门、分配权力和协调饭店各种业务活动的管理过程。组织职能是计划职能的自然延伸,它贯穿于饭店管理的全过程。其具体内容如下。

(1)确定饭店的管理体制。

(2)设置合理的饭店组织机构。

(3)进行编制定员,明确各管理层次及相应的责任和权力并选用合适的人员。

(4)建立信息沟通系统,进行各级各部门间关系协调。

(5)进行资源调配,使饭店形成接待能力并开展接待业务。

(6)建立和健全饭店管理制度。

饭店组织管理是否有成效,其结果将直接影响整个饭店的经营成果。所以,组织职能是实现计划的重要保证,也是其他管理职能的基础和前提。

(二)饭店业务组织

简单地说,饭店管理的组织职能就是管理者对饭店组织的管理,其含义有两重:一是设置组织机构和管理体制,并使之符合饭店的客观运行规律。二是为达到饭店管理目标,合理而有效地调配饭店的人、财、物、信息、时间等资源,形成接待能力,进行业务接待,即接待业务的组织。

1. 饭店接待能力的组织

饭店接待能力是指饭店能够接待宾客并满足其需要的各种条件的总和,包括设施设备、服务水平、环境气氛等。饭店接待能力组织就是管理者根据饭店的实际情况,合理安排饭店的人、财、物、信息、时间等资源,达到以最小的投入接待尽量多的客人的目的。饭店管理者应随着宾客需求、客源流向等变化审时度势,不断调整,使饭店接待能力符合饭店计划目标要求。

2. 饭店接待业务周期的组织

饭店周而复始不断地为客人提供服务的过程即构成了饭店的接待业务周期。如客房经过员工清理、检查后具备接待能力,宾客入住,接待业务开始,宾客离后,该客房失去接待能力,而当重新整理合格后就又恢复其接待能力。所以,饭店接待业务周期就是指某一特定的接待业务从其准备开始到宾客使用完毕为止这样一个过程,并不断循环进行。饭店形成接待能力后,还需进行接待业务周期的组织才能真正接待宾客并满足其需要。所以,在管理过程中,饭店管理者应根据业务的进行情况对饭店所拥有的各种资源,特别是人力和物力资源进行及时的组合和调配,并进行现场控制,使饭店接待业务按计划、有序地进行。

三、指挥职能

(一)指挥职能的含义

饭店指挥职能是指管理者凭借权力和权威,根据决策计划的要求对所属指挥对象发出指令，进行领导和调度，使之服从管理者意志，并付诸行动，齐心协力地实现饭店的预定目标的管理活动。在指挥的过程中，通常先有组织目标和决策计划，后有管理者根据组织授权视具体情况行使的指挥。简单地说，指挥就是管理者将有利于饭店目标实现的指令下达给其下属，使之服从并付诸行动的一种反映上下级关系的管理活动。当饭店管理目标已定，即形成一定的接待能力，管理者就要通过执行指挥职能，使饭店的全体员工积极实施管理目标，进而使饭店接待能力成为实际的接待业务活动。指挥职能发挥得好坏，有两个重要因素：一是饭店决策计划的合理性，二是管理者自身的素质高低。

指挥职能是计划职能和组织职能的延伸和继续，计划是指挥的依据，组织是指挥的保证。饭店统一意志是通过指挥来达到目的的。有效指挥职能的基本要求为：

(1)饭店应建立强有力的指挥系统，按等级链原则划分管理层次，明确权力关系，使人人自觉执行上级下达的指令，管理者执行指挥职能时畅通无阻。

(2)统一指挥，即饭店管理者只对直接下属部门和员工实施指挥，不能越级；而作为下属也只接受其直接上级的指令。只有这样，才能防止令出多头而使下属无所适从，树立并维护管理者的权威，确保饭店业务的正常运转。

(3)在实施指挥时，饭店管理者应注意运用各种有效的激励手段调动其下属的工作积极性，激发其努力工作，完成饭店的预定目标。

(二)指挥职能的类型

饭店管理者在执行指挥职能时，应根据自身所处的职位、周围的环境和下属的能力、特点等来选择不同的指挥方法。饭店指挥职能的类型可分为：

1. 直意指挥

直意指挥是指管理者用明确的信息对下属直接下达指令并使之执行的管理方法。指令通常采用肯定或否定的语言，表达简单、清晰、明确。这是饭店中最常用的一种指挥方式，相比较而言，此类型在中、基层管理者中更为常用。有效的直意指挥应针对指令的指挥对象明确指出应完成的任务、达到的效果和完成时限，并提出执行指令的具体步骤。

2. 启发式指挥

在实际管理中，各级管理者常会对应由其处理的一些问题不知该如何妥善解决，于是请示上级管理者。而作为上级管理者不是简单地使用直意指挥，而是反问下级："你认为该如何处理？"同时提出要充分注意的有关条件和既定的政策，给下级以指点和启发。当下级对问题处理提出基本设想后，上级管理者衡量其思路与自己的决策是否一致。如果一致，则顺势下达指令，否则，指出其不周之处，并进一步引导其思考，使上下级之间最终达到一致。这一过程就是启发式指挥的过程。

简单地说，启发式指挥就是指管理者针对需要解决的问题，通过引导启发的方式让下属自我思考解决的措施，使上下级之间的思路一致后再实施指挥的管理方法。高、中层管理者最常用这种方式，因为下级管理者对问题的充分理解和深刻认识，十分有利于其坚决地执行指令。

在进行启发式指挥时，管理者应特别注意引导下属的工作思路，发挥下属的主观能动性，使之对所要解决的问题自我思考，自我决策，最终与己一致，这样才能更有效地解决问题，实现目标。启发式指挥不但能较好地避免错误，同时也能有效地培养和锻炼下属的工作能力，特别是分析、解决问题的能力。

3. 归纳式指挥

饭店业务复杂，宾客需求多变，内外环境也因时而异，所以常会遇到一些涉及饭店各部门的疑难问题，这时就需归纳多方见解后才能做出决策。归纳式指挥就是指管理者在充分听取各方意见的基础上，进行合理决策，再下达指令的指挥方法。常为饭店高层管理者所用。

归纳式指挥的关键在于归纳，在归纳时可能产生三种情形：一是意见基本一致，只是在方法和手段上有些差异，归纳时只需从中提炼形成指令，即顺向归纳指挥；二是各有见解、众说不一，归纳时就要充分听取各相关人员的看法，集思广益、博采众长、权衡利弊后再形成决定，发出指令，即综合性归纳指挥；三是意见基本一致，但皆从本团体利益出发，而不符合饭店的整体目标与利益，在归纳时应吸取其有利成分，但在总体上首先应考虑饭店整体利益，然后兼顾各团体利益，形成两者兼顾的指令。

归纳式指挥要求管理者具备较强的分析归纳能力，善于抓住问题的主要方面且思维清晰，使指令能够让每个实际部门信服，以便执行。另外，管理者在归纳式指挥过程中，应充分了解所需解决问题的复杂难易程度，并告知下属，而且，指令必须明确无误地指出各方需协调合作的内容，以便实现饭店目标。

4. 应急式指挥

应急式指挥即管理者为解决突发问题而下达紧急指令的指挥方式。饭店业务涉及面广，手工操作多，宾客需求多样，因而难免会出现一些特殊情况，为解决这些临时出现的问题，管理者必须即时下达指令并立见效果，因此无法进行周密的思考和筹划。通常只求解决主要问题，而很少顾及其他。

因此，应急式指挥要求管理者有敏锐的观察力和很强的应变能力，下达指令要既果断又谨慎，能及时解决问题，以防止事态扩大或贻误时机而影响饭店声誉。

四、协调职能

（一）协调职能的含义

饭店协调职能是指对饭店内外出现的各种不和谐现象而采取的调整联络等措

施的总和。其目的是保证饭店经营业务活动的顺利进行,并有效地实现饭店的经营目标。协调职能是现代饭店管理的特征之一。

(二)饭店协调职能的类型

饭店协调职能包括内部协调和外部协调两大类。

1. 饭店的外部协调

饭店与社会存在着千丝万缕的联系,若处理不当,小则影响饭店的客源、效益、形象等,大则危及饭店的生存与发展,因此,为饭店创造一个良好的外部环境,饭店管理者都非常重视外部协调。通常,饭店外部协调可分为饭店与宾客的协调和饭店与社会的协调两种。在目前饭店业市场激烈竞争的环境中,宾客需求也日益复杂多变,饭店与宾客之间的协调主要体现在饭店应根据市场供求及竞争情况,不断地调整饭店的服务内容与项目,减少饭店与宾客之间的不和谐因素,如增添服务设施、增加服务项目、努力提高服务质量等,从而最大限度地满足宾客需求,使饭店与宾客之间关系和谐融洽,使饭店竞争中处于不败之地。

与此同时,饭店是社会的一个组成部分,与社会各界存在着各种维护与制约的关系,这种关系处理是否妥当,直接影响着饭店在社会上的地位和声誉。因此,大多数饭店都非常注重通过各种公共关系活动处理好与社会各界,特别是与银行、财税、工商、公安、消防、环保、文化卫生、新闻媒体等各方面的关系,树立饭店良好形象并获得社会各界的信任、理解和支持,使饭店业务正常、有序地进行。

资料链接　　北京长城饭店借媒体之力腾飞

1984 年初,美国总统里根访华的消息传到了刚刚开业的北京长城饭店。长城饭店的经理和公关人员立即意识到,这是一个难得的机会。如能邀请里根总统光顾,将给“长城”带来良好声誉,对饭店前途产生极大影响。于是他们经过多方努力,终于争取到了里根总统在“长城”举行答谢宴会的机会,美国总统访华的答谢宴会从人民大会堂的宴会厅搬到了刚开业的北京长城饭店。

1984 年 4 月 28 日,来自世界各地的 500 多名记者,聚集在长城饭店,向世界各地发出了里根举行告别宴会的消息。这些消息,无一不提到长城饭店。于是,长城饭店在全世界名声大振。后来,许多外国来宾一下飞机,就想到“长城”住宿。之后的两年中长城饭店 70%以上的客人来自美国。

1989 年,美国总统布什来华访问,长城饭店凭着自己一流的设施和服务质量,又把布什“抢”到了长城饭店,举行了一次盛大的宴会。2 月 26 日晚,500 位宾客在长城饭店与布什总统一道品尝德克萨斯烤肉。这使长城饭店又一次成为世界各地新闻报道的中心。从此,北京长城饭店便深入了世界人们的心中。

北京长城饭店总统套房

资料来源:http://www.doc88.com/p－17460912164.html,《饭店公关艺术之我见》。

2. 饭店的内部协调

现代饭店业务构成复杂,随机性大,为提高其工作效率和专业化程度,通常都实行分工协作的原则。分工后,每个部门和个人都只在一个有限的工作范围内从事较单一的工作内容,因而会产生局部观念和注重自我的意识倾向,使局部与局部、个体与个体之间产生矛盾。而饭店是一个整体,需要各部门和个体之间的广泛的联系和协作。因此,必须树立全局的观念,通过执行协调职能达到整体的统一、组织目标的实现。饭店内部协调一般分为横向协调与纵向协调两类。

饭店业务随机性强、涉及面广,一项工作往往需要各个部门或许多环节员工的配合才能完成。横向协调就是指饭店内各部门之间、本部门内各环节之间的协调。如工程部与客房部的合作、前厅部的预定与接待、收款的信息沟通与配合等。各部门、各环节之间信息传递及时、迅速、准确是协调的基本要求。各相关部门、环节的所有人、财、物、信息等要素的配合得当,步调一致,是通过协调职能的执行所达到的结果,也只有这样,才能确保饭店各项管理工作的顺利进行。

饭店是劳动密集型企业,因此,饭店各级人员之间的纵向协作配合十分重要。所谓纵向协调是指饭店上下各级人员之间的协调。有效的纵向协调要求上级应能根据饭店目标要求下达正确的指令,而下级则无条件地服从和执行上级的指令要求;另外,纵向协调还应遵循等级链的原则,即上级无越级指挥,下级也无越级向上汇报。最终,通过饭店全体员工的齐心合力、相互配合共同完成饭店的预定目标。

资料链接　　创建和谐饭店

饭店,人们称为“小世界”,是社会的重要细胞,是社会和经济发展重要的组成部分。在构建和谐社会中,和谐饭店提供的就业机会多,拉动市场消费,创新能力强,为构建和谐社会发挥着举足轻重的作用。因此,和谐饭店要做好外部和谐与内部和谐两个方面的工作。

1. 外部和谐

饭店外部和谐是关系到饭店工作成效的关键环节,涉及范围比较广,如饭店与社会、饭店与政府职能部门、饭店与其他行业等。饭店的外部和谐能减少许多不协调的事情,否则,将会消耗饭店不少人力、物力、财力,给饭店带来不必要的经营成本费用。

(1)饭店与社会。饭店是社会窗口,接待与服务来自四面八方的宾朋,要坚持“宾客至上,服务第一”的宗旨,在服务质量上下硬功夫,体现个性服务、特色服务、超值服务的内涵,要树立社会是饭店生存之本的意识,与社会、社会成员和睦相处,积极参与社会公益事业,塑造良好的公众形象,让社会公众信赖。

(2)饭店与政府。饭店是政府完成重大事项和重要接待任务的服务单位,也是区域经济、社会发展的窗口。要诚心去替政府做事情,并且将政府交给的事情做好,最大限度地展示饭店经营管理服务水平,让政府为饭店的存在而骄傲,让饭店能为政府做事而感到自豪,从而争取更多的支持,赢得政府信任。

(3)饭店与职能部门。饭店是社会的组成部分,坚持合法和诚信经营,自觉遵守法律和法规,要全力配合职能部门的工作,积极反馈工作中遇到的问题,创造条件让职能部门给予工作上的帮助,发挥饭店自身的优势,将经营管理工作做得规范化、程序化、制度化,减少工作中的失误,给职能部门留下良好的印象。

(4)饭店与其他行业。饭店要遵循行业规律,积极主动与相关行业沟通,在行业竞争和非行业竞争中,倡导公平、公正,做到诚信经营,公道办事,遇到问题及时沟通,不欺行霸市,不损害本行业和其他行业的声誉,体现“先做人,后做事”的饭店经营之道。

2. 内部和谐

饭店内部和谐是饭店经营管理能否达到预期目标的关键,是提高饭店经营管理效率的集中反映。饭店内部和谐能够营造积极向上的气氛/氛围,能够提升饭店管理效率;否则,将产生推诿扯皮、效率低下的严重后果,不仅影响饭店经营效果,而且造成饭店各种资源的浪费。

(1)饭店与部门。饭店的组织结构要体现现代旅游经营管理的效率原则,提倡“金字塔”结构,在年龄、知识、经验上互补;在各种生产要素之间,突出“管理快速、技能专一、操作万能”的特点;饭店与部门之间要突出“执行力”,在督导考核上要规范化,增加饭店组织对部门执行力的“事前管理、事中控制、事后督导”的功能;要求部门在饭店规定中“自主管理”,有职有权,饭店不宜过分干涉,形成饭店与部门之间制度公开、做事公平、督导公正的和谐氛围。

(2)饭店与员工。饭店的员工是操作层,是在部门直接管辖中工作。饭店部门管理层要突出“专业型、知识型、经验型、综合性”的特点。饭店部门对员工是直接管理,但是,要倡导“以人为本”、“情感管理”,营造饭店部门领导关心员工的良好氛围,如为员工过生日,邀请员工父母来饭店参观,优秀员工出外学习培训等,真正体现“员工是部门的宝贵财富”。

(3)部门与部门之间。部门是饭店管理的中枢,担负着执行饭店决策的重要任务。由于部门之间职责的不同,对于部门工作的结果有很大的差异,如经营部门关注营业收入,后勤部门重视保障维护。饭店“一盘棋”意识有时会被淡化,从而延误工作,因此,饭店部门与部门之间,要按饭店规定的部门职责范围和岗位要求,尽职尽责逐项落实工作,同时要经常对相关部门沟通协调,倡导“无接缝”工作法,消除部门间“边沿区”不衔接现象,为开创饭店部门“主动、热情、协助、高效”的工作局面创造条件。

(4)员工与员工之间。饭店是员工实现自我价值的期望地,员工怀着美好的个人愿望进入饭店工作,饭店要努力为员工营造宽松和谐的自我发展平台,激励员工成才。要制定饭店员工自我发展工作规划,发挥饭店领导的感染力、饭店管理的凝聚力、饭店经营的吸引力和饭店员工与员工的信任力,来不断地为员工实现自我价值创造条件,营造员工之间积极向上、拼搏进取、诚心工作的和谐氛围。

资料来源:唐黎标,《试论和谐饭店的和谐管理》,《烹调知识》,2007 年第 5 期。

五、控制职能

(一)控制职能的含义

在饭店管理过程中,管理者应始终以目标为基准,对饭店中的各种资源进行尽可能合理的调配和组织,并随时调整和改变策略以适应饭店经营的需要,这就需要对整个饭店管理过程进行有效的控制。饭店控制职能是指饭店根据计划目标和预定标准,对饭店业务的运营过程进行监督、调节、检查、分析,以确保目标任务完成的管理活动。

在饭店竞争日趋激烈,市场变幻莫测的形势下,控制职能显得更重要。饭店通过实施控制职能,可有效地防止差异的出现,使实际结果与计划目标之间的差异减少到最低限度,而一旦出现差异,控制职能又有助于管理者及时发现问题,采取相应措施进行调节从而避免更大的损失。所以，饭店在经营业务活动中，要衡量计划目标的完成程度、饭店的服务质量水平、员工的工作效率、计划与实际是否一致等，都离不开控制职能。控制职能的实质是对饭店业务的实际运行活动的反馈信息做出反应。

(二)执行控制职能的步骤

1. 制订控制标准

控制标准是指在正常条件下饭店员工完成工作的方法和应达到的要求。标准是控制的必要条件，而饭店计划是制订控制标准的依据。在饭店中，控制标准通常分为两类：一类是用数量来表示的各种标准，即数量标准，如营业额、成本费用等；另一类是以描述性语言表示的各种标准，即质量标准，如服务规程、卫生标准等。

饭店制订控制标准要求尽量详细、具体，以便于执行和衡量。

2. 效果评估

确立了各种标准之后，即可通过检查将实际工作与预定标准进行比较，评估其实际工作效果。在饭店管理中，效果评估的重点通常是：营业额与预期的成果，成本、费用支出的合理性，服务质量水平等直接影响到饭店的社会效益和经济效益的内容。评估时还应根据考核对象的不同而采取不同的要求，如对中高层管理者主要以饭店目标为衡量标准；而对操作层主要以工作量、工作时间以及质量等作为衡量的标准。

评估无非三种结果：其一，偏差在允许范围内或无偏差，即为理想状况；其二为正偏差，一般正偏差是理想的，如营业额指标的正偏差，越大越好，但也有例外，如营业额利润率，正偏差未必就是理想的。其三是负偏差，通常对饭店不利，如成本费用的负偏差等。

3. 差异分析

效果评估使管理者及时判断实际与标准的差异，无论是正偏差还是负偏差，管理者必须分析差异产生的原因及其对未来经营业务活动的影响。只有找出问题的症结所在，才能进行有效地控制。通常产生差异的原因有：目标或标准不合理；实际工作中的误差；外部环境变化的影响以及各种因素的综合反应。

4. 纠正偏差

管理者找到产生偏差的原因后，应针对其不同原因采取不同的纠正偏差的方法。在采取纠正措施时，一定要落实纠偏时间和责任，并采取有效的控制方法，才能有效地消除偏差，达到管理目的。

(三)控制职能的类型

在饭店管理中，管理者只有采取恰当的控制方式，才能有效地对饭店的经营业务进行有效的控制。饭店的控制职能一般可分为以下三种类型：

1. 预先控制

预先控制又称前馈控制，是指管理者通过对饭店业务情况的观察、预测和分析，预计可能出现的问题，在其未发生前加以防止的管理活动。

预先控制主要是对业务进行前的资源投入实施有效的控制。其中，最为重要的有：

(1)人力投入控制。即管理者根据饭店规模及各部门的运转需要，确定所需人员的数量、素质要求，并合理地排班。饭店营业前的检查则可发现现有人员与标准之间的差异，以便在事先采取措施如增减人员或加强培训等纠正偏差。

(2)财力投入控制。即管理者根据饭店业务经营需要，确定所需资金数额及其来源。在编制饭店预算及对未来业务活动进行预测时，估计可能发生的偏差，并采取措施予以纠正。

(3)物力投入控制。即管理者在业务经营活动前检查饭店所有的物质资源的数量和质量是否适应宾客需要，是否符合饭店等级要求。如发现某项没有达标，应及时采取补救措施，更换或补充相应的物质资源，确保饭店业务活动的顺利进行。

2. 现场控制

现场控制又称实时控制，是指管理者在饭店业务进行过程中的控制，是饭店管理的一种有效的管理方式。它通过管理者的现场巡视，督导下属员工按服务规程操作；根据业务活动的需要，对预先安排的人、财、物等资源进行合理的重新组合、调配；及时处理宾客投诉以消除不良影响，并有效地保证饭店服务质量。

资料链接　　现场控制的技巧

巡视是基层管理者每天的职责，管理者要通过巡视发现问题和纠正问题以提高饭店服务工作的质量。这一天，餐厅经理小刘向餐饮部经理汇报了近期工作后，他们一起来到餐厅巡视。时间还早，客人寥寥无几，小刘看了看桌椅和餐具，横、竖、斜都在一条直线上，感到很满意。尔后他又将视线转向周围站立的服务员，发现他们个个笑容可掬，站姿标准。两人走出餐厅交换意见，小刘得意地问："经理，您觉得餐厅的工作怎么样？"餐饮部经理反问："你认为呢？我看你刚才是先把眼睛盯向餐台，然后，才去看服务员，你知道吗？当我们刚走进餐厅时，有 3 个服务员正在聊天，见我们进来立刻散了，所以，你再去检查，个个都合乎标准。就这种类型的巡视，应该先看面，后看线，先看动，后看静。"小刘由衷地说："经理，我真佩服您，您看那 3 名服务员应该怎么办？"经理说："那就是你权力范围的事了。"

本案例所阐述的现象在很多饭店都是经常出现的，现场控制的特点是及时发现并纠正问题，把饭店的损失降到最小。为此，在实施现场控制时，第一，要掌握检查技巧;第二,在实施现场控制时,发现问题后要注意处理技巧,并遵循统一指挥的原则。在实际工作中常常出现这样的情形,某部门经理,甚至总经理巡视饭店时发现了问题,当即代替当事人的直接上级做出处理决定,这种做法违反了统一指挥的原则,形成了多头领导以及限制了下级管理人员管理能力的发挥。案例中餐饮部经理让小刘自行处理聊天服务员的做法是可取的。

资料来源:辽宁对外经贸学院饭店管理精品课网站。

3. 反馈控制

反馈控制也称事后控制,是指管理者在饭店经营业务活动结束后,对其结果的检查考核。所以,反馈控制是把实际工作结果与预定目标相比较,找出偏差,分析产生差异的原因,提出整改措施,以便在今后的工作中改进管理方法。

资料链接　　某星级酒店信息反馈制度

下面是某星级酒店信息反馈制度中涉及的信息反馈内容和形式,主要涉及管理过程中酒店内外信息的反馈方法。

(一)信息反馈的内容

1. 单位内部各方面、各环节的信息

(1)员工队伍基本信息(员工思想状况、精神面貌、工作态度、优良秩序及生活状况等方面情况)

(2)员工对全员目标责任管理的理解、对各项规章制度的熟悉程度

(3)员工对各岗位操作程序的执行、落实和完成情况

(4)员工对“三级”质量检查的理解和评价

(5)员工对现行的管理制度和体系的建议

(6)员工对酒店管理人员的评价

(7)员工对酒店人、财、物、电、气等安全方面信息的掌握

2. 企业外部环境、市场动态等方面内容

(1)顾客对我们“产品”质量、品牌意识的评价

(2)顾客对我们服务质量、服务意识的评价

(3)顾客对我们管理体系、企业文化的评价、建议

(4)市场、社会对我们酒店的认同、熟知、美誉程度

(二)信息反馈的形式

1. 口头形式

(1)全体员工有责任把了解到的有关单位的方方面面的信息及时向上级反映,

对知情不报的视为工作失误。

(2)各级领导和全体员工可以越级向上级领导汇报情况。

(3)班组长和部门经理每周,总经理不定期地与员工座谈沟通。

2. 书面形式

全体人员“合理化意见和建议”和“意见箱”的日常收集。

3. 表格形式

建立以“顾客之声”“餐后记录”“服务日志”“顾客档案”“电话拜访记录”和“日报表”“菜品统计表”“岗位物资日交接表”“员工业绩档案”为体系的信息反馈系统。

资料来源:职业餐饮网。

饭店管理就是通过具体的计划、组织、指挥、协调、控制五大职能的执行来达到饭店预期的目标,为饭店赢得忠诚客人并树立良好的企业形象,最终取得满意的经济效益和社会效益。

第三节　饭店管理的理论基础

管理理论的产生和发展,直接来源于企业管理的实践。18 世纪英国工业革命之后,企业开始大量涌现,一些学者如英国的亚当·斯密等对劳动分工和专业化等问题进行了理论研究,开创了企业管理的先例。从 19 世纪后期开始,随着资本主义经济的发展,西方管理学家先后提出了科学管理理论、行为科学理论、现代管理理论和其他一些管理理论和方法。饭店管理正是以这些科学的管理理论为基础,结合饭店的实际情况和特点而形成的一门独立的学科。而学习和掌握这些管理理论和方法是饭店管理者进行成功管理的基础。

一、古典管理理论

古典管理理论是区别于经验管理而形成的一个特定的范畴,形成于 19 世纪末 20 世纪初,主要代表有美国泰罗(Frederick W. Taylor,1856～1915)的科学管理理论和法国法约尔(Henny Fayol)的组织管理理论。

(一)泰罗的科学管理理论

人们经过长期管理实践,逐渐积累起企业管理的经验和知识,但真正形成管理理论是从泰罗开始的。

美国人泰罗是科学管理理论的创始人。他首开西方管理理论研究之先河,为现代管理理论的形成和发展奠定了基础。其研究的范围主要是基层的作业管理。

泰罗生于美国费城一个中产阶级家庭,曾在费城的米德维尔钢铁厂做过车间勤杂工和机工，因工作出色，先后被提升为车间管理员、技师、设计室主任等，很快被晋升为总工程师。

泰罗在工作中发现了许多影响生产效率的因素，如工作程序、操作方法、劳动节奏、疲劳因素、训练、劳动工具等。从 1880 年开始，泰罗就开始在工厂进行各种实验，专门从事管理研究，并发表了《计件工资制》《效率的福音》《科学管理原理》《科学管理》等著名论著。在这些论著中，泰罗根据他在工厂里进行的对现场管理的研究成果，创建了科学管理的基本理论，后人称其为“泰罗制”，泰罗也因此被誉为“科学管理之父”。

泰罗科学管理理论的主要内容包括以下几个方面：

1. 标准化原理——动作和工时研究

标准化原理主要是指作业方法和工具的标准化。泰罗通过大量实验，对工厂的每一个作业过程进行动作和工时研究与分析，清除作业中所有不必要的动作，使作业速度加快，然后予以确定，制定出标准化的作业规程和方法。一方面，这种作业方法的标准化即为标准操作法，另一方面，他还把工人使用的工具、机器、材料及作业环境等也加以标准化，使之更有利于减轻劳动强度，完成工作定额。

对工人提出科学的操作方法，以便有效利用工时，提高工效。研究工人工作时动作的合理性，去掉多余的动作，改善必要动作，并规定出完成每一个单位操作的标准时间，制定出劳动时间定额。

2. 工作定额原理——科学地选择和培训工人

标准化原理是工作定额原理的基础。工作定额原理是指在科学实验的基础上，制订出标准操作法，并据此对全体员工进行训练，从而制定出合理的工作定额，提高企业的工作效率。所谓合理的工作定额，是指既要保证完成一定的工作量，符合管理者的期望，又要限定在工人能够长期承受的限度内，不能损害其健康。

对工人进行科学的选择、培训。选择合适的工人安排在合适的岗位上，并培训工人使用标准的操作方法，使之在工作中逐步成长。

3. 实行有差别的计件工资制——实行差别计件工资制

实行科学管理后，由于工人的天赋不同和个性差异，必然会带来不同的工作结果。为鼓励工人尽最大能力、保质保量地完成工作定额，泰罗提倡有差别的计件工资制。即对同一工作设有不同的工资率，对那些用较短的时间完成工作且质量较好的工人按较高的工资率计算工资。而对工时长、质量差的员工则按较低的工资率计算工资。

实行具有激励性的计件工资报酬制度。对完成和超额完成工作定额的工人以较高的工资率计件支付工资，对完不成定额的工人，则按较低的工资率支付工资。

4. 实行职能分工——作业人员和管理者的分工协调

泰罗认为,为实施标准作业法,应明确区分计划职能与作业职能。计划职能是管理者的工作,专门研究标准作业法和劳动定额,应设立专门机构进行研究、计划、调查、控制和对操作者进行训练、指导。而作业职能是按标准作业法实施标准,作业者只需服从计划职能部门的领导与指挥,执行上级的指令,明确做什么和怎么做。泰罗这种职能管理思想对职能部门的建立和促使管理人员专业化,具有重要意义。

5. 实行例外原则

所谓例外原则就是指企业的高级管理人员,将日常事务拟就规范化的处理程序,然后授权给下级管理人员去处理,而自己则主要去处理那些没有规范的例外工作,但保留监督和检查下级管理者工作的权力。这样高层管理者可集中精力处理企业的重大问题和特殊问题,而下级管理者则可发挥其处理问题的主观能动性,提高工作效率。

泰罗科学管理的核心是谋求最高的工作效率。泰罗对企业管理的贡献在于他主张一切管理问题都应当而且可能用科学的方法加以研究和解决;实行各方面工作的标准化,而不要单纯凭经验;协调,而不是个人主义;以最高的产量,取代有限的产量,尽量发挥每个人的最高效率,实现最大的成效。正因如此,科学管理理论的许多内容,至今仍被视为管理的经典理论,并为以后管理理论的发展奠定了基础。

(二)组织管理理论

泰罗的科学管理理论主要研究企业的生产管理,而组织管理理论则是研究企业组织结构的合理化和组织内部管理的基本职能。其中最为著名的是法约尔的一般管理理论。

1. 法约尔的组织管理理论

亨利·法约尔(Henry Fayol)1841 年出生于法国的一个资产阶级家庭,大学毕业后进入一家矿山任工程师,并于 1888 年被任命为他所在的矿冶公司的总经理。当时公司面临破产,经他按自己的管理思想整顿后,使得公司欣欣向荣,至今仍是法国中部最大的矿冶集团的一个组成部分。法约尔在法国的多种机构中从事过管理方面的调查、研究和教学工作。

法约尔的主要代表作是于 1916 年发表的《工业管理与一般管理》一书,较完整地提出了他的企业组织管理理论。其主要内容有:

(1)经营的六种职能活动

法约尔认为,任何企业都有六种基本的活动。即技术活动,包括设计、加工和生产等;商业活动,包括原料的采购和产品的销售等;财务活动,包括资本的筹措与使用等;安全活动,包括人身和财物的保护;会计活动,包括统计、核算和成本控制等;管理活动,包括计划、组织、指挥、协调和控制。法约尔从而提出了简洁而完整的管理的概念。至今管理包含五个要素的理论仍被视为管理理论的经典,同时,他也指出了管理不同于经营，只是经营的六种职能活动之一。

(2)十四项管理原则

法约尔根据自己长期的管理经验和管理理论，提出了十四项管理原则。即实行分工与协作；权力与责任要相适应；制订并维持纪律；统一指挥；统一领导；个人利益服从整体利益；报酬要合理；集权与分权应恰当；建立等级制度；建立并维持秩序；平等公平；人员应稳定；具有首创精神；培养团结协作的精神。

这些管理原则对后来的管理实践和管理理论，有着重要的影响。另外，法约尔还特别强调教育的重要性，他认为单一的技术培训适应不了企业的一般需要，商业、财务、管理和其他职能知识都非常重要，而其中更为关键的是管理教育，通过管理教育可提高管理水平和工作效率。

法约尔的管理理论奠定了组织管理理论的基础。在此基础上，德国韦伯(Web)的行政组织体系理论、英国厄威克(Lyndall Urwick)的组织管理原则、美国古利克(Luther Gulick)的管理七职能论等进一步发展并完善了这一理论。

2. 韦伯的行政组织理论

德国管理学家马克斯·韦伯认为等级、权力和行政制度是一切社会组织的基础，因此提出了行政组织理论体系。其主要内容为：

(1)明确的分工。即为实现组织目标，应把组织中的全部作业划分为各种基本的作业，将各作业任务分配给每位成员，而每个职位都有明确的权利和义务。

(2)建立职权等级体系。即所有下级都应接受上级的控制与监督，而作为上级不仅要对自己的行为负责，还要为自己下级的行为负责。

(3)组织中人员的任用。认为组织中人员的任用应根据职务要求，通过考试或教育培训来实现。

(4)人员的升迁和工资制度。认为组织应以服务年限和工作成绩为标准进行人员的升迁和工资制度的制订，而且应有明文规定。

(5)所有成员必须严格遵守组织的规章制度。

(6)理性的原则。管理者以理性的原则指导组织成员之间的关系及组织与外界的关系，而不应受个人情感的影响。韦伯认为这是最佳的组织形式，可提高组织的工作效率。

3. 厄威克的组织原则

英国管理学家厄威克(F.Urunick)较为系统地整理了法约尔、韦伯的管理理论，在其《管理的要素》《组织的科学原则》等论著中提出了适用于一切组织的八项原则。

(1)目标原则。即任何组织都应有一个明确的目标。

(2)相符原则。即权力和责任必须相适应。

(3)职责原则。即上级对下属的行为应负绝对责任。

(4)组织阶层原则。即在组织内应有明确的等级层次的划分。

(5)控制幅度原则:即应控制每个上级管理者直接管辖下属的人数,通常不应超过5～6人。

(6)专业化原则。即每个人的工作都应限制为一项单一的职能,有利于其对专业技能的熟练掌握。

(7)协调原则。即每项单一的工作都必须与组织目标协调一致。

(8)明确性原则。即每一项职务都要有明确的规定。

4. 古利克的管理七职能论

美国管理学家古利克(Luther Guilick)系统地研究了科学管理理论中有关管理职能的理论,在1937年出版的《管理科学论文集》(与厄威克合编)中提出了管理七职能论。包括:

(1)计划(Planning),即制订实现企业目标的工作内容和途径方法。

(2)组织(Organizing),即为实现企业目标,建立适当的组织机构,并规定各级人员的职责范围和协作关系。

(3)人事(Staffing),即选择、培训和合理使用员工。

(4)指挥(Direction),即对下属进行有效的领导、监督和激励。

(5)协调(Coordinating),即为实现企业目标,各部门之间应相互配合。

(6)报告(Reporting),包括下级对上级报告和上级对下级的考核。

(7)预算(Budgeting),包括财务的计划、核算、控制等。

科学管理理论不仅在当时起了重要的作用,而且至今仍为许多国家的企业所推崇,这些理论对现代饭店的组织、劳动定额、职业培训、服务规程、岗位职责等诸方面也具有普遍的指导意义。

二、行为科学理论

科学管理理论揭示了企业生产过程中的规律性,以科学代替经验来进行管理。科学管理理论虽然也注意到了人对生产效率的影响,但其研究重点是作业过程、生产过程、劳动工具等,着重于任务、物质和过程,而对管理中最为关键的人的因素不够重视。

20世纪初期以后,随着泰罗制的实行,工人阶级劳动强度加大,劳资矛盾日益尖锐。为缓和劳资矛盾,并进一步提高劳动生产率,西方管理学家们将心理学、社会学等理论引入企业管理的研究领域,从而提出了行为科学理论。所谓行为科学理论,就是指将心理学、社会学等理论引入企业管理的研究领域后,管理者对工人在生产中的各种行为及产生这些行为的原因进行分析研究,并提出相应对策,以调节企业中的人际关系，提高生产效率的各种理论。

(一)人际关系理论——霍桑实验及其结论

美国哈佛大学的教授梅奥(G. Elton Mayo，1880～1949)是人际关系学说的创始人，1924～1932年期间，梅奥应美国西方电器公司的邀请，在该公司设在芝加哥附近霍桑地区的工厂，进行了著名的“霍桑实验”。通过这次实验，梅奥等人提出了人际关系学说，其主要论点如下：

霍桑工厂是美国西方电器公司在芝加哥郊外的一家制造电话交换机的工厂，在20世纪20年代，其福利待遇较好，但工人生产积极性不高，生产效率不理想。1927年，哈佛大学的梅奥教授及其助手罗特利斯博格(Fritz J.Roethlisberger，1898～1974)前往该厂考察研究，并进行了一系列的实验，即为著名的霍桑实验，它一直持续到1936年，是行为科学的起点。

资料链接　　霍桑实验的五个阶段

一、照明实验

时间从1924年11月至1927年4月。当时关于生产效率的理论占统治地位的是劳动医学的观点，认为影响工人生产效率的是疲劳和单调感等，于是当时的实验假设便是“提高照明度有助于减少疲劳，使生产效率提高”。可是经过两年多实验发现，照明度的改变对生产效率并无影响。具体结果是：当实验组照明度增大时，实验组和控制组都增产；当实验组照明度减弱时，两组依然都增产，甚至实验组的照明度减至0.06烛光时，其产量亦无明显下降；直至照明减至如月光一般、实在看不清时，产量才急剧降下来。研究人员面对此结果感到茫然，失去了信心。从1927年起，以梅奥教授为首的一批哈佛大学心理学工作者将实验工作接管下来，继续进行。

二、福利实验

时间是从1927年4月至1929年6月。实验目的总的来说是查明福利待遇的变换与生产效率的关系。但经过两年多的实验发现，不管福利待遇如何改变(包括工资支付办法的改变、优惠措施的增减、休息时间的增减等)，都不影响产量的持续上升，甚至工人自己对生产效率提高的原因也说不清楚。

后经进一步的分析发现，导致生产效率上升的主要原因如下：1. 参加实验的光荣感。实验开始时6名参加实验的女工曾被召进部长办公室谈话，她们认为这是莫大的荣誉。这说明被重视的自豪感对人的积极性有明显的促进作用。2. 成员间良好的相互关系。

三、访谈实验

研究者在工厂中开始了访谈计划。此计划的最初想法是要工人就管理当局的规划和政策、工头的态度和工作条件等问题作出回答,但这种规定好的访谈计划在进行过程中却大出意料之外,得到意想不到的效果。工人想就工作提纲以外的事情进行交谈,工人认为重要的事情并不是公司或调查者认为意义重大的那些事。访谈者了解到这一点,及时把访谈计划改为事先不规定内容,每次访谈的平均时间从三十分钟延长到1～1.5个小时,多听少说,详细记录工人的不满和意见。访谈计划持续了两年多。工人的产量大幅提高。

工人们长期以来对工厂的各项管理制度和方法存在许多不满,无处发泄,访谈计划的实行恰恰为他们提供了发泄机会。发泄过后心情舒畅,士气提高,使产量得到提高。

四、群体实验

梅奥等人在这个试验中是选择14名男工人在单独的房间里从事绕线、焊接和检验工作。对这个班组实行特殊的工人计件工资制度。实验者原来设想,实行这套奖励办法会使工人更加努力工作,以便得到更多的报酬。但观察的结果发现,产量只保持在中等水平上,每个工人的日产量平均都差不多,而且工人并不如实地报告产量。深入的调查发现,这个班组为了维护他们群体的利益,自发地形成了一些规范。他们约定,谁也不能干得太多,突出自己;谁也不能干得太少,影响全组的产量,并且约法三章,不准向管理当局告密,如有人违反这些规定,轻则挖苦谩骂,重则拳打脚踢。进一步调查发现,工人们之所以维持中等水平的产量,是担心产量提高,管理当局会改变现行奖励制度,或裁减人员,使部分工人失业,或者会使干得慢的伙伴受到惩罚。这一试验表明,为了维护班组内部的团结,可以放弃物质利益的引诱。由此提出"非正式群体"的概念,认为在正式的组织中存在着自发形成的非正式群体,这种群体有自己的特殊的行为规范,对人的行为起着调节和控制作用。同时,加强了内部的协作关系。

五、态度实验

对两万多人次进行态度调查,规定实验者必须耐心倾听工人的意见、牢骚,并作详细记录,不作反驳和训斥,而且对工人的情况要深表同情。结果产量大幅度提高。因为谈话内容缓解了工人与管理者之间的矛盾冲突,形成了良好的人际关系。从而得出人际关系比人为的措施更能有力的结论。

资料来源:周三多主编,《管理学》,高等教育出版社2000年版。

在梅奥教授之前,已经有管理专家从工作条件、工资报酬和工作时间长短等方面进行对比实验,试图用科学管理理论解释,结果无功而返。梅奥教授进入工厂后,从心理学的角度进行观察和实践。从工人之间的社会关系和工人与管理当局的合作态度对生产效率具有重大意义这一假设为前提,进行了一系列的实验。在梅奥出版的代表作《工业文明的人类问题》，罗特利斯博格在其《生产率中的人的因素》等著作中总结了霍桑实验的情况，并提出了著名的霍桑实验的结论，即人际关系理论，其内容为：

1. 人是“社会人”，而不是单纯的“经济人”

人是“社会人”而非“经济人”。泰罗认为工人只是追求最高工资的经济人，“经济人”追求个人私利的最大化，只有金钱才能刺激其工作积极性。因而认为只要通过工作条件、工资报酬等方面的改进就可以提高其工作效率。

而霍桑实验表明：工人工作并非单纯为了金钱，他们还有一种社会和心理方面的需要，只有从这些方面激励工人，使其得到满足，才能提高工作效率。即影响人的生产积极性的因素，除金钱以外，还有社会、心理因素，如追求人与人之间的友情、安全感、受人尊重等。因此，必须从社会、心理方面着手采取措施才能刺激其生产积极性。

2. 在正式组织中存在着“非正式组织”

企业中除正式组织外，还存在着非正式组织。正式组织是企业为实现自己的目标而设立；而非正式组织是工人们在共同工作过程中自然形成的，具有共同的感情。非正式组织有其特殊的规范，影响群体成员的行为，对生产效率的提高有很大的影响。企业管理人员要重视非正式组织的作用，即要善于与员工沟通，注意倾听员工的意见，要使正式组织的经济目标与非正式组织的社会性需要取得平衡。后来许多管理者提出“参与管理”的管理形式，即让工人在不同程度上参与企业的决策，发挥其作用，提高其工作积极性。

3. 生产效率的高低取决于工人的“士气”

提高劳动效率的重要因素是人的因素，是工人的“士气”，即工人的工作态度与情绪是影响工作效率的关键因素。

因此，激励工人，提高士气是管理者的重要职责。只有了解工人的需要，用适当的形式满足工人的需要，如金钱、安全、归属感、感情等，并提高其满足程度，才能激发工人的士气，发挥他们的工作积极性和主动性。

4. 企业管理人员必须具有妥善处理人际关系的能力

因为人是社会人，而生产效率的提高又取决于工人的士气，因此，管理者最重要的素质之一就是善于处理人际关系，能够把握员工情绪，调动员工的工作积极性，提高生产效率。

霍桑实验的四个结论构成了人际关系理论的主要内容。人际关系理论把社会学、心理学等引进企业管理理论，为创立和发展行为科学理论奠定了基础，促进许多管理学家对组织中人的行为的研究。

(二)需要层次理论

需要层次理论是一种激励理论。激励，简而言之即是对人的动机的激发。一个人一旦动机被激发，积极性就会提高，就会自觉地去努力工作，实现既定的目标。而行为科学认为需要可以引发动机，动机支配行为，如果行为达到目标，某种需要就会得到满足，这种需要就会消失，随之另一种需要又会产生，又会引发动机，促使人们采取新的行为来满足新的需要。需要是人们行为的原动力。

美国威斯康星大学的心理学家马斯洛（Abraham H. Maslow，1908～1970）于1943年在《人类动机理论》和《动机与人》等著作中，把人的需要分为五类，并按其重要性和发生的先后次序，分为五个等级统称为"需要层次理论"。

1. 生理需要

这是人类最原始、最基本的需要。它包括衣、食、住、行、性及其他维持生活所必需的各种物质需要。这些需要如得不到满足，人类就不能生存，社会也不会发展。

2. 安全需要

生理需要基本满足后，人们就希望能够满足安全方面的需要，即职业安全、经济安全、劳动安全、环境安全、心理安全等。即人们希望通过固定职业、固定收入、劳动保护、医疗保证、社会保险、养老金、退休工资等，以获得安全感。

3. 社交需要

社交需要又称社会需要或归属需要。它包括两方面的内容：一是归属的需要，即渴望有所归属，成为某一团体或群体成员，并得到互相关心和照顾，有归属感而无孤独感。二是爱的需要，即希望伙伴之间、同事之间关系融洽，有友谊、忠诚、团结、爱情等感情。这类需要与个人的性格、经历、教育、习惯有关，如不能满足，就会影响到人的精神、情绪，当然更会影响工作效率。

4. 尊重需要

尊重需要又称心理的需要或尊敬的需要，包括两个方面：一是内部尊重，即自尊，希望自己有实力、能自立、有自信心和自尊心。二是外部尊重，即受人尊重，希望自己有名誉、地位、权利、威望，受他人信赖和高度评价。

5. 自我实现的需要

自我实现的需要即自我成就的需要。这是最高层次的需要。即通过个人努力，成为自己希望成为的那种人，实现个人的人生价值。如实现个人成名成家的愿望，实现个人的理想与抱负，实现自己对未来美好生活和工作的期望等。

马斯洛的需求层次论表明，某层次的需要得到满足后，就不再能保持其激励作用，为激励员工就必须随之转移到满足其更高层次的需求上。而对于管理者而言，比较困难的是了解员工真正想要满足的需要是什么。管理者必须设法把下属的合理需要与组织目标结合起来，既满足员工需要，又实现组织的目标。

（三）双因素理论

美国心理学家赫茨伯格（Fredrick Herzberg）在其《工作的推动力》《工作与人

性》等著作中提出双因素理论。他通过调查、研究，认为影响人们工作的因素有两类：

1. 保健因素

赫茨伯格从调查中发现，使人们能够维持工作现状的主要是属于人们工作环境和工作条件方面的因素。这些因素如同卫生保健对身体健康所起的作用一样，只能防止疾病，不能医治疾病，所以称为保健因素。如公司政策、与上级的关系、工资水平、工作条件、生活条件等。这些条件不到位或低于员工可接受的水平，就会引起员工不满，而当这些条件达到了人们的可接受的水平时，就可消除人们的不满，但不能调动其工作积极性。

2. 激励因素

激励因素是指能调动员工工作积极性的因素。它主要指属于人们工作本身和工作内容方面的因素，如工作富有成就感，成绩得到肯定，工作富有挑战性，有晋升的可能性等，这类因素的改善能激励员工的积极性和热情，从而会提高生产效率。

赫茨伯格的双因素理论说明保健因素涉及的主要是工作的外部环境，激励因素涉及的主要是工作本身，它将激励理论与工作和工作环境等因素直接联系起来，是非常重要的一种激励理论。

(四)期望理论

美国维克多·弗鲁姆(Victor Frum)认为，人们从事某项活动、进行某种行为，其积极性的大小、动机的强烈程度与期望值和效价成正比。即：

激发力量＝期望值×效价

这里的激发力量是指为达到某个目标而进行的行为的激励程度。期望值是指该员工根据个人经验判断其能够成功达到该目标的可能性，即概率。效价是指达到该目标对于满足该员工需要的价值，价值大，则效价高；反之，则效价低。

所以，对员工的激励力量取决于两个因素：吸引力和可能性。管理者为激发员工的工作积极性，一方面应使员工了解某项活动成果的吸引力，并尽可能加大这种吸引力。另一方面还应采取措施为员工创造条件，使员工有可能选择对他来说效价最高的目标，提高期望概率，提高员工对实现目标的信心，以激励员工。

(五)X理论和Y理论

1957年，美国麻省理工学院心理学教授麦格雷戈(Douglas McGregor)在《企业的人事方面》一书中提出了对立的X理论和Y理论。1960的年，他在《企业的人性问题》中对X理论和Y理论做了进一步说明。麦格雷戈认为，管理人员对人进行管理时，其对人性的假设决定着他的管理方法。在企业管理中，对人性通常存在着两种对立的假设：X理论与Y理论。

1. X理论

X 理论是建立在“经济人”的假设基础上，其基本观点如下：

(1)多数人天生是懒惰的，他们尽可能逃避工作；

(2)多数人没有雄心壮志，不愿负任何责任，而心甘情愿受别人领导；

(3)多数人的个人目标与组织的目标相矛盾，必须用强制、惩罚的方法迫使他们为达到组织目标而工作；

(4)多数人工作是为了满足生理和安全需要，只有拿钱才能鼓励他们努力工作；

(5)多数人符合上述设想，只有少数人能够克制自己的感情冲动，鼓励自己，具有解决问题的想象力和创造力，这些人承担管理的责任。

根据 X 理论的假设，相应的管理措施是：

(1)专职管理。即管理是少数人的事，工人的主要任务是听从管理者的指挥，明确做什么、怎么做即可。

(2)任务管理。即管理工作的重点是完成生产任务，提高生产率。

(3)严格管理。即管理者应按制度从严要求，采取“胡萝卜加大棒”的政策来奖惩工人，用金钱来刺激工人的生产积极性，用严厉惩罚措施来对待消极怠工者。

2. Y 理论

麦格雷戈对 X 理论抱否定态度，因而提出了与 X 理论相对立的 Y 理论。Y 理论是建立在“自我实现人”(成为自己所希望的那种人)的假设基础上。基本观点如下：

(1)一般人都是勤奋的，如果环境条件适宜，人们工作如同休息或游戏一样自然；

(2)控制和惩罚不是实现组织目标的唯一方法，人在自己承诺和参与决定的目标和工作中能进行自我控制和自我指导；

(3)在适当环境下，人不仅会承担责任，还会主动寻求责任；

(4)人们承担的责任与获得的报酬密切相关，而其中最重要的报酬不是金钱，而是自主自尊、自我实现需要的满足；

(5)在解决问题方面，大多数人都具有高度的想象力和创造性；

(6)在现代工业条件下，一般人的潜力只利用了一小部分，管理的责任就在于发挥人的潜能。

根据 Y 理论，管理重点应从任务管理转移到重视人的作用和人际关系方面来，减少或消除员工自我实现过程中所遇到的障碍或困难，为员工创造适宜的工作环境和工作条件，从而发挥人的潜力。管理人员的职能应转变为给下属创造适宜的条件而非指导，尊重和相信下属，并注意发挥个人或群体的作用。管理制度应保证员工能充分发挥自己的才能，在达到自己所希望的成就、满足个人需求的同时，完成组织目标。

(六)超Y理论和Z理论

在麦格雷戈提出了X理论和Y理论之后,美国的洛尔施(Lorsch)和莫尔斯(John Morse)对两个工厂和两个研究所进行对比研究后发现,采用X理论和采用Y理论都有效率高的和效率低的,便由此推断Y理论不一定都比X理论好。那么,到底应在什么情况下选用哪种理论呢?他们认为,管理方式要由工作性质、成员素质等来决定,并据此提出了超Y理论。

Z理论是由美国日裔学者威廉·大内(Willian Ouchi)提出来的,其研究的主要内容是人与企业、人与工作的关系。大内通过对以美国为代表的西方国家的价值观和以日本为代表的东方国家的价值观对管理效率的不同影响进行了对比研究,他把由领导者个人决策,员工处于被动服从地位的企业称为A型组织,并认为当时研究的大部分美国机构都是A型组织,而日本的J型组织则具有与其相对立的特征。

所以,行为科学理论是一门研究人的学科,它不但内容庞大、内涵丰富而且和许多学科交织在一起。在饭店管理中人的管理是关键,所以行为科学理论对饭店管理具有特别重要的指导意义,为许多饭店管理者所看重。

三、现代管理理论

科学管理理论主要研究企业管理中对生产过程、物的管理内容,行为科学理论则以人的管理为研究的重点。但随着社会的发展,企业状况和社会环境都发生了巨大的变化,尤其是第二次世界大战以后,科学技术的进步,生产力的发展以及新兴工业的出现,使企业生产过程更为复杂,企业与社会的联系更为广泛。管理随之迅速发展,以适应企业的要求,管理理论也发生了变化,并产生了现代管理理论。现代管理理论有两个基本前提:一是认为企业管理是建立在物、人和环境三个因素之上的,企业从封闭系统转向开放系统,管理的重点从内部转向经营,并将决策放在了重要位置上;二是面对不断变化的企业和环境,管理也要不断随机应变,以适应这种变化。现代管理理论是多种最新管理理论的综合体,几乎涉及管理的所有方面。

(一)社会系统理论

切斯特·巴纳德(Chester I. Barnard 1886~1961)是现代管理理论中社会系统学派的创始人和代表人物。他在漫长的工作实践中,积累了丰富的经营管理经验,写出了许多重要的著作。其中最著名的是他在1938年出版的《经理人员的职能》,被誉为美国现代管理科学的经典性著作。10年后,他又写成《组织与管理》一书。巴纳德的这些著作为建立和发展现代管理科学做出了重要贡献。

巴纳德的社会系统理论主要包括以下几个方面的内容:

1. 组织与协作系统

巴纳德对组织的定义是:组织是一个协作的系统。他认为一个协作系统是由许多个人组成的。但个人只有在一定的相互作用的社会关系之下,同其他人协作才能发挥作用。个人对于是否参加某一协作系统(即组织)可以做出选择。他们的这种选择是以个人的目标、愿望、推动力为依据的,这些就是“动机”。而组织则通过其影响和控制的职能来协调和改变个人的行为和动机。但是,这种协调和改变并不总是能够成功,组织和个人的目标也不一定总是得到实现。

巴纳德认为,对任何组织来说,协作系统都应具备三个基本要素,即共同的目标、协作的意愿和信息的沟通。

2. 效力与效率原则

每一个正式的组织都有一个既定的目标,当组织系统内部各部分协作成功时,其目标就能够实现,即说明该系统具有“效力”。反之,若组织目标没有实现,其协作系统一定存在问题,行将崩溃或瓦解,所以,系统的效力是系统存在的必要条件。而“效率”是指系统成员个人目标的满足程度。系统“效率”则是个人效率综合作用的结果。如果一个系统是无效率的,它就不可能是有效力的,因而也就不可能存在。这样,巴纳德就将正式组织的要求与个人的需要结合起来了。这一理论被誉为管理科学思想上一大突破。

3. 经理人员的职能

在一个正式组织中,经理人员的作用就是在一个正式组织中充任系统运转的中心,并对组织成员的活动进行协调,指导组织的运转,实现组织的目标,因此,经理人员的主要职能包括:建立和维持一个信息交流畅通的系统;规定组织的目标;从组织成员那里获得必要的服务,并善于使组织成员提供为实现其组织目标所不可少的贡献。

4. 经理人员的权威问题

经理人员作为企业组织的领导核心,必须具有权威。而权威存在于组织之中,即权威是存在于正式组织内部的一种秩序,一种信息交流的对话系统。如果经理人员发出的指令得到了执行,在执行人的身上就体现了权威的建立,违抗指令则说明他否定了这种权威。因此,是否具有权威性的检验标准是接受指令的人,而不是发布指令的经理人员。通常,个人乐于接受指令,承认其权威性有四个条件:第一,能够真正理解指令;第二,在决定接受指令时,相信其与组织的目标是一致的;第三,认为与其个人的利益是不矛盾的;第四,在体力上和精神上可以胜任。巴纳德的社会系统理论中关于组织与管理的内容十分丰富,除上述内容外,它还十分强调经理人员在企业管理中的领导作用,特别论述了“领导的性质”的问题。这些理论都为现代管理理论的发展奠定了基础,做出了贡献。

资料链接 现代管理理论之父——切斯特·巴纳德

切斯特·巴纳德出生于美国一个贫穷的家庭。1906～1909年期间在哈佛大学攻读经济学学位。由于拿不到一项实验学科的学分，1909年未拿到学位的巴纳德离开哈佛大学，进入美国电话电报公司开始了他的职业生涯。巴纳德不仅是一位优秀的企业管理者，他还是一位出色的钢琴演奏家和社会活动家。他曾经担任过巴赫音乐学会的主席，并帮助美国原子能委员会制定政策；在20世纪30年代大萧条时期担任新泽西州减灾委员会总监；1942年巴纳德创立了联合服务组织公司并出任总裁；1948～1952年担任美国洛克菲勒基金会董事长。巴纳德在漫长的工作实践中，不仅积累了丰富的经营管理经验，而且还广泛地学习了社会科学的各个分支。

在现代管理学领域，巴纳德可以说是首屈一指的大师级人物，他对现代管理学的贡献，犹如法约尔和泰勒对古典管理学的贡献。巴纳德是个罕见的天才——他既是一个管理理论家，同时又是一个成功的商业人士。美国《财富》杂志盛赞他为“可能是美国适合任何企业管理者职位的具有最大智慧的人”。对于这位西方现代管理理论中社会系统学派的创始人，管理学界几乎一致认为：巴纳德关于组织理论的探讨，至今几乎没有人能超越，西方管理学界称他是现代管理理论的奠基人。德鲁克、孔茨、明茨伯格、西蒙、马奇、利克特等人都大大受益于巴纳德。对于一个希望将传统组织改造为现代组织的经理人来说，巴纳德的书不可不读。同时，巴纳德也是第一位将决策提升为管理核心的人，这一观点此后得到西蒙、马奇等人的发展，衍生出决策学派。

1938年，巴纳德出版了著名的《经理人员的职能》一书，此书被誉为美国现代管理科学的经典之作。1948年，巴纳德又出版了另一重要的管理学著作《组织与管理》。巴纳德的这些著作为建立和发展现代管理学做出了重要贡献，也使巴纳德成为社会系统学派的创始人。除了以上两本经典著作外，巴纳德还写过许多论文和报告，如《经理人员能力的培养》《人事关系中的某些原则和基本考察》《工业关系中高层经理人员的责任》《集体协作》《领导和法律》等。由于巴纳德在组织理论方面的杰出贡献，他被授予了七个荣誉博士学位。

资料来源：http://baike.baidu.com/view/710011.htm，百度百科。

(二)系统管理理论

系统管理理论的代表人物是美国的卡斯特(F. E. Kast)、罗森茨韦克(J. E.

Rosenzweig)、约翰逊(R.A.Johnson)。系统管理理论是应用 n 系统"的观念从全局和整体上分析和研究企业管理活动和管理过程。该理论认为企业是一个极其复杂的系统,重视对其组织机构和模式的分析。其理论要点主要有:

(1)企业是由人、财、物、设备以及其他各种资源在一定目标下组成的一个系统。企业的成长和发展同时受到这些组成要素的影响,在这些要素中,人为主体,而其他要素则是被动的。

(2)企业既是一个由许多子系统组成的系统,又是社会大系统中的一个子系统。企业受到周围环境,如顾客、竞争者、政府等的影响,同时也影响着环境,并在与环境的相互影响中达到动态的平衡。企业内部存在着若干子系统,主要有:决策和目标子系统、业务技术子系统、社会心理子系统、组织机构子系统和外界因素子系统等。这些子系统还可以分成更小的子系统。各子系统相互作用、相互制约、相互促进,有着广泛的联系。

(3)系统理论强调运用系统的观念来考虑管理的基本职能,强调整体性。要求整体目标最优,而非子系统目标的最优。确定了为完成系统目标,子系统所要完成的任务,以及个人在子系统和系统中的作用。这样,管理者就不会只重视一些与自己有关的特殊职能而忽视了整体目标,也不会忽视自身在组织中的地位和作用。系统管理理论是在一般系统论的影响下形成的,它主要体现了管理哲学的改变。正如卡斯特所称:“它是有关管理工作的一种思维方式”,“它提供了把内部和外部环境的各种因素看作一个有机整体的一种框架的思路”。

(三)决策管理理论

决策论的代表人物有美国的西蒙(H.A.Simon)、马奇(J.G.March)等。决策论是在社会系统理论的基础上,吸收了行为科学、运筹学和计算机科学的内容而发展起来的。决策论认为,决策就是从许多个为达到同一目标可以更换替代的行动方案中选择最优方案。其主要内容有:

(1)企业组织机构、职能和决策联系在一起,而决策是组织多数人和集团决策的集合。管理者决策的总和所形成的“混合决策”是管理的基本内容,所以管理要研究组织成员的决策和行为以及影响行为的各种因素。

(2)企业管理活动的中心是决策。计划的过程是决策,组织机构的形成和职权的划分是决策,决策贯穿组织的所有活动,管理的整个过程就是决策的过程,决策的正误会导致组织的成败和兴衰,所以,管理就是决策。

(3)决策是一个过程,而不是一次简单的行动。它包括:明确目标、积累信息、拟制并评估方案、进行方案选优等步骤。

(4)决策的基本原则为:第一,信息准确;第二,决策建立在科学预测的基础上;第三,以最优化原则作为其可行性原则;第四,决策应以解决影响全局的关键问题为首要目标,不求面面俱到。

(5)在决策过程中,应既采用定量分析、电子技术等科学方法,又要重视管理者的经验,还应考虑社会、心理因素对决策的影响。

(四)权变理论

权变理论是20世纪70年代在美国形成的一派管理理论。“权变”,简单地说就是权宜应变。权变理论认为,在企业管理中没有什么一成不变的普遍适用的最好的管理理论和方法。管理者应根据企业所处的不同内外环境变化,采取不同的、能适应发展要求的管理方法。

权变理论提出:管理与环境之间存在着一种函数关系。环境是自变量,管理的思想和方法是应变量。但它们之间不是一种简单的因果联系,而是一种“如果一就要”的关系。

在理论方法上,权变理论采用对大量事实和典型案例进行研究和概括,把千变万化的企业类型和管理方法归纳为几个基本类型,从而提出每一种类型的管理模式。

(五)经验主义学派

经验主义学派也称实例学派。代表人物是美国的德鲁克(Peter Druck)、戴尔(E.Dale)等。该学派认为,企业管理科学应以大企业的管理经验为研究对象,加以概括和理论化,用于指导一般企业的管理,同时应结合企业的实际。

该学派的主要论点包括:

(1)做有效管理者。企业管理的成败取决于管理者,有效的管理者应“重要的事情先做”,并“认识你的时间”。

(2)建立合理的组织机构。该学派把企业组织模式归纳为五类:集权的职能性结构、分权的联邦式结构、矩形结构、模拟性分散结构、系统结构。

(3)科学管理理论与行为科学理论结合起来才能适应企业发展的实际需要。

(六)管理科学学派

管理科学学派的典型代表是美国的伯法(E.S.Buffa)等。该学派认为,管理科学是指在一定的物质条件下,为达到一定的目的,运用数学的方法进行数量分析、统筹兼顾各方面关系,为选择最优方案提供数量依据。所以,管理科学有时也叫运筹学。简单地说,管理就是用数学模式、程序对企业管理的职能,如计划、组织、控制等做出最优的解答,并通过电子计算机应用到企业管理中。其主要理论有:规划论、排队论、库存论、对策论等。

管理学理论浩如烟海,在实际工作中,仅以某种理论来管理企业或饭店是难以奏效的。现代管理者应根据所处饭店的具体情况,综合灵活地运用各种管理理论,才有可能使饭店取得预期利益。

本章小结

本章介绍了饭店管理的基本含义，包括饭店管理的概念、饭店经营与管理的概念以及饭店管理者的含义、层次等内容。在此基础上，列举了饭店管理纲要，使管理者能够在自己的意识中理清管理的思路，形成框架概念。进而较为详细地叙述了饭店管理的计划、组织、指挥、协调、控制职能的含义、类型及执行步骤或方法。最后还介绍了饭店管理的基础理论，包括科学管理理论、行为科学理论以及现代管理理论的主要内容。

知识结构图

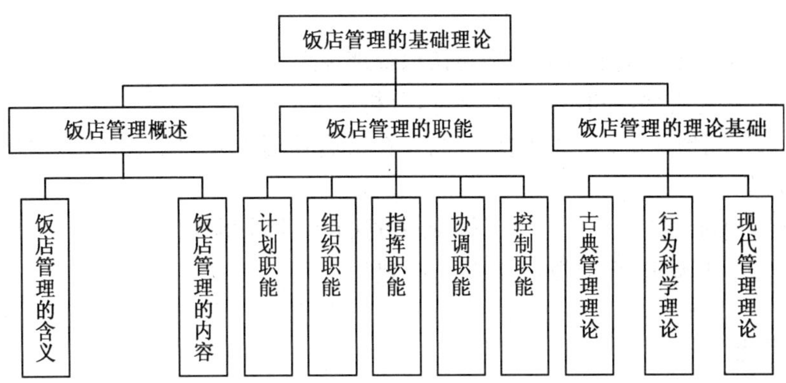

案例研究

任惠经理遇到的问题

汇川宾馆又调来了一位培训部经理任惠，这是宾馆开业 5 年来上任的第四位培训部经理了。任惠上岗前，主管培训的副总经理与她做了一次谈话。

经理：欢迎加盟，希望把你的经验得到很好的发挥，咱们宾馆重视培训，配备的人员都是大学生，我希望你能做得更好。

任惠：我在饭店做培训已经有 7 年了，积累了一定的经验。我知道您对培训工作重视，那就让我们通力合作吧。

培训部有三名成员：小周、小刘和小王。这天，任惠办事回来，只看到小王在工作，问小王其他两位呢？小王回答，副总经理叫他们去帮客房部起草个文件。临近中秋节，副总让他们帮助餐饮部搞个促销方案。淡季来临，员工培训的机会到来。培训的第二天餐饮部经理就拿着副总亲笔签名的假条为几名员工请了假。

一年过去了，总结工作时，副总说到，今年虽然客房出租率提高，但是客人投诉也相应增加，说明我们员工的服务意识和技能存在问题，也说明我们的培训工作没有跟上去。

问题：

1. 副总经理在处理培训部工作的过程中，有哪些问题？
2. 面对这种情况，如果你是任惠，你将怎么办？

实训练习

1. 上网查找有关能够充分说明本章管理理念的典型饭店管理案例，并结合理论加以分析。

目的：使学生根据实例充分理解认识管理理念。

要求：案例典型，一般 2～3 个理念，分析充分。

2. 选择当地四星、五星级饭店，调查在饭店管理中使用的方法，并对所用方法进行比较分析。

目的：通过调查分析使学生了解管理方法在实际中的应用情况。

要求：小组调查、提交报告、饭店选择典型。

复习思考

1. 简述饭店管理的基本含义。
2. 饭店管理者的素质要求有哪些？
3. 什么是计划职能？它有什么作用？
4. 什么是指挥职能？它有什么要求？
5. 什么是控制职能？它有什么作用？
6. 执行控制职能有哪几个步骤？
7. 什么是古典管理理论？它主要包括哪些学派？
8. 什么是行为科学管理理论？它主要包括哪些学派？

第三章

饭店组织管理

能力目标

- 能根据饭店组织原则设立组织或分析组织结构的合理性；
- 能确定并阐述组织管理的具体内容；
- 具有严格执行饭店制度的习惯和能力；
- 谙熟非正式组织的管理。

知识目标

- 掌握饭店组织的原则和饭店组织机构的设置；
- 熟悉饭店组织管理的内容；
- 了解饭店的规章制度。

课程导入

混乱与和谐——丽嘉卡尔顿饭店的组织变革

丽嘉卡尔顿饭店是全球知名的豪华饭店，在世界拥有30余家高档饭店，以优质的服务著称于世，著名的美孚石油公司将其作为提供温馨服务的榜样。20世纪90年代初，公司因为创新的贫乏感到危机四伏，正如总裁舒尔茨所说，“如果认为保持现状就可以，那简直是太荒唐了！任何一个公司都有可能比我们做得好。要是跟不上别人的发展，那我们很可能是被吞并。”于是变革毋庸置疑。

一场组织变革不声不响地开始了，这个变革以丽嘉泰森角宾馆为试点。泰森角宾馆就在华盛顿特区的近郊，1993年4月的一个早晨，这里的员工突然获得一个通知“：我们正在进行一项新的试验，需要每位员工的参与与支持。从明天开始，我们这里不再有经理，只有团队。你不再有上级。”大家不敢相信这是真的，互感疑惑。

但没错,这是事实。公司已经成立了不同的团队,每个人所属的团队已经在通知里说得清清楚楚。这些五花八门的团队包括抵达前团队、抵达—离开团队、停留团队、烹饪团队、宴会团队、饭店服务团队、晚餐服务团队、操作支持团队、指导团队等。大家不知所措地忙碌开来,抵触情绪非常明显,但是泰森角宾馆负责人还是强制执行。这场失败的变革令人震惊。这里的每个团队成员都摸不着头脑,不知道谁应该对什么负责,各自努力的方向也互不相同。员工私下相互打听,想知道公司这样做是要干什么。他们在不停地抱怨:“团队太庞大,从来都没有清晰地对团队目标做个解释,责任的问题也没有说明。没有上级,那谁来负责?”

在此后的三个月里,前台人员的流动率是100%,门僮服务人员的流动率是20%,服务变得非常糟糕。泰森角宾馆认识到了失误,决定重新开始。首先宾馆向员工介绍组织变革以及组建团队的原因,通过循序渐进的方式使大家在观念上能够愉快地接受变革,支持团队建设。其次是对团队进行充分授权,以前一些管理者承担的任务现在由团队员工去做了,通过授权使得团队能够更灵活地工作,高效完成任务。同时,为了保证团队成员能够完成不断增加的责任,泰森角宾馆加强了对员工的培训。丽嘉卡尔顿饭店通过组织变革,以前那种传统的等级结构化组织,转变成了以团队为基础的组织。公司的目标分解为团队及其成员的目标,同时团队成员得到充分的培训、授权,感觉到自己是组织不可分割的部分,并可以按照自己的思想、自己的意见改进工作方式去完成任务,自我约束能力与成就感更强了。团队成员之间充分信任、彼此承诺,以高效的协作实现目标,大家不需要过去的监督与控制,工作氛围更加和谐,他们的微笑服务更加真实。结果饭店焕发出新的生命力,顾客满意度提高了,顾客的回头率不断增加。

丽嘉卡尔顿饭店的组织变革值得我们深思,这种从混乱到和谐的过程告诉我们:

第一,团队建设,目标至上。团队是由一些知识互补的个体成员组成的集合,他们为共同工作使命和业绩目标而努力。丽嘉卡尔顿饭店各个团队就是围绕公司目标不断地制定切实的、具有挑战性的目标逐步提高团队绩效的。团队能将他们的共同目标转换为具体、可测量的团队以及成员的工作目标。

第二,组织变革阻力重重,急于求成必将功亏一篑。任何组织中的变革都需要时间,不可能一蹴而就。变革包含许多尝试和错误,决不会有人认为丽嘉卡尔顿饭店最初的行动就是为了制造混乱,他们只是由于事前准备不足所致。丽嘉卡尔顿饭店泰森角宾馆最初的行动过于草率。可贵的是他们坚持要继续变革,接下来的行动能够逐渐化解变革中的各种阻力,因此最终成功。

第三,团队成员决定团队命运。当组织中大家为共同的目标努力奋斗时,成功已经近在咫尺。丽嘉卡尔顿饭店泰森角宾馆对团队成员进行充分的培训,保证成员拥有所需技能，团队内部沟通高效，最终确保团队的业绩和团队目标的实现。

第一节 饭店组织管理概述

组织是管理的中枢。一个管理者经营能否成功，主要取决于它能否合理地组织它所管理的人力和物力等资源。管理组织是指围绕一项共同目标建立的组织机构，并对组织中的全体人员指定职位，明确职责，交流信息，协调工作，在实现目标中获得最大的效益。凡企业的存在与发展都有某种目的，例如，饭店的主要目的是盈利，医院等公共机构的目的是向社会提供优质的服务。为了协调工作，完成企业目标，任何企业都必须建立组织，有的企业为了提高效率，更快实现企业目标，常常增添一些员工，但如果不更好地组织员工，不但达不到目的，反而会增加成本，难于管理，还不如想办法更好地发挥原有员工的作用。这就需要令人满意的组织。

一、饭店组织和组织管理

（一）饭店组织的含义

组织是对完成特定使命的人们的系统性安排。组织是一个系统的机构，是一群人为了达到一个共同的目标，通过人为的分工、协作和职能的分化，运用不同层次的权力和职责，充分利用这一群人的人力资源和智力资源的团体。任何组织，都有必不可少的六个要素，即：人员、职位、职责、职权、关系和信息。具有一定素质要求的人员，占据某一职位，承担一定职责，行使一定职权，确定明确的相互关系，并借助信息的流通，就能够形成各种形式的组织。这六大要素的科学组合，就能形成健全有效的组织。

饭店是一个庞大的经济运行系统，围绕饭店的经营目标，需要若干人为之努力。因此饭店必然会形成一个完整的组织机构，同时，在这个系统中，根据不同的工作分工，围绕不同的岗位，又会形成若干的小系统，大系统中不同小系统的有机组合就形成了饭店组织。从性质上来说，饭店是一个劳动密集型、无机器生产而又生产无形产品的经济组织。从组织管理内容方面来说，饭店组织是指饭店结构和管理体制、各管理层的职责和权限、人员分工协作以及饭店的规章制度等。

（二）饭店组织管理

组织管理就是通过制定合理的组织结构，并设立组织的规章制度、行为规范、监督机制等将企业的人力、物力和财力以及各种资源有效地进行整合利用，从而形成一个完整的系统机构，促进组织目标的实现。

饭店组织管理实际上是对饭店所承担的任务在饭店全体成员之间的分工合作所进行的管理，是对为实现饭店目标的各种组织要素和人们在饭店中的相互关系进行组合配置的活动。饭店组织管理的核心是组织结构的设计和制度的建设，具体表现为以下几个方面：

1. 对饭店组织结构的具体化和细化

(1)制作饭店组织结构图。

(2)饭店各个业务界面的划分。

(3)建立饭店岗位责任制。

2. 管理人员的配备

(1)进行人员配备，给管理岗位配备相应的管理人员。

(2)确定各个岗位的用人标准，注意区别不同的岗位对人的不同要求。

(3)给所选人员授权，让其在组织中发挥其作用。

资料链接　对饭店员工授权的常见方式

● 授予员工一定的决策权

"授权"被认为是在工作中给予员工一定的决策权，即授予员工一定的人事、资金等资源的支配权力，并允许员工按照自己认为最好的方式行使权力，以便于当出现服务差错时，不需要再去找不在现场的有关负责的管理者。例如，美国马里奥特(Marriott)饭店公司在其下属的多家餐馆里规定，任何雇员只要认为需要就可以用不超过餐厅规定限额的额外支出安抚不满的顾客，如为顾客免费送上饮料，甚至可以代付账单。

● 建立和工作绩效密切相关的报酬体系

饭店员工都非常希望他们的辛勤工作能够得到充分肯定，他们在为饭店创造满意的顾客、利润的同时，饭店也需要对他们给予回报，使他们和饭店共享利润。因此，在饭店内部建立一种和工作绩效密切相关的报酬体系，视服务员工的工作绩效的好坏程度而给予相应的报酬和奖励，无疑是对服务员工的一种肯定和激励。例如，美国的费尔菲尔德宾馆是马里奥特饭店公司的一个分支，他们的客房清洁人员在特别繁忙的日子里，可以"竞标"打扫更多房间，每打扫一个房间就额外得到半小时的报酬，而优秀的"竞标"员工则可以拿到相应的奖酬。

● 对员工进行培训

饭店的员工和顾客的距离是最近的，如果在服务之前员工没有接受过任何培训和指导，那么当服务差错出现时，他们就会不知如何应对不满的顾客，在处理服务差错时可能会不知所措，缺乏信心，就不能决定哪一种是最好的解决方法。所以当服务差错出现时，如何来进行补救性服务需要一个学习的过程，因此需要对服务一线的员工进行培训。培训不仅能够改进员工的服务方式，使他们在对顾客服务时更加细心周到，而且由此能在很大程度上提高顾客的满意度。所以要进行一些有针对性的、有主题的培训。例如，在有些补救性服务中，服务员工可能会忽视他们采取的措施对其他部门服务工作的影响。饭店总服务台接待员允许不满的旅客提前登记入住，会打乱客房部清洁卫生工作计划。要防止这类问题，管理员工就需要对服务员工进行培训，使员工了解自己在整个服务体系中的作用，以及自己的工作与其他部门员工的工作关系。还有些服务员工可能会不顾成本，给予顾客过多的赔偿。要防止这类问题，管理员工应使服务员工了解合理的赔偿限额。在服务工作发生差错后，员工有权按照本饭店的服务质量承诺制度，赔偿顾客的损失。

资料来源：http://guanli.VeryEast.Cn，《中国饭店》，2009 年 9 月 7 日。

3. 任务的分配

组织管理的目的是为了达到组织目标，组织管理要把组织目标的具体任务内容分解落实到各部门。

（1）确定组织的目标，并确定各部门的目标。

（2）分解指标和分配任务。把本部门的任务进一步细化，落实到各个岗位。

（3）根据具体计划和部门要求，确定考核目标。

4. 编制定员

（1）确定用工数量。核定并配备各岗位、各班组、各部门及全饭店的管理人员和服务员的数量。

（2）确定用工类型。企业可以通过选择恰当的用工形式，合理确定用工结构，降低用工成本和用工风险。

5. 劳动组织形式

（1）劳动组织形式：通过一定的形式横向联系和协作形成一个多使用价值的和谐整体。

（2）制定业务流程和协作：组织管理者明确了岗位职责以后，要把有前后联系的相关岗位按一定的程序连贯起来。

（3）排班：劳动组织最规则的形式是排班。

二、饭店的组织原则

饭店业管理实践表明，管理组织要实现合理化，必须正确认识和处理以下原则及其关系。

（一）系统整体原则

这是由管理组织设计的本质引申而来的。因为，任何组织集体之所以比个体力量大，关键在于集体实现了对个体力量的系统整合。应用系统论的整体性原则来研究和指导管理组织是十分必要的。这就要求：

1. 结构完整

这是管理组织生发功效的先决条件。残缺不全的组织不可能正常运行和产生高功效。所以，任何组织都必须由决策、执行、监督、操作和反馈等子系统有机组合而成。若只有决策中心而无执行系统，无异于纸上谈兵；若只有决策、执行和操作系统而无有效的监督、反馈系统，则组织结构和行为就可能失去控制，从而导致膨胀—臃肿—偏离目标—崩溃。

2. 要素有用

任何组织总是由特定要素按特定方式组合而成的，要素不全或要素无用均不能构成完整有效的管理组织系统。管理实践表明，唯有从"人多好干活"转向"人精好办事"，管理组织才能产生高功效。如果一个组织不遵循"一个职位能承担的任务，决不设两个职位"的原则，而是增设不必要地部门、职位、人员，则不仅不能提高组织的系统效率，反而会产生内耗。因此，在调整和改革组织机构时，要求本饭店的最高决策者坚决而果断地裁减冗员，建立起一支精明强干的管理队伍；努力提高管理人员的素质，保证要素的有用性；认真检查各管理组织机构的职位和职务设置是否合理，杜绝因部门交叉、职责不明等弊端所造成的低管理效率的现象。

3. 目标优先

实现管理组织目标是组织设计的根本目的。只有按组织整体目标要求设置组织机构、确定职位和工作任务、挑选管理人员等，才可能把每个管理人员与组织整体目标有机地联系起来，也才能有效地防止因人设事、人浮于事、推诿塞责等毛病。

（二）一元化领导原则

古典组织理论的奠基人法约尔指出："无论对哪一件工作来说，一个下属人员只应接受一个领导人的命令，这就是统一指挥的原则，它是一项普遍的、永久必要的准则……如果这条准则受到破坏，那么权力将受到损害，秩序将受到扰乱，稳定将受到威胁……在整个人类社会中，在工业、商业、军队、家庭、国家里，双重指挥经常是冲突的根源。"根据这一点贯彻一元化领导原则必须做到：

1. 领导链不能中断

领导链作为主管领导指令信息的传输通道，若遭到破坏或中断，势必造成管理指令无法贯彻，政策不能落实，信息反馈无法进行，整个组织将陷入混乱或瘫痪，从而不可能统一全体员工的思想和行动，朝着共同的目标努力。

2. 不能有多元领导

多元领导必然导致政出多门，"各吹各的号，各唱各的调"，这不仅会破坏一元化领导原则，还会造成管理人员的浪费，降低高层管理者或个人必要的权威，弊多利少。

资料链接 “手表定律”与多头领导

森林里有一群猴子,每天太阳升起的时候它们外出觅食,太阳落山的时候回去休息,日子过得平淡而幸福。

一名游客穿越森林,把手表落在了树下的岩石上,被一只猴子捡到了。这只猴子很快就搞清了手表的用途,于是,它成了整个猴群的明星,每只猴子都渐渐习惯向它请教确切的时间,尤其在阴雨天的时候。整个猴群的作息时间也由它来规定。这只猴子逐渐建立起威望,最后当上了猴王。

做了猴王的猴子认识到是手表给自己带来了机遇与好运,于是每天加倍时间地在森林里寻找,希望能够得到更多的手表。功夫不负有心人,它果然相继得到了第二块、第三块手表。

但出乎意料的是,得到三块手表后反而有了新麻烦,因为每块手表的时间显示得都不相同,猴王不能确定哪块手表上显示的时间是正确的。群猴也发现,每当有猴子来询问时间时,猴王总是支支吾吾回答不上来。猴王的威望大降,整个猴群的作息时间也变得一塌糊涂。只有一块手表,可以知道是几点,拥有两块或两块以上的手表并不能告诉一个人更准确的时间,反而会让看表的人失去对准确时间的信心。这就是著名的“手表定律”。

“手表定律”带给我们一种非常直观的启发:对于任何一件事情,不能同时设置两个不同的目标,否则将使这件事情无法完成;对于一个人,也不能同时由两个以上的人来同时指挥,否则将使这个人无所适从;而对于一个团队,更是不能同时采用两种不同的管理方法,否则将使这个团队无法工作。

资料来源:侯清恒,《这辈子多少生存规则毁了你》,吉林出版集团有限责任公司2010年版。

3. 不能越级领导

这是管理层级原则在组织中的具体运用,是保证领导链完整的一个组织原则。美国总统罗斯福说:“一位最佳领导者是一位知人善任者,在下属甘心从事其职守时,领导者要有自我约束的力量,而不要插手干涉他们。”因为任意越级越权领导,不仅会加重高层管理者的工作负担,分散其宏观决策精力,而且会挫伤下属积极性和主动精神,造成组织系统内部混乱,使组织指挥无序。因此,只能在特殊情况下采取必要的越级越权行为。即使这样,上级也应将情况及时向下属通报并说明。

(三)职责与权力相一致的原则

它要求管理组织设计明确划分职责权力范围,同等的岗位职务赋予同等的权力,做到职责与权力相一致。在管理组织理论中,职责是指职位的责任。作为纵向和横向分工的结合体，其工作内容就是职务。在管理组织机体中，职责犹如各部门之间连接的环。有了这个环，组织机体的上下左右才能协调运行。任何管理组织若无明确的职责，没有连接的环，要素的结合就不牢固，甚至松散。因此，确立管理组织的合理职责，不仅要求在纵的方面与工作程序紧紧挂钩，而且在横的方面实现人、物、财、时间、信息等资源的最优组合。职权则是指在一定职位和职务范围内，为落实责任而具有的权力。

从管理组织的结构规律来看，一定的人总是在一定岗位上担任一定的职务，也就应具有相应的职责和职权，只有真正做到职、责、权三者对应，才能形成管理组织的良性效益。但是，在管理组织实践中，职、责、权三者分离的现象却屡见不鲜，诸如有权无责，有责无权，权大责小，责大权小，甚或无责无权等。现代管理实践表明，职、责、权不对应，对管理组织的效能损害很大，其产生的原因也是多方面的。如目标不具体，责任不明确，权限不清楚，缺乏在纪律上、道义上、经济上承担任何责任的规定等。但根本原因则是管理组织体制不健全。因此，现代管理组织设计的重要任务，就是要深入研究管理组织体制(包括结构和运行机制等)，建立起完整的岗位责任制度(包括定位、定人、定职、定责、定标、定权等)和严格的奖惩制度，尤其强调通过健全组织法规来保证现代管理的组织的优化结构和良性运转。

(四)管理幅度的有效合理性原则

这是指一名上层管理人员直接而有效地管理下属的可能人数。管理幅度的有效合理性问题，是现代组织理论中一个难度较大的研究课题。由于其影响因素多，涉及面广，它不但与管理系统的性质、层次设置、授权方式相关，而且与管理人员的性格、才能、精力、管理作风及被管理者的素质有关，还与职能的难易程度、工作的相似性、管理活动的复杂性、新问题的发生率等有关。因此，一个管理组织的管辖幅度到底要多大才合理，要根据具体情况而定。

资料链接

实现组织结构扁平化是降低固定劳动成本的良方

“组织结构扁平化”就是适当减少管理层次和增加管理幅度，是现代的管理结构创新。国内酒店从业人员的知识水平普遍提高，局域网办公信息化的普及和酒店内通信手段多样化，为实现组织结构扁平化提供了催生剂。管理幅度是指向管理人员或监督人员汇报的人的数量，较大的管理幅度会形成扁平组织。即许多人向一个人汇报；较小的管理幅度会形成纵深组织，一小部分人向一个人汇报，还需要大量的监督人员。组织结构扁平化的特征是减少组织结构的中间层次。“酒店和旅馆组织的管理幅度正在变大，这些趋势潜在的目的就是发展一种更扁平的、更具反应能力的

组织结构,在这种组织结构中决策的制定无须通过各级管理部门"主要优点是:

1. 酒店内部作业流程缩短,信息沟通畅通有效。机构少一层,效率高一级。酒店等级制的金字塔状组织结构,管理学的定律是越往上层其管理难度越大,而管理幅度则越小。

2. 管理人员更贴近员工和顾客,能够根据员工和顾客的要求及时调整经营。

3. 在员工工资水平不降、一线员工不减的情况下,同等薪酬福利水平,劳动生产效率增高,又不会影响对客人的服务。

4. 由于撤销部分管理岗位,节省出来的办公场地可改造成营业场所或商务房,增加收入。还有减少"内耗",减少文秘,减少办公费用的效应。

5. 根据哈默(M. Hammer)和钱阀(j. Canpy)提出的理论:扁平化的组织结构有利于企业应对多变的市场,能使企业对市场变化做出快速的应变。

实现组织结构扁平化理由充分、好处显而易见,关键是怎样实施。可以说,实施组织结构扁平化是更深层次的"减员增效",其深刻意义将在今后几年伴随着大面积实践逐渐显现出来。

资料来源:http://www.chinadaily.com.cn,中国日报网中国在线消息。

(五)信息传递畅通原则

信息沟通是促使组织内部分工合作,协调一致,保证整个组织的意志统一、指挥统一、行动统一,实现组织高效能的一个非常重要的环节。甚至有的研究者认为,一个有效管理者的70%的工作时间都应用于信息沟通。可见信息沟通在管理组织中的重要地位和作用。

一般说来,所谓信息沟通就是将个人或群体的观念传递给别人或群体的活动过程。在这个过程中,要有发出信息的人,要有传输信息的渠道,要有接收信息的人,由他们解释信息,根据信息采取行动。

有效的信息沟通,不仅要求保证传递渠道的畅通,而且要求对信息的准确理解,为了排除"语文干扰"和"应用干扰",必须做到:(1)准确地表达;(2)高度地注意;(3)正确地理解;(4)客观地接受;(5)综合地行动。

管理组织提高信息沟通质量、改善信息沟通渠道的方法和技术很多。其中最常用的有:(1)创造良好的组织沟通气氛;(2)深入实际,树立主动沟通的态度;(3)培养和提高主体感受的真实性;(4)正确并巧妙地利用语言文字;(5)克服不良的聆听习惯;(6)增强下级对领导者的信任度,这是管理信息有效沟通的关键所在。因为信息在管理过程中的传播是通过独特的"信任"和"不信任"的"过滤器"进行的。通过这个过滤器能发挥这样的作用,即完全真实的信息可能变成不可接受的,而不真实的信息倒可变成可接受的。

第二节 饭店组织机构

一、饭店组织机构的类型

饭店组织结构是组织形式的表现，是指饭店各部分的划分，各部分在组织系统中的位置、集聚状态及相互联系的形式。

（一）直线制

直线制是历史上最早出现的一种简单的组织结构形式，又称军队式结构或单线制，如图3－1所示。直线制组织结构具有的4大特征，大致如下：一条指挥的等级链，从饭店最高层到最低层按自上而下建立起来的垂直系统进行管理；职能的专业化分工，一个下属部门只能接受一个上级部门的命令，上下形成一个垂直管理系统；权利和责任的一贯性政策；工作的标准化。

直线制组织结构的优点为：结构比较简单，权力集中，责任分明，命令统一，信息流畅，管理效率高。直线制组织结构创造了一种制度，这种制度能够有效地管理大量投资、劳动分工和资本主义大规模机械化生产。

直线制组织结构的缺点为：它要求行政负责人通晓多种知识和技能，亲自处理各种业务。这在业务比较复杂、企业规模比较大的情况下，把所有管理职能都集中到最高主管一人身上，显然是难以胜任的。

因此，直线制只适用于规模较小、生产技术比较简单的企业，对生产技术和经营管理比较复杂的企业并不适宜。

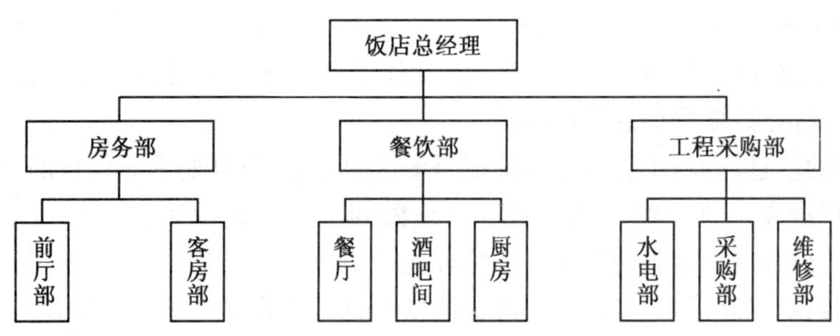

图3－1 直线制组织结构示意

资料链接 7天连锁饭店的扁平化组织结构

2009年3月21日，享有“中国饭店业奥斯卡奖”美誉的中国饭店星光奖颁奖盛典拉下帷幕,7 天连锁饭店获得了"中国最佳本土饭店管理集团"的称号,成为经济型饭店行业内首家获得该殊荣的企业。此外,7 天连锁饭店网站(www.7daysinn.cn)还获得了"中国最受欢迎饭店网站"的称号。

评委在接受采访时指出,7 天连锁饭店凭借其创新的管理模式,仅用四年的时间便练就成"如家"的身价,成为经济型饭店行业"双引擎"之一。专家认为,正是"7天"标新立异的管理模式,将"小饭店、大产业"的战略发挥得淋漓尽致,带领着"7 天"迈向成功之路。"7 天"开创了"饭店管理新流派"。作为业内规模增长速度最快的 7 天连锁饭店,仅用了短短四年时间就取得了"300 家分店、500 万会员、吸引逾 2 亿美元资本投入"的辉煌成绩,成为经济型饭店行业的领导品牌。这一切,都离不开 7 天创新管理模式的保障。

最称得上标新立异的是 7 天的管理模式。与传统的树形管理架构不同,7 天的管理结构是扁平的。7 天以 IT 平台构建全国网络,将单店经营划成四条线由总部直接管理,各店长负责在之间进行调配。这样做最直接的好处是人员成本很低,同时防止了由于管理层次多而造成信息传递失真的现象,避免了官僚体系的出现。

然而,这样的结构似乎削弱了总部对单店的控制力,而"7 天"采用"放"的管理文化则是有效的补充。7 天的用人原则就是让每位店长都有充分的权利,可以自主调配各种资源。在行业急剧扩张的时候,这种做法还解决了另外一个问题,选用店长标准与其他业内竞争者大相径庭,避免了人才的流失。

此外, 7 天还创立了"执政官"制度,以加强 7 天各区域内的协同管理。执政官作为区域连锁店业务的最高负责人,不需要向总部汇报,而是对区域内所有店长的业绩负责。这样就让大家是一个整体,如果大家的业绩都好,我们大家会收益更多。这种横向互助精神与纵向激励制度产生的效力颇具威力。

资料来源:http://www.chinadaily.com.cn,中国日报网中国在线消息。

(二)职能制组织结构

在职能制组织结构中,组织从上至下按照相同职能将各种活动组织起来,如图 3—2所示。职能制组织结构有时候也被称作为职能部门化组织结构,因为其组织结构设计的基本依据就是组织内部业务活动的相似性。当企业组织的外部环境相对稳定,而且组织内部不需要进行太多的跨越职能部门的协调时,这种组织结构模式对企业组织而言是最为有效的。对于只生产一种或少数几种产品的中小企业组织而言，职能制组织结构不失为一种最佳的选择。

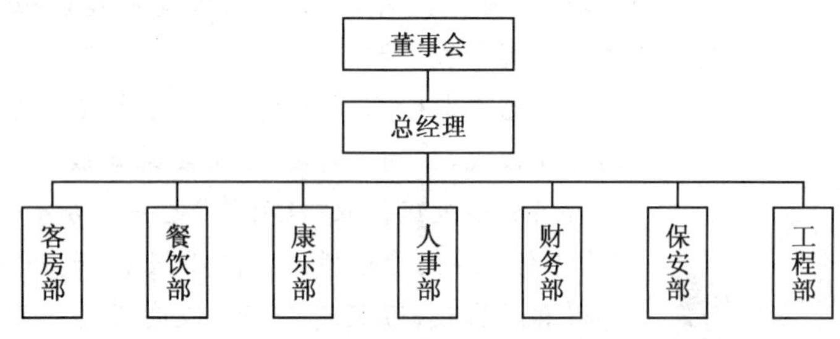

图 3—2 职能制组织结构示意

（三）直线—职能制

直线—职能制组织形式，是以直线制为基础，在各级行政领导下，设置相应的职能部门。即在直线制组织统一指挥的原则下，增加了参谋机构，如图 3—3 所示。直线—职能制是目前我国饭店普遍采用的组织结构形式，兼有直线制和职能制的优点。在直线—职能制的组织形式下，饭店的各部门分为主线部门与职能部门两大类。主线部门是指从是饭店一线经营和接待业务的部门。职能部门不直接参与饭店一线经营和接待活动，是为一线服务，执行某项专门管理职能的部门。

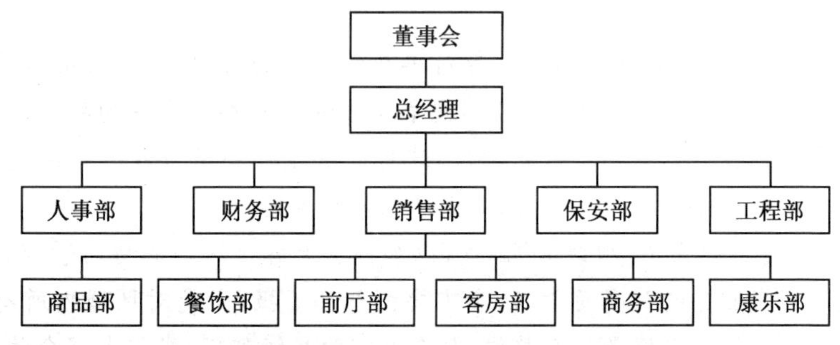

图 3—3 直线—职能制组织结构示意

直线—职能制的优点：直线—职能式组织结构模式既保留了直线制组织结构模式的集权特征，同时又吸收了职能式组织结构模式的职能部门化的优点。既可以保持指挥统一的优点，又可以发挥专业管理的长处。这种组织模式促进了管理职能向专业化发展，弥补了直线型的不足。

直线—职能制结构的缺点：第一，各职能单位自成体系，不重视信息的横向沟通，工作易重复，造成效率不高。第二，若授权职能部门权力过大，容易干扰直线指挥命令系统。第三，职能部门缺乏弹性，对环境变化的反应迟钝。第四，可能增加管理费用。

二、饭店的组织机构的设置

饭店的组织机构是一个综合服务系统，它是协调饭店各部门之间的组织网络，以组织的形式来规定员工的职位、责任和工作范围。任何饭店都要制定组织机构及各级管理人员协调网络，从而协调各个部门之间的服务系统。饭店的组织机构不是权力机构，它只体现各部门的业务范围及其协调关系。饭店是向旅游者提供住宿、餐饮、娱乐、购物等综合服务的地方，饭店的组织机构正是根据这些特点来设置的。

饭店一定要建立一种明确的组织机构协调网络，从而确保各项服务的高质量和高效率，使旅客的快节奏活动规律和对各项饭店服务需求得到满足，也使饭店自身的管理工作有条不紊地进行。下面我们按照客人在饭店内活动的顺序来对饭店的组织机构逐一做些介绍。

（一）饭店前台部（front Office Department）

饭店的前台部包括预订部、前台（又称总服务台）、客房部、餐饮部、商品部、康乐中心和公共服务部，如邮局、银行、电传室、复印室等。

1. 预订部（Reservation Department）

预订部是根据客人在未到饭店前，而要办理的有关住宿事宜而设置的。大多数客人在还没有进入饭店的时候就已开始了他在饭店的活动，这就是客人通过前台所属的预订部办理客房的预订手续，诸如预订房间的时间，所需客房的等级，预订车、船票，等等。饭店根据客人的要求，做好充分准备和接待工作，这就是设置预订部的原因。

预订部在大型饭店是一个独立的部门，在中型或小型饭店属于前台部管理。

2. 前台（Front Desk）

前台是饭店的门面，也是饭店的神经中枢。前台负责对客人的迎送接待等方面的工作，它是饭店管理水准和服务水准的直接体现。

客人一到饭店，迎接他的第一批工作人员是门僮迎宾员（Doorman and Greeter）。客人远道而来，旅途辛劳，希望能到店如回家。所以，门僮迎宾员要以热情、好客之礼仪，热烈地欢迎客人的到来。

客人来到前台，前台迎宾员、接待员、开房员的服务工作也就开始了，迎接客人要热情、和蔼，尽快为客人办理住宿登记手续，为客人打开房门，还要向客人简单介绍本饭店的服务项目和设施，协助客人解决有关问题。最后，示意大厅行李员护送客人去房间休息。

大厅行李员（Bellman）是客人在饭店的向导。他既要帮助客人提拿行李，护送客人去自己的房间，还要介绍饭店的服务项目及其位置。他应该热情、耐心、礼貌地为客人服务。

3. 客房部(Housekeeping Department)

客人在大厅行李员的护送下,来到自己的房间,客房服务员热情迎接,并为其打开房门。舒适、宜人、明亮、洁净的房间使客人感到十分舒适,感到住在饭店是一种高尚的享受。

4. 餐饮部(Food and Beverage Department)

客人安排好了房间以后,就要去饭店的餐厅和酒吧,品尝美味佳肴。餐厅和酒吧服务员要热情地招待客人,并以其熟练高超的服务技能,向客人提供可口的饭菜、饮料。

饭店业始祖斯塔特勒先生传授最佳服务诀窍时说,服务要使客人满意,应始终记住"客人永远是对的"这一服务信条。一位出色的餐厅服务员,要始终与客人的意见保持一致。

5. 康乐中心及音乐厅(Recreation Center & Music Hall)

客人在办好住宿、满足餐饮需求之后,便要想去欣赏音乐、艺术、舞蹈、戏剧,了解当地生活习俗。所以,饭店要向客人提供满足娱乐欣赏的康乐中心和音乐厅。

资料链接　　康乐部在酒店中的地位和作用

在酒店中,康乐中心可以说是一个新兴的部门,常常会视为只是装点门面的一个装饰。其实不然,当前许多商务客人和国外宾客都喜爱健身运动,这种好习惯,不允许有中断、暂停。这些客人在入住酒店时必然要求酒店具有各种娱乐健身设施。

因此,康乐中心在酒店中不是可有可无的,而是非有不可的。

1. 康乐项目是酒店等级的重要标志

按照国际惯例,旅游酒店星级评定规格与标准,康乐部是四星级、五星级旅游酒店不可缺少的先决条件。不具备较好完备的康乐设施和条件的旅游酒店,无论在其他方面如何优越,都一概不能评为四星级、五星级酒店。而在我国,根据中华人民共和国国家旅游局颁布的《旅游涉外酒店星级评定标准》规定,五星级酒店必须具备舞厅、健身房、桑拿浴室、游泳池、网球场、理发(美容)室及多功能娱乐厅等。由此可见,康乐中心在高级酒店中的地位是何等的重要。

2. 新颖的康乐项目是吸引客源的重要手段

酒店竞争的重要优势就是有独自的特色。以服务项目、设备功能以及价格、营销方式为特色吸引客源是必要的。但仅提供一般食宿功能的酒店在竞争中的优势是有限的。所以,酒店有必要依照星级提供增加康乐项目、改善康乐设施设备条件或开设独特的康乐活动,才能在竞争中取胜。例如,高寒地区度假酒店设立高山滑雪项目,海滨度假酒店设立海上帆板运动,城市商务酒店增加氧吧,让客人在紧张的商战后回归自然,迅速恢复体力和精神。而实践亦证明,康乐项目对客源的吸引越来越大,有些人甚至把康乐作为生活中不可缺少的内容。

3. 康乐中心是酒店营业收入的重要来源

目前,在我国的一些酒店,康乐部的规模越来越大,并与客房部、餐饮部并列成为酒店创收的主要部门,甚至在有些酒店,康乐部已经超过其他部门成为酒店第一大部。完善的康乐设施设备,优雅的康乐气氛环境,吸引了大批旅游者和当地公众。以致不少旅游者常常通过选择某酒店的康乐设施和环境,或对某一康乐活动特别感兴趣而投宿。

4. 康乐不仅作为附属于酒店的机构形式而存在,而且还作为独立的行业而存在

在国外,独立的确康乐经营企业已经发展到一定程度,但在我国还只是一个年轻的行业。尽管目前发展水平较低,但发展速度却是相当快的。正因为康乐部在酒店中具有如此重要的地位和作用,以致独立的康乐经营企业在我国迅速发展。作为酒店附属机构的康乐部在经营上不仅面临其他酒店康乐部的竞争,还存在作为独立形式的康乐项目的竞争。

资料来源:职业餐饮网。

6. 商品部(Commodity department)

客人每走一地,都要购买礼品和纪念品来送给亲戚朋友,或者作为自己永久的旅行纪念,所以,饭店设置商品部是非常必要的。

总的说来,客人在饭店内是按照以上顺序进行的,饭店也应按照客人的活动次序设置一条龙服务系统,如图 3－4 所示。

饭店的前台部是一个非常重要的部位,它直接体现饭店的管理水准和服务质量。服务员不仅要有端庄的仪表、合适的礼仪,而且要有较好的服务技巧和应变能力,对客人要采取微笑服务,要使客人真正感到饭店的温暖、舒适。

(二)饭店后台部(Back Office Department)

前台部要开展好工作,还需要后台的大力配合与协助,否则就可能造成“一脉不

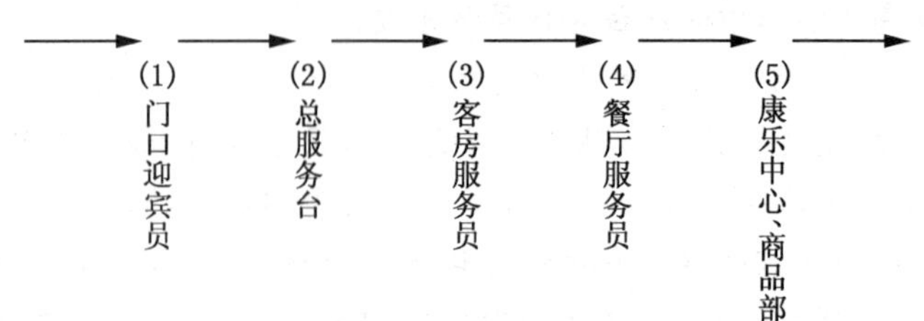

图 3-4 饭店一条龙服务系统

和,周身不遂”的局面。所以,饭店一定要重视后台部的设置和管理。

饭店的后台部有以下几个部门:

1. 工程维修部(Engineering and Maintenance Department)

工程维修部主要负责饭店的一切设施,如空调系统、音响系统、室内装修和陈设、水电、客房电话、卫浴设备等的平时保养和维修,保证所有设施的正常运行和使用。

2. 饭店销售部(Sales Department)

饭店的销售部门主要负责开拓客源市场,招揽游客住宿方面的工作。客源是饭店的生存之本,没有客源,饭店就成了无源之水、无本之木,难以得到生存和发展。销售部门要深入调查研究客源市场,掌握旅游趋势,大力推销饭店的有形设施和无形服务,从而确保饭店有充足的客源。而要使客源市场旺盛,销售部人员一定要大力宣传本饭店优点,并做好饭店商品的宣传广告。销售部是饭店后台部的中心,应协助总经理做好推销工作。

3. 安全保卫部(Security Department)

安全部主要负责旅客自身及其财产安全、有形设施的安全以及员工人身和财产安全。特别要注意客人的人身和财产的安全,客人出门在外,安全方面尤为重要,饭店不得疏忽。由此看来,安全警卫部是饭店不可缺少的部门。

4. 财务部(Financial Department)

财务部门负责饭店的财务工作,它在饭店的经营核算、成本控制、费用支出、企业的扩大经营以及市场营销公关费用等方面协助总经理工作,使饭店获得最好的经济效益。

5. 人力资源部(Human Resources Department)

人力资源部负责饭店的人力资源管理工作,它不仅要注意调动饭店每位员工的工作热情和积极性,而且要负责饭店人员的培训提高工作,例如,对各级、各类人员进行服务技能培训,服务质量培训,服务标准培训,服务程序培训,语言交际培训以及饭店质量管理方面的培训等。人力资源部更重要的工作是要选用一流的管理人员、工作人员、服务人员。人力资源部门在饭店中显得尤为重要。

任何一家饭店，如要有合理和有效的组织机构和协调网络，不仅需要前台各部门之间的相互协调，形成一条龙的服务系统，而且不能缺少后台各部门的有力配合。只有这样，才能确保饭店满足客人住、食、行、乐等方面的需求，使饭店在繁忙的综合服务中向客人提供美的享受。

第三节　饭店组织管理内容及规章制度

一、饭店组织制度的类型

饭店管理制度包括两方面内容，即宏观的管理制度和饭店内部的管理制度。宏观的管理制度是由国家、地方、部门、行业针对饭店经营活动所规定的规范。饭店内部的管理制度是由饭店所制定的职工行为规范。

饭店的制度有六大类，每类制度都对饭店管理和运行起着某方面的规范作用。这六类制度有着内在的联系，它们之间相互补充、相互配合，形成了饭店的制度体系。

第一类：有关所有制和产权关系的制度。该类制度规定了饭店的性质、投资形式、产权关系及由此派生的一系列规定。

第二类：有关体制和组织结构的制度。该类制度要规定饭店的体制、组织结构形式、饭店上层的权责关系等。

第三类：饭店内部的基本制度。该类制度对饭店运行的大纲、方针的基本规范做了规定，是饭店其他制度的基础。

第四类：部门制度。这是由饭店各部门根据自身的业务特点和实际需要而制定的一些制度。这类制度往往专业性较强。

第五类：专业制度。这是由饭店职能部门按专业管理的需要而制定的制度。

第六类：饭店行政工作制度。这类制度主要针对行政管理。

建立组织管理制度包括：(1)基本制度；(2)部门制度；(3)专业管理制度；(4)饭店工作制度。

资料链接　　七人分粥

有七个人曾经住在一起，每天分一大桶粥。要命的是，粥每天都是不够的。

一开始，他们抓阄决定谁来分粥，每天轮一个。于是每周下来，他们只有一天是饱的，就是自己分粥的那一天。

后来他们开始推选出一个道德高尚的人出来分粥。强权就会产生腐败,大家开始挖空心思去讨好他,贿赂他,搞得整个小团体乌烟瘴气。然后大家开始组成三人的分粥委员会及四人的评选委员会,互相攻击扯皮之后,粥吃到嘴里全是凉的。最后想出来一个方法:轮流分粥,但分粥的人要等其他人都挑完后拿剩下的最后一碗。为了不让自己吃到最少的,每人都尽量分得平均,就算不平,也只能认了。大家快快乐乐,和和气气,日子越过越好。

同样是七个人,不同的分配制度,就会有不同的风气。所以一个单位如果有不好的工作习气,一定是机制问题,一定是没有完全公平公正公开,没有严格的奖勤罚懒。如何制订一个有效的管理制度,是每个领导需要考虑的问题。

资料来源:武永成,《饭店管理纲要》。

二、饭店组织制度

饭店组织是一个复杂的系统。为了保证这个系统的正常运转,发挥出组织的最大效能,就必须有一套严格的规章制度,这是实现饭店经营管理目标的前提和保证。

所谓制度,是饭店为了保证正常运转,并取得有效成果而制定的,并要求大家共同遵守的具体规定。制度管理是饭店组织管理的主要内容。制度一般以文字形式固定下来,是饭店员工工作的依据,行为的准则,即规定什么可以做,什么不可以做,以及如何去做,等等。从某种意义上讲,制度是企业法,带有强制性,但它不是道德规范。制度对饭店员工的行为具有引导作用、约束作用和激励作用。所谓引导作用就是告诉员工如何去做;所谓约束作用就是告诉员工不应该做什么:而激励作用指的是制度除了具有压制、约束人的行为的作用外,它还具有激励作用,如奖惩条例等。饭店组织制度主要涉及饭店管理体制和内部的各种规章制度。

(一)饭店管理体制

饭店管理体制反映饭店资产所有者、经营管理者和生产劳动者在饭店中的权力、地位及相互关系。由于饭店投资形式多样化,带来了所有制形式的多样化,所以现阶段我国饭店业的管理体制形式多样。目前,我国国有饭店的管理体制主要内容为总经理负责制、党组织的保证监督制、职工民主管理制。

1. 总经理负责制

总经理负责制是饭店内部实行的最高管理组织形式，是饭店管理的根本制度。总经理负责制是指总经理是饭店的法人代表，饭店建立以总经理为首的经营管理系统，总经理在饭店中处于中心地位，根据上级主管部门的决策，全面负责饭店的经营和业务，对饭店的物质文明和精神文明负有全面责任的一种管理制度。总经理负责制是适应饭店现代化管理，适应饭店市场经营，适应按饭店规律管理饭店，适应以法治店而产生的。总经理负责制是饭店管理体制的最基本方面。

2. 党组织的保证监督制

在饭店实行总经理负责制的同时，必须坚持党组织在饭店中的保证监督作用，坚持党组织对饭店思想政治方面的领导，确立党组织在饭店中的核心地位。依靠党组织这个政治核心，发挥战斗堡垒作用，发挥党员的先锋模范作用是搞好饭店管理的重要内容。所以，党组织在饭店中的地位和作用必须得到充分的保证和发挥。

3. 职工民主管理制

在饭店内部实行民主管理有利于发挥员工的主人翁精神和工作积极性，并能培养员工的责任意识，使之能自觉担负起对饭店的责任，便于总经理负责制在饭店的贯彻执行。

民主管理的基本形式是职工代表大会。职工代表大会制是饭店企业的管理制度之一，它是职工参与决策和管理、监督干部、维护职工合法权益的权力机构。职工代表大会具有参与管理、监督和审议三方面的权力。具体工作为：听取和审议通过总经理的工作报告；审议饭店的发展规划、经营计划以及一些重要的经营管理问题；审议饭店各项资金使用以及饭店福利等有关饭店全体职工的切身利益的问题；监督饭店的各级干部，对成绩显著的干部提出表扬和嘉奖，对不称职的干部提出撤换的建议。

（二）饭店制度

饭店为了能正常运转，保证服务质量，要有一整套的规章制度，以制约员工的行动，为员工的行动提供规范依据。饭店制度是为了饭店的共同目标，反映饭店各方共同要求的，由饭店各方共同达成的行为规范协议。制度对饭店每个员工的行为有规范制约性，但它首先应该是饭店每个员工的共同要求。

饭店制度对每个饭店来讲都是绝对必要的，制度本身是饭店管理的重要内容。利用制度来管理饭店是饭店现代化管理的重要方法。

1. 经济责任制

饭店的经济责任制是饭店组织管理中的又一项重要的基本制度。它要求饭店各部门以饭店的经济效益和社会效益为目标，对自身的经营业务活动负责，实行责、权、利相结合，把饭店的经济责任以合同的形式固定下来。

饭店的经济责任制包括对国家的经济责任制和饭店内部的经济责任制两方面。

饭店的经营活动和社会相联系，饭店对国家负有一定的经济责任。饭店应遵守国家的法律、政策、规定，以正常的经营手段取得经济效益，依法向国家上缴税金。

饭店内部的经济责任制是按照责、权、利相结合的原则，把饭店的经营目标加以分解，层层落实到部门、班组、个人。饭店内部经济责任制是以责为中心，责权相结合的管理方式。其基本特点是：确定指标，保证上缴，超收多留，歉收自补。经济责任制在利益分配上根据各部门和个人创造效益的多少、贡献的大小实行按劳分配。其分配形式主要有计分计奖制、浮动工资制、提成工资制等多种。在执行经济责任制中，要切实搞好考核。只有通过严格、准确、公平的考核，各部门及个人的责、权、利才能真正结合起来，经济责任制的实施才会有意义，才能起到真正的作用。

2. 岗位责任制

岗位责任制是饭店在管理中按照工作岗位具体规定各岗位及人员的职责、作业标准、权限、工作量、写作要求等的责任制度。饭店岗位责任制是一个完整的体系，它包括饭店总经理岗位责任制；各部门主管和技术人员的岗位责任制；各生产、服务人员的岗位责任制。饭店服务人员的岗位责任制是责任制的基础，也是岗位责任制的主要形式。

饭店岗位责任制可以用岗位责任说明书的形式来明确。岗位责任说明书与饭店经济责任制不同，岗位责任说明书仅对岗位工作内容进行描述、记录，但不含有奖惩的内容，而经济责任制则突出责、权、利相结合以及劳动所得与成果的结合。

3. 工作制度

为了建立和完善饭店组织，使其协调有效地运转，必须将组织的有关原则，各职位的职责权限及其相互关系，沟通联络渠道，业务工作程序，例外工作程序以及其他的有关事项加以条文化、制度化。工作制度的主要内容包括前台部门的服务规程和后台部门的操作规范。具体内容有质量检查制度、财务制度、经济核算制度、领料制度、考勤制度、组织运转制度、各服务岗位的服务规程。工作制度是执行饭店控制职能的具体保证，也是实施经济责任制、饭店组织运行的基本保证。

资料链接　　违反饭店制度之后

某饭店是一家开业近半年，按照星级标准建设和管理的旅游饭店。开业前夕，饭店各部门制定了一系列的规章制度，并于开业后正式实施。半年来，饭店制度管理的情况不尽如人意，主要问题有两个方面：一是由于开业准备仓促，饭店及部门的制度基本上是根据国外饭店管理公司管理的一家中外合资饭店的制度制定的，有些条文缺乏实施的客观条件，导致执行上的困难。二是由于在制度管理问题上认识不一致，导致处理意见分歧。

某日，值班经理巡查时发现餐厅服务员小李在餐厅吃水果，值班经理按饭店制度对小李作了处罚，但是小李感到非常委屈，有些员工及部分基层管理人员对此也有异议。事情是这样的：当天，小李接待桌重要宴会，由于接到任务较迟，等到做好准备工作时，已是客人即将到达之际，小李只好放弃去员工食堂用餐，饿着肚子为客人服务，一直忙到晚上10:30，客人尽兴而归。此时小李已是饿得头昏乏力。收台时，她顺手拿了剩下的水果拼盘填肚子，恰好被值班经理看到。

某日，客房值台服务员小张在楼层工作间休息，客人因未能及时得到的服务而投诉饭店。据调查，小张前一天晚上患急性肠炎，打吊针至晚上11:30。医生给小张开了两天病假，但是小张考虑到这几天旅游团队特别多，人手非常紧张，故第二天早上又拖着虚弱的身体前来上班。下午1:00小张觉得两腿发软，感到很吃力，想到此时客人大多在午休，就暂时到工作间休息片刻，以便下午有充沛的体力为客人服务。谁知没过多久，就有客人来到服务台，因找不到服务员而投诉到大堂经理处。

某日，一位饭店管理专家来饭店，临走时，对饭店的盛情款待表示感谢，并提出了几条建议。其中提到从管理人员到普通员工，行为举止比较随便，如手插口袋、工作场所拨弄头发、二三人并行等。饭店总经理听后觉得很有道理，当天就布置总经理办公室拟订一个员工的行为规范，并于第二天下午召开部门经理会议布置贯彻执行，第三天下午发放到每一个员工手中，第四天开始执行。为了加强执行的力度，规定凡是违反行为规范者，扣发当月奖金。但遗憾的是，执行的第一天就有相当一部分人违反了规范。

案例分析：

饭店管理方法是管理者为了实现管理目标在管理过程中所采取的方式、手段和途径。在一定条件下，饭店管理方法决定着经营的成效。饭店要想生意兴隆，必须有一套科学的管理方法。制度管理法就是通过制度的制定和实施来控制饭店业务经营活动的方法。要使制度管理真正切实可行，要注意以下三个问题：一是制度的科学性，即饭店的制度必须符合饭店经营管理的客观规律，必须根据饭店经营管理的需要和全体员工的共同利益来制定。同时要注意制度条文的明确、具体、易于操作。二是制度的严肃性，即维护制度的权威性和强制性。在制定制度时，必须要有科学严谨的态度，要制订什么制度应认真研究，仔细推敲。在执行制度时，要做到有制度必遵，违反制度必究，制度面前人人平等，不搞功过相抵、下不为例。在处理违章时，要有严格的程序，要以事实为依据，以制度为准绳，注意处罚的准确性。此外，还必须注意修订制度的严肃性，既要在实践过程中不断完善制度，又要保持制度的连续性。三是制度管理的艺术性。俗话说，制度无情人有情，一方面我们要严格按制度办事,另一方面要把执行制度和思想工作结合起来,注意批评和处罚的艺术,同时还要把执行制度和解决员工的实际问题结合起来。

制度理应严格遵守,可是当出现特殊情况时,应该特殊处理,这样才符合制度的严格与人情关怀的统一,得到广大员工的最广泛的支持。制度的制订应该慎重,事先应该进行必要的调查,征求广大员工的意见,在制度执行初期,还应当观察执行效果,以便进行及时更新和动态管理。

资料来源:辛金,《饭店管理案例》,大连理工大学出版社 2003 年版。

(三)员工手册

员工手册是规定饭店全体员工共同拥有的权利和义务,共同遵守的行为规范的条文文件,是饭店内最带有普遍意义、运用也最为广泛的规章制度,是饭店的"根本大法"。

1. 员工手册的制定依据

(1)根据国家有关的劳动法规。

(2)根据饭店的业务经营特点。如一般工业企业每周工作时间定为 5 天×8 小时,另附加用餐休息时间。但饭店的工作时间与一般企业不同,允许有的时候工作时间可超过 8 小时,甚至长达 16 小时,而且工作时间具有不稳定、不规则的特点。

(3)依据国际惯例。如规定饭店员工出入饭店不能走正门;不能使用客用电梯(饭店设有员工专用通道和工作电梯);工作结束,即下班后应离开饭店而不能留在饭店;等等。

2. 员工手册的基本内容

员工手册的内容因饭店的不同而有所不同,但基本上包括以下内容:

(1)序言。由董事会董事长或饭店总经理代表饭店向员工致欢迎词,对员工进行勉励等,目的是使员工有一种亲切感和被尊重感,以使员工和饭店在感情上融洽。

(2)总则。提出本饭店的性质、规模、设施状况、等级标准、饭店的管理思想、经营宗旨、企业精神以及员工手册的地位和作用等,以使员工对饭店产生信心和归属感。同时提出员工的权利、工作条件、发展前景,以及饭店与员工的关系。

(3)组织管理。提出饭店的组织结构、组织形式、组织原则、管理人员的聘用和任命。

(4)劳动管理。提出有关员工性质类别、招聘和录用、培训、晋升离职、辞退、工作时间、工作餐、工资待遇、退休待遇以及劳动人事方面的其他管理等内容。

(5)职工福利。规定员工的医疗保健、病事假、有薪假期和其他请假制度,以及膳食、津贴、宿舍、学习等其他福利。

(6)店章店规。提出员工须知,包括劳动纪律、考勤制度、安保检查、有关工作证、工作名牌、工作服的使用规定,以及有关员工仪表仪容、个人卫生等方面的要求。

(7)奖惩规定。规定饭店奖惩的等级、各等级奖惩的具体条款、奖惩权限和实施手续。对奖惩的条款和奖惩的方式要具体明确。

(8)安全守则。提出在饭店万一发生各种意外时,员工必须遵守和执行的条款及应尽的义务和责任。

(9)其他有关内容。根据饭店性质及规模要求的不同,提出其他一些有关内容,如职工交通问题、互助会问题、子女教育问题等等。

(10)签署人。这是员工手册最后向每位员工提出的要求。每位员工在学习并认可员工手册所提出的各项条款后,必须签名,交人事部门备案,以便将来对照实施。

资料链接　2002年酒店人福利现状调查报告

法定保险——绝大多数酒店均提供

法定福利主要是国家通过立法强制实施的员工福利保护政策,主要包括社会保险和休假制度。其中社会保险是国家通过立法手段建立的,其特点就是强制性,从本次调查的结果来看,绝大多数酒店都不同程度地为员工提供了法定福利,主要是养老、医疗、失业、生育和工伤这五险。其中养老保险和医疗保险所占比例最大,均为21%,其次是工伤保险和失业保险,分别为19%和17%。在以上提到的五个保险项中,医疗和养老两个险种可以说是比较受关注的。

法定节假——仅15%的酒店人可正常休假

酒店员工能否在法定节假日享受到应得的福利呢?调查显示仅15%的酒店人能够正常休假;85%的酒店人则需要加班,这其中有46%的酒店人是有标准的加班工资,有31%是可以获得调休,而另外8%要加班的酒店人则与日常工作一样,不享受加班费。

酒店补贴——体检最普遍

除了法定福利外,酒店还提供各种各样的企业福利。这些非法定福利主要是指企业自主建立的,为满足员工的生活和工作需要,在工资收入之外向员工本人或其家属提供的一系列福利项目。主要包括货币津贴、实物和服务等形式。其中就补贴这一项,迈点旅游研究院的调查结果可以看出,享受体检补贴在酒店人当中最为普遍,这一项占19%;其次是防暑降温补贴占17%,除此以外还包括一些例如膳食补贴、通信补贴等。

住房——员工宿舍是主要形式

住房分配或廉价租住房是企业提供给员工的一大福利。随着国家推行货币化分房制度的开展，企业改实物分房为货币分房，住房津贴按月随工资发放，建立住房公积金，提供住房低息贷款等成了不少企业为员工提供住房福利的新形式。

那么对于住房，酒店有哪些福利措施呢？调查显示有68%的酒店为员工提供宿舍；28%的酒店人享受住房公积金，其他形式包括住房津贴等。可以看到国内许多酒店都有提供员工宿舍，原因是许多员工都要进行倒班，提供员工宿舍则有益于酒店统一管理，为员工提供了方便。同时当下年轻的酒店工作者承担着较大的购房以及还贷压力，酒店提供住房无疑为他们暂时减轻了一部分负担，有利于这部分员工安心工作。

其他福利——三成酒店人有带薪休假

除了以上提到的一些福利，酒店还会提供哪些福利呢？调查结果显示，有33%的酒店人享有带薪休假；26%的酒店员工有酒店内部优惠；培训福利和旅游福利的各占20%和14%。根据《职工带薪年休假条例》，职工累计工作已满1年不满10年的，年休假5天；已满10年不满20年的，年休假10天；已满20年的，年休假15天。虽然带薪年休假是法定的福利项目之一，但由于酒店工作性质，许多酒店人实际上并不能正常享受到年休假待遇，也没有得到相应的经济补偿。

资料来源：辛金，《饭店管理案例》，大连理工大学出版社2003年版。

第四节　饭店的非正式组织及其管理

一、饭店的非正式组织的概述

(一)非正式组织的概念

非正式组织是指自发的无意识的，行动无规律，仅以感情、习惯、喜爱、相互依赖来满足个人不同的心理需要的群体。

(二)非正式组织的划分

可以从“安全性”和“紧密度”两方面来考察非正式组织的划分。这里所谓“安全性”是与破坏性相对立的，凡是积极的、正面的、有益的活动都是“安全”的，比如满足成员归属感、安全感的需要，增强组织的凝聚力，有益于组织成员的沟通，有助于组织目标的实现等；凡是消极的、反面的、有害的都是“危险”的，比如抵制变革，滋生谣言，操纵群众，使高素质、高绩效员工流失等。所谓“紧密度”，它是与松散性相对立的，凡是有固定成员、有活动计划、有固定领导而小道消息又特别多的，都是“紧密度”高的；相反则是“紧密度”低的。在具体评价中，我们以“安全性”和“紧密度”这两项指标为横向和纵向坐标，做出如图3—5所示的有四个区间的分类。

图3—5中，横轴表示“安全性”，纵轴表示“紧密性”。每项指标分为两段表示其

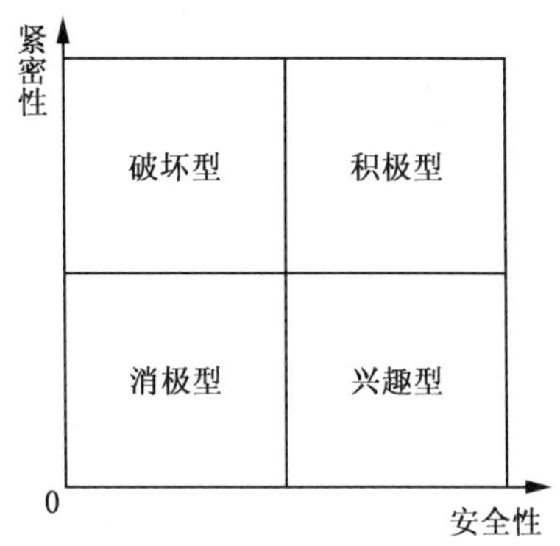

图 3—5　非正式组织的划分

程度，从左下角的原点向右和向上递增，可以把非正式组织分为四种类型：

(1)消极型：既不安全，也不紧密。这种非正式组织是内部没有一个得到全部成员认可的领袖，分为好几个小团体，每一个团体都有一个领袖，同时某些领袖并不认同组织，存在个人利益高于组织利益的思想。

(2)兴趣型：很安全，但不紧密。由于具有共同的兴趣、爱好而自发形成的团体，成员之间自娱自乐。

(3)破坏型：很紧密，但不安全。这种非正式组织形成一股足以和组织抗衡的力量，而且抗衡的目的是出于自身利益，为谋求团体利益而不惜损害组织利益。同时，团体内部成员不接受正式组织的领导，而是听从团体内领袖的命令。

(4)积极型：既积极，又很紧密。一般出现在企业文化良好的企业，员工和企业的命运紧密地联系在一起。比如日本本田公司的 QC 小组，完全是自发成立，员工下班后聚到一起，一边喝咖啡，一边针对今天生产车间出现的生产问题和产品瑕疵畅所欲言，最后通过讨论找出解决问题的方法。

对于企业来讲，虽然一般的非正式组织中很少存在破坏型的，但是如果出现一定的内外部诱因，那么消极型、兴趣型和积极型非正式组织都有可能迅速地转化为破坏型非正式组织。作为组织的管理者需要对组织内存在的诸多非正式组织有一个清晰的界定，它们是属于哪一种类型？它们的领袖是否具备良好的道德素养和职业素质？这些非正式组织中的核心成员有没有属于企业高层领导的，他们是否可以准确地强化自身正式组织的角色？考虑到这些问题，就可以比较好地为监控和处理好非正式组织的“紧密化”和“危险化”奠定基础。

(三)非正式组织的利与弊

非正式对许多管理者而言，常是一个头痛的名词，但它与正式的组织一起，就如一把剪刀的两部分，无论别人喜欢与否，只要有人必然有它的存在。

1. 非正式组织的作用

非正式组织虽有不良的作用，但管理者若能注意其存在并适当地加以运用，亦可产生以下的优良效果：

(1)弥补不足——任意一个正式组织无论其政策与规章定得如何严密，总难巨细无遗，非正式组织可与正式组织相辅相成，弥补正式组织的不足。

(2)协助管理——正式组织若能得到非正式组织的支持，则可提高工作效率而促进任务的完成。

(3)加强沟通——非正式组织可使员工在受到挫折或遭遇困难时，有一个发泄的通道，而获得社会的安慰与满足。

(4)纠正管理——非正式组织可促使管理者，对某些问题做合理的处置，起到制衡的作用。

2. 非正式组织的危害

非正式组织在管理上可能产生的危害有四个：

(1)抵制变革——非正式组织往往变成一种力量，刺激人们产生抵制革新的心理。

(2)滋生谣言——谣言在非正式组织中，极易牵强附会，以讹传讹信以为真。

(3)阻碍努力——工作人员在其工作上特别尽力，必受到非正式组织中其他成员的嫉妒，因此使人不敢过分努力。

(4)操纵群众——有些人员居然成了非正式组织的领袖后，常利用其地位，对群众施以压力从中操纵，容易在企业不景气的时候造成员工的流失率升高。

二、饭店的非正式组织的管理

(一)紧急应对

1. 谋求与非正式组织领袖的合作

非正式组织中的领袖人物集中体现了非正式组织成员的共同价值观和共同志趣，他们往往凭借自身的技术专长和个人魅力在非正式组织中享有很高的威望和影响力。有时他们的实际影响力甚至远远超过那些正式组织任命的管理者。他们的思想和行动直接影响着非正式组织的思想和行动。因此，当非正式组织出现“紧密化”、“危险化”时，管理者应对非正式组织中的领袖的影响给予高度重视，积极谋求与他们在各个层面上进行有效沟通，并在理性和合作的基础上解决危机。

2. 迅速建立通畅的正式沟通渠道

非正式沟通往往是由于缺乏正式的信息沟通才产生的，并且由于非正式沟通的不规范性和不权威性，经常会引起信息的失真。当通过这种非正式的渠道所传递的信息严重失真，并引起组织内部的人心涣散、惶恐时，它就会对组织造成极大的危害。为此，作为管理者，当面对危机时，首先应致力于迅速在组织内部建立起权威的、正式的信息沟通渠道。当组织内的员工对组织的任何情况产生疑问时，有一个合法的渠道获取真实的信息，这样就能把非正式沟通给企业所带来的损失减少到最低限度。

3. 迅速采取内部公关政策

当企业出现非正式组织“紧密化”“危险化”，并与企业管理层对抗时，管理者首先要进行自我检讨，是否自身确实做出了严重危及员工利益的决定，还是企业在运作过程中不得不临时采取的措施，或是由于某些心怀不轨的员工在操纵其他员工。如果确实是由于管理层疏忽而危及员工利益，管理者应该迅速调整政策。如果是不得已的临时措施，或是有人在蛊惑人心，那么管理者可以利用企业的公共场所，进行坦诚、公开的交流，以取得广大员工的信任。同时运用企业中的舆论工具、媒体、事件等，对非正式组织群体成员的共同意见进行有计划、有目的引导，循序渐进地使非正式组织成员的意见与企业的组织目标相一致。

4. 坚决清除极具破坏性的人物

一般而言，当非正式组织“紧密化”“危险化”时一定伴随着某一些或某个人，他们在整个事件过程中起到了最大的推动和蛊惑作用，如果他们抱着极端的个人主义，违背组织原则，严重阻碍组织的发展，损害组织和组织内其他成员的利益，或者在非正式组织内传播谣言，煽风点火，蛊惑人心。对于这类害群之马，在进行说服改造无效的情况下，要坚决予以开除，使其接受应有的惩罚。这样做的目的不仅是为组织除去隐患，而且可以起到杀一儆百的作用，使怀着同样目的的人不敢造次。但是在采取这样的措施时，务必向非正式组织中的成员澄清事实，以免引起非正式组织成员的误解，造成人心动荡。

5. 工作调动

必要时把非正式组织的核心员工调离原来的岗位，减弱非正式组织的影响，使非正式组织由紧密型向松散型演变。

(二)长远之策

1. 监控非正式组织

由于非正式组织的形式多样，且它们内部和相互之间的关系在不断发展变化。对于组织的管理者来说必须能够清晰地描述出正式组织内存在哪些非正式组织？它们的领袖是谁？管理人员必须及时对非正式组织进行监控，掌握其发展方向，才能扬长避短，管理好非正式组织。

2. 工作团队小型化

在组织设计时，可以考虑将较少的人数组成一组，一般 3～10 人左右，因为小团体可以使人产生较强的归属感，也容易具有较高的个人成就感。如果一个部门多到

40人就必然会形成各自的小团体。这种非正式组织之间可能会产生各种摩擦，不利于工作效率的提高和良好工作氛围的保持。但如果能把该部门编为6至7个小单位，他们的社会需要与工作需要就可以合二为一；如果在编组时能按自愿的原则，则必将有助于小组树立集体观念，有利于形成相互协助的工作团队。

组合正式群体时，要最大限度地顾及人们的志向、爱好、能力结构、个性特点等因素，使员工获得最佳的心理环境。如近几年来，在一些组织中推行了聘用制、自由组合等，这种新的劳动组合实际上就是使正式群体和非正式群体在结构上趋于一致，让广大员工处在一种"亲近"的人际关系之中工作。这不仅可以减少非正式群体产生的可能性，而且还可以削弱非正式群体的消极作用。

3. 消除同质化

非正式组织的根源就在于同质化，比如相似的经历、学历、年龄，相似的背景、价值观，来自同一个城市、同一所大学等等，这是非正式组织存在和发展的基础。同质化使得员工在压力之下或者利益的驱动下能更快地取得一致，从而为非正式组织的紧密化提供良好的条件。所以尽量保持员工的多样化、差异化是最容易达到效果的方法。

对于管理者来说，可以从两个方面达到消除员工同质化。首先，在招聘的时候，一方面要根据目前企业内现有员工的状况以及非正式组织的情况来制定招聘规划，尤其注意不能增强现有非正式组织的力量，另一方面在招聘过程中也要注意不能在同一个区域或同一所学校招聘到占一定比例的员工；其次，在用人制度上要引进市场的竞争机制，保持员工一定比例的流动性，这样就能很容易地抑制非正式组织的力量。

4. 改善正式沟通渠道

当一个组织缺乏必要的正式沟通或正式沟通的渠道不畅时，非正式沟通便会盛行。因为人们总是对不了解的事情有着强烈的好奇心。所以，在真实的信息被传达之前或是不被传达时，非正式沟通的信息便替代了真相。要排除非正式沟通的干扰，就必须重视正式沟通。要及时地在上下级之间、各部门之间进行正式沟通，尤其是那些与广大组织成员密切相关的事情。要尽可能地使决策公开化、透明化，使组织中的每一个人有主人翁的感觉，觉得自己是集体中的一员。同时，注意保持沟通渠道的畅通，确保信息准确无误被传递到信息的接受方。

5. 引导非正式沟通

考虑到非正式沟通对缓解工作压力，增进人际关系的作用，企业管理者可以适当地考虑更多的创造机会，在组织内部正确引导非正式沟通渠道，从而使上下级之间、同级之间，有更多的机会了解、沟通，最终使组织能够健康发展。可以组织活动，为非正式组织群体成员提供沟通机会，如各种舞会、联欢会、恳谈会等，举办各种专栏、有奖征文,开展合理化建议、体育比赛等等,对他们的观点进行潜移默化,逐渐使其接近或相同于企业的观点。在这样的场合,员工会有更多的机会接触到企业内部不同部门之间的员工,从而建立起更庞大、更复杂的非正式沟通网络,在必要的时候进行更迅速、更快捷的信息沟通。

6. 培养团队协作型文化

非正式组织与正式组织之间的冲突本质上是两种文化之间的冲突,是正式组织文化与非正式组织的亚文化之间的冲突。因而,从长远来看,要通过培养团队协作型文化来引导非正式组织的正确发展方向。培育团队协作型企业文化,是构建基于高度信任的企业人际关系的关键,企业应在员工中培育其共同的理想和价值观念,从而使员工对企业有认同感、归属感,增强企业的凝聚力;企业应通过采取各种激励措施,满足员工的物质和精神心理需要,使员工与企业之间结成命运共同体;企业还应加强企业道德建设,并建立和完善企业内部的各项规章制度,通过企业道德的力量和制度规范来约束员工的行为,增强员工之间的互信和合作机制,从而建立超强文化型企业,加强企业信息的沟通,使非正式组织的消极作用消弭于无形。

7. 管理者施加影响

管理者要能平易近人、保持平和、虚心的态度,主动与员工接触,尽可能地参与非正式组织的活动,以消除员工对管理者的顾虑和防备,这样才能更容易加入到"非正式组织"中。当管理人员成为非正式组织的成员,可以通过施展他们的个人影响,逐渐使非正式组织的行为和利益与正式组织管理目标保持一致。更好地发挥非正式组织的积极作用,遏制消极作用的产生。

总而言之,管理者需要最终在企业内部建立起一种新型的正式组织结构关系,在这种新的组织结构关系中应该更加关注组织的人性化特征和社会成员的个体利益,并进一步增强灵活性。这是最大限度消除非正式组织消极影响的根本之道。

本章小结

现代饭店企业组织,就是为实现饭店经营管理目标,由许多相互联系、彼此合作的部门和人员共同形成的一个有机整体。一个饭店是否成功,很大程度上取决于饭店能否合理地组织它的人力、物力和财力等资源。在组织良好的饭店企业里,有效的工作和合适的员工被分配到相应的部门,各个部门都有明确、合理的工作量安排,以保证人力资源充分得到合理的使用。各种工作之间充分协调,使每个员工都能够为了企业的总目标而发挥作用。相反,在组织混乱的饭店企业里,必然会出现有的员工疲于奔命,而有的却无所事事的现象。各部门之间的工作由于得不到协调,致使各方的努力相互抵消,工作效率低下。总之,饭店企业必须要有组织,其组织管理必须科学合理地开展，这样才能有效地协助管理者完成饭店企业目标。

知识结构图

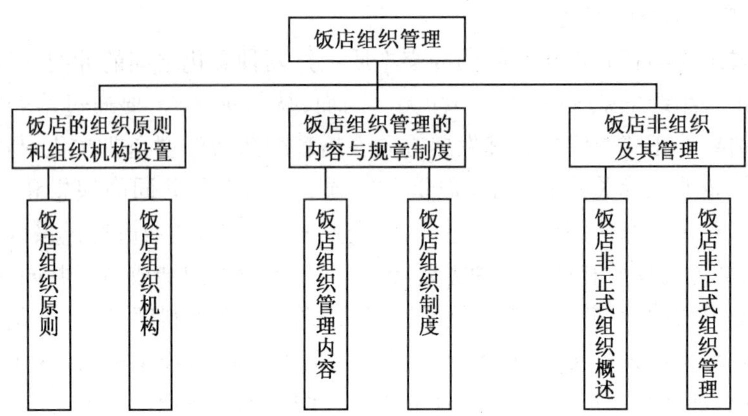

案例研究

案例一

小张的困惑

小张是某五星级商务饭店的服务生。某日，该饭店接待了一个非常重要的大型国际会议。小张的领班孙某在晚餐之前进行了详细的接待计划安排。原本从事用餐服务的小张被领班安排和小王合作在餐厅的入口处做领座员（原本是小王一人当班），餐饮总监也在现场作指导。可是就在就餐高峰之前，餐饮总监发现包厢准备还不到位，临时让小张去该包厢做好卫生及相关准备工作。小张见是餐饮总监的命令，不敢怠慢。当小张准备完包厢回到餐厅入口时，客流量已经很大了，小王一人无法应付，导致有少许客人不满。领班对小张擅自离开岗位给予了严厉的批评，并称事后将追究相应责任。小张觉得很冤枉：自己是被餐饮总监临时调用的，并不是擅自离岗。因此，领班的批评让他觉得委屈。

问题：

1. 你能帮小张解开困惑吗？

2. 你觉得在这次事件中，餐饮总监和领班谁对谁错？小张是否应该执行餐饮总监的临时调用？为什么？

案例二

香港饭店管理与服务理念

一、2 分钟的误差被纠正

中国香港的饭店有一整套严格的管理制度。如换休，如果有特殊情况，允许换休。但事先需双方写出申请，填调休单。经部门经理同意后，方可调休。员工不允许串岗，不得进入客房或其他经营点，如有特殊情况需要进入，必须经大堂经理批准，否则视为违纪，等等。

中国香港饭店工作程序也非常严格。据在行李部实习的学员介绍，在行李部几乎每做一件事都要登记、签名。送客人进房时，必须记下客人房号、行李件数、时间。如果为客人叫了出租车，还需将车号记下，最后签上自己的名字。为客人寄存行李、送留客等必须登记，而且执行起来很严格。一次，一个学员在行李登记上的时间与实际时间相差 2 分钟，也被行李主管指出，责令加以纠正。

二、"上班不能干私活，要干私事就不用上班"

中国香港员工的敬业精神值得称道，饭店经常加班，没有任何一个员工发牢骚、说怪话，或推诿不干。从没人计较个人得失，总是以工作为重，认真负责地把工作干完，没有干完决不会擅自离岗位。客房每个领班一天要检查 88 个房间，有的多达 98 间，员工不需要领班重复任务、多说一句话，自己的事都知道怎样去做，决不会拖拉，而且力求做好。

一位中国香港员工请一位同事代他上两小时班，同事马上答应了。但当该员工向主管请假时，主管认为理由不充分，并说同事下了班即应回去休息，不予准假。那员工欲做解释，主管严厉地说道："不要再解释了，继续上班。"那位员工便立即回到岗位上，没有流露出丝毫的不高兴。下班后他们两人很亲热地一块吃夜宵、喝酒、猜拳。第二天上班时，站到各自的岗位上，又是那么严肃、认真。中国香港员工对所从事的职业非常认真，干一行爱一行。他们常说："上班不能干私事，要干私事就不用上班。"

某餐厅因生意火爆，餐位不够，就用纸箱搭了一些餐台。由于固体燃料滑落，纸箱着火，发生火警，而当天经理休息不上班，但作为部门负责人对安全负有不可推卸的责任，为此受到了引咎辞职的处理。中国香港饭店的管理就这样责任分明，该谁负责就由谁负责，从不互相推诿。

问题：

1. 在饭店管理中怎样才能做到责权分明？
2. 饭店制度对饭店的经营管理具有怎样的作用？

实训练习

1. 选取本市一家三星级以上饭店，了解其组织结构。并深入思考目前的结构有何弊端，应如何应对弊端引发的问题。

目的：通过调查研究，了解饭店组织的特点，进而能够更深入地了解饭店组织构成。

要求：要画出详细的组织结构图，结合饭店的特点分析组织结构的优缺点。

2. 学生分组到饭店进行非正式组织问卷调查，分析饭店非正式组织的形态、性质、紧密度等特征。

目的：通过实践验证饭店中非正式组织的客观存在，认识饭店中非正式组织的特征，寻求管理方法。

要求：广泛查找资料，自行设计问卷调查，分组调查，样本选择尽量要具有代表性。

复习思考

1. 简述饭店组织设计原则。
2. 饭店组织管理内容是什么？
3. 总经理负责制的基本含义是什么？
4. 职工代表大会具有哪些权力？
5. 饭店制度包括哪几个方面？
6. 简述员工手册的作用。
7. 我们对待饭店非正式组织的态度应该怎样？

第四章

饭店人力资源管理

能力目标

- 能正确认识人力资源管理对饭店的意义；
- 培养学生人际交往能力和实践能力；
- 提高学生的沟通技能，以适应社会。

知识目标

- 了解饭店人力资源管理的概念、特点、目标和内容；
- 熟悉饭店员工招聘与录用的途径和程序；
- 掌握饭店员工培训的内容、方式和科学用人的原则；
- 熟悉饭店员工考核的内容、方法和奖惩形式。

课程导入

鲶鱼效应

挪威人喜欢吃沙丁鱼，尤其爱买活鲜的，鲜鱼的卖价比死鱼高好几倍。渔民们在海上捕得沙丁鱼后，都想让其活着抵港，但只有一条渔船能成功地带活鱼回港。该船的船长一直严守成功的秘密，直到他死后，人们打开他的鱼槽，才发现只不过是多了一条鲶鱼。原来，当鲶鱼装入鱼槽后，由于环境陌生，就会四处游动，而沙丁鱼发现这一异己分子后，也会紧张起来，只好跟着鲶鱼一起游动，这样就避免了沙丁鱼因窒息而死亡。如此一来，沙丁鱼便能活着抵达港口。这就是所谓的“鲶鱼效应”。

“鲶鱼效应”常常被引用到经济活动中去，并逐步演变为一种竞争机制。作为一种竞争机制，“鲶鱼效应”在组织人力资源管理上，能充分发挥两大作用。一是带动作用。因为那些“鲶鱼”有着较高的个人素质、较强的业务能力和较强的个人感召力,周围的人群总是在关注着他们,不管他们手中有没有权力,他们的积极性、主动性都会通过言行去影响和感化周围的人群,使周围的人群在不知不觉中能够仿效并追随。二是刺激作用。"鲶鱼"的活动能力会打破现有的平衡,会给周围的人群带来压力,会刺激周围人群的自尊心,在"你能我也能"的强烈意识支配下,引导得当,则会出现"比、学、赶、超"的良好局面。因此,饭店每年都应对一些岗位的人力资源重新进行配置,特别是对长期固定做同样工作的员工,要适时地在"沙丁鱼"群里,放进一些"鲶鱼"。

当然,如何准确地判断"鲶鱼",饭店何时需要"鲶鱼",引进"鲶鱼"后会给饭店带来哪些影响,这些都是饭店人力资源管理的重要问题。

资料来源:http://www.51glw.com/,《鲶鱼效应为饭店人力资源管理出思路》,饭店人事。

第一节　饭店人力资源管理概述

一、饭店人力资源管理的含义

(一)饭店人力资源管理的概念

饭店人力资源管理就是恰当地运用现代管理学中的计划、组织、指挥、协调、控制等职能,对饭店的人力资源进行有效的开发、利用和激励,使其得到最优化的组合和积极性的最大限度发挥的一种全面管理。

因此,人力资源管理不同于传统的人事管理。人事管理的概念源于第二次世界大战后的美国,传统的饭店人事管理是封闭式的管理,很少涉及饭店整体战略决策,只强调人事计划、人事控制、人员配备、用人方式,很少重视职工的培养和开发,轻视职工个性,限制了职工发展,把人事管理看作是成本管理,把降低人力成本称为人事管理的重要目标之一。传统人事管理主要是事务型管理,把职工的管理作为一项任务来完成,管理方法着重于行政方面,用行政命令对待职工的要求,使其服从于现状。而现代饭店人力资源管理则体现以人为本的管理思想,把职工作为一种重要资源进行合理配置,高度重视人力资源开发,采取切实可行的激励措施和职业培训,应用一切科学管理和激励手段发挥职工的积极性,重视职工福利,发挥职工的主动性和创造性,建立良好的工作环境以提高企业经营效果。

资料链接　　美国西南航空公司的面试

美国西南航空公司在早年航空业蓬勃发展的时候,给全世界创造了几十种类型的职位，包括飞行员、飞机维修师、研发人员、空中小姐、空中少爷以及地勤人员。西南航空是一个非常有名的公司，因此世界各地的应聘信就雪片似的寄往航空公司。那么，西南航空是怎么处理这些应聘信呢？

公司首先筛掉了基本技能不符合要求的人，剩下的凡跟职位有点相关的人，他们都要进行初次的面试。

面试的过程是这样的：首先，他们把参加面试的应聘者每 20 人分为一组，让他们都坐在会议室里，然后让每个人排着队到前面来演讲三分钟，主要讲述你叫什么名字，应聘什么职位，为什么能应聘这个职位，只讲三分钟，时间一到就换人。这样，20 个人的面试，一个小时就结束了。

面对这个问题，很多人都认为是在看演讲者的口头表达能力、逻辑思维能力、仪表仪态方面的基本表现，同时通过他的演讲可以观察出这个人对自己是不是有期望，如果有，那对他自身的发展很有利，也就能和公司达成一致的目标。

其实，西南航空公司的主考官看的是当别人在上面演讲的时候，其他应聘者正在干什么。因为西南航空公司强调的是客户服务意识，所以那些来回溜达、接电话、看报纸、写自己的东西、跟别人交头接耳、轻蔑之色溢于言表的人在初次面试时就被淘汰了。

那么，什么样的人能够成功地进入第二轮面试呢？是那些注重倾听别人讲话，懂得尊重他人的人。

其实在面试中，主考官有时候是"醉翁之意不在酒"，其"意"候选人并不知道。面试中很有名的一个做法叫声东击西，就是表面上好像看的是这个方面，实际上看的是另外一个方面，这个案例就是典型的声东击西。候选人在这儿讲三分钟，而主考官根本不看演讲者，他看的是底下坐着的人，看他们正在干什么。

西南航空公司有一句很有名的话："我们的成本优势可以被超过，我们的飞机和航线也可以被模仿，但是我们为我们的客户服务感到骄傲，这是没有人能够模仿得出来的。通过有效的招聘，我们为公司节省了费用，并且达到生产率和顾客服务的更高水平。"

正是由于这种客户服务意识，西南航空公司在当时市场特别低迷的情况下，它的运营成本是每英里 7 美分，是全行业里最低的，而且在 1994 年的时候，它获得了美国运输部颁发的奖章，以表彰它的飞行准时、行李处理的及时和最少的客户投诉。它取得的这个业绩是因为它招对了人！

资料来源：张晓彤，《如何选、育、留、用人才》。

(二)饭店人力资源管理的特点

1. 程序化

现代饭店人力资源管理是一种动态管理，在这一动态管理活动中已经形成了比较成熟的工作流程，主要内容包括计划、招聘、培训、考核、激励等重点作业环节。

2. 全员化

人力资源管理的全员化，一方面是指要对饭店各类人员进行全员培训与考核，另一方面是指各级管理人员都要对下属进行有效督导和科学管理。因此，现代饭店人力资源管理决不仅仅是人力资源部门的专项工作，而且是全体管理人员的日常工作之一。

3. 系统化

人力资源管理作为一个管理系统，是由录用系统、培训系统、使用系统、考核系统、奖惩系统、离退休系统等子系统组成的，每个子系统中都包含着非常具体的工作内容。

4. 科学化

标准化、制度化和定量化是饭店人力资源管理科学化的具体表现。标准化是指招聘录用员工要有素质条件标准，岗位培训要有合格条件，服务工作有质量标准；制度化是指人力资源管理必须有严格的规章制度为保障，使招聘录用、考核、选拔等工作顺利进行；定量化是指岗位有合格的定员，工作有具体可行的定额，业绩考核有科学的数量依据等。

二、饭店对人力资源的基本要求

饭店产品是服务产品，其产品的特殊性对饭店的从业人员提出了较高的要求。一方面，饭店从业人员必须树立正确的工作观念，用以指导自己的行为；另一方面，饭店从业人员还应具备良好的素质修养，力求提供完美无缺的服务。饭店从业人员应具备的基本素质主要有以下几点：

(一)基本的工作观念

观念作为一种意识，是通过具体行为加以体现的。客人能否感受到宾至如归、优质服务、物有所值，关键在于饭店从业人员是否树立了正确的工作观念，是否真正用其指导自己的行为。作为饭店从业人员，应具备以下几种观念：

1. 商品观念

饭店行为是一种企业行为。饭店耗费各种劳动和原料，生产能满足客人需要的住宿、餐饮和娱乐等饭店产品。饭店产品具有商品的一般特征，具有使用价值和价值，同时作为服务产品，饭店产品又是一种特殊商品，其特殊性就在于这一商品是有形产品和无形服务的组合。有形产品是看得见的、客人直接享用的实物；无形服务是服务人员为客人提供的劳务服务。饭店产品在其生产、交换、消费过程中有其自身的特殊性，饭店从业人员必须充分认识到这一点。

商品观念是饭店从业人员应树立的首要工作观念，它是树立其他一切观念的基础。

2. 市场观念

商品的出现必然导致市场的产生。在市场经济中，饭店只有遵循市场规律，积极参与市场竞争，才能在竞争中求生存、求发展。因此，饭店从业人员必须树立正确的市场观念：以市场为经营决策的依据，产品不断推陈出新，重视全员促销，增强竞争意识。

3. 服务观念

现代营销理论告诉我们，产品的构思、设计、生产、提供和评估都要以客人的需求为依据。服务是饭店的主要产品，向客人提供满意的服务是饭店开展一切工作的生命线。饭店从业人员必须树立正确全面的服务观念：尊重自我，尊重客人；宾客至上，服务第一；来者都是客，一视同仁；对饭店管理者而言，要树立双重服务的观念。

4. 质量观念

饭店出售的是以服务为主的产品，其质量的优劣维系着饭店的生命，从长远利益来看，只有以优质的服务作为保证，饭店才有信誉、有市场、有效益，这就需要饭店从业人员树立牢固的质量观念。

5. 效益观念

现代饭店的最基本任务之一是追求最大化的销售额，提高经济效益，为饭店积累资金，为员工创造较高的工资福利待遇。饭店的经济效益表现在有效成果与各种消耗的比值上，饭店从业人员应从效益观念出发，努力增加有效成果，降低消耗。树立效益观念还应时刻注意饭店的社会效益，生产能满足社会需要的饭店产品。作为社会的一员，饭店还应关心社会的发展，自觉维护社会的整体利益，为人类社会的发展做出应有的贡献。

(二)思想道德素质

在任何国家，无论社会发展到哪个阶段，人的思想道德素质总是处于最重要的地位，饭店业同样如此。饭店从业人员必须具备的思想道德素质主要表现在以下几个方面。

1. 坚定的爱国主义精神

2. 优秀的道德品质

3. 高尚的情操

4. 强烈的事业心

5. 遵纪守法

(三)业务素质

1. 丰富的文化知识

饭店工作是一项劳动密集型的服务工作，优质的饭店服务工作同时还是一项知识密集型、高智能型的工作。这是因为饭店接待来自世界各国的客人，客人的兴趣爱好、工作特点、风俗习惯、宗教禁忌等使他们有着不同的需求，也使得饭店的服务工作更加复杂化。为满足客人的各种需求，提供主动周到的服务，饭店从业人员必须有丰富的文化知识，如语言知识、政策法规知识、社会知识、国际知识和心理学知识等等，这就要求其在平时要勤学好问，注意知识的积累与运用。

2. 良好的礼貌修养

良好的礼貌修养是促使人际关系和谐的润滑剂，在饭店这种提供面对面服务的行业中，礼貌修养已融合在服务人员向客人提供的饭店产品中，成为饭店产品的一部分，在客人评判饭店产品的质量时起着重要的作用。

在礼貌修养方面应具备的基本素质有：遵守社会公德、遵时守信、真诚谦虚、理解宽容、互尊互助。

3. 全面的服务技能

由于分工不同，每一个工种所需掌握的专业服务技能也有所不同。从全体饭店从业人员的角度出发，饭店从业人员应具有的几种普遍性的服务技能有交际能力、应变能力、观察能力、记忆能力、推销能力等。

(四)心理素质

饭店从业人员应具备的心理素质，通常包括吃苦耐劳、任劳任怨、能承受委屈和心理疲劳、果断处事以及宽容他人、不畏艰难、开朗进取等。

饭店从业人员绝大部分时间都要同人打交道，相互发生误解的机会很多，这要求服务人员必须具备善于忍耐、宽容他人的心理素质。

饭店工作都很琐碎，容易惹人厌烦，感到心理疲劳，而工作要求又如此之高，因此服务人员必须努力克服厌烦情绪。

饭店的服务对象是人，要求从业人员必须具备开朗、外向、热情的性格。

三、饭店人力资源管理的目标

管理是一种通过人去做好各项工作的艺术，饭店管理以人为本，饭店人力资源管理的目标是：

1. 造就一支专业化的员工队伍

饭店要正常运转并取得良好的经济效益和社会效益，不仅要有与饭店各个岗位相适应的员工数量，而且这些员工的素质要符合饭店业务经营的需要。任何一家饭店要想在竞争中取胜，就必须重视造就一支专业化的员工队伍。而专业化的员工队伍不是自发形成的，必须通过管理者有意识的挑选、培养和激励，即进行人力资源开发与管理，并经过一定时间的熏陶和锻炼才能逐渐形成。

首先，饭店管理者要根据饭店的特点和经营发展的需要，精心挑选适合且乐于从事此项工作的员工。其次，要加强对员工的培训和提高，不仅要进行业务技能的培训，更要培养员工的饭店服务意识和职业自豪感。再次，管理者还应通过科学的管理和有效的激励，激发员工的工作热情，最终形成一支高素质的专业化员工队伍。

2. 形成最佳的员工组合

一支优秀的员工队伍，必须通过科学的配置，才能形成最佳的人员组合，即每个人的行为协调一致，形成合力，共同完成饭店规定的目标。否则，即使员工非常优秀，也未必能够保证取得好的成效。因此，在饭店经营管理活动中，管理者应制定明确的岗位职责、并使每个员工权责相当，能够各尽所能，形成最大的工作效能，进而形成一个有序、高效的饭店组织。

3. 创造良好的人事环境，充分调动员工的积极性

饭店人力资源管理的最终目标就是充分调动员工的积极性，也就是通过各种有效激励措施，发挥最佳的群体效应，创造一个良好的人事环境，使员工安心工作，乐于工作，最大限度地发挥员工的积极性和创造性。为达到这一目标，饭店需要建立一套科学的人力资源管理体系，包括招聘员工的程序和方法、培训制度以及优化结构、发挥最佳群体效应的措施等。

资料链接　　人的潜能到底有多大?

人的潜能是非常巨大的，人之所以被称之为资源就是因为他有着不可估量的潜在能力，而如何把人的这种潜力挖掘出来则是人力资源开发的热点问题。通常企业会运用激励这一手段，把员工的内在能力不断地开发出来。有句谚语说得好，“赞美能使傻瓜变天才”。美国哈佛大学教授 William James 研究发现，在缺乏激励的环境中，按时计酬时，人的潜力只能发挥20%～30%，仅能保住饭碗即止，但在良好的激励环境中，同样的人却可发挥出潜能的80%以上。这表明了激励的重要作用。苏联心理学家曾对人的大脑潜能进行过研究，结果表明：一般人只使用了它思维能力的很小一部分。如果一个人能使大脑发挥一半的能力，他就能迅速学会40种语言，熟记《苏联大百科全书》的所有条目内容，并学完10所大学的课程。在体力方面，研究表明：人体器官和结构能够经受10倍于日常生活中的负荷。因此，员工的潜能是饭店的一笔巨大财富，而这笔财富就掌握在饭店管理者手中。饭店管理者如果能充分调动员工的积极性，发挥员工的潜能，将极大地提高饭店的服务质量和劳动生产率，改善饭店的形象，提高饭店的

竞争力,为饭店创造更大的利润。

资料来源:韩晓莉,《人的管理》,中国人力资源网,2004 年 6 月 23 日。

四、饭店人力资源管理的内容

饭店人力资源管理的主要内容包括饭店人力资源计划的制定、招聘与录用、教育与培训以及考核与激励等方面的内容。具体地说,有以下几个方面。

(一)饭店人力资源计划的制定

饭店的人力资源计划与饭店整体的经营管理计划是紧密相连的,通常只有当饭店确定了经营管理目标和计划后,才制定饭店的人力资源计划,从人力资源方面保证饭店经营管理计划的顺利实施。

制定人力资源计划,首先,要根据饭店的组织结构和未来经营趋势,对饭店所需人力资源进行需求预测;其次,分析饭店内外人力资源的供应情况,进行人力资源的供应预测;再次,对需求预测和供应预测进行分析,便可确定饭店对人力资源的实际需要;最后,制定出一个具体的人力资源计划。

(二)员工的招聘与录用

招聘与录用是根据人力资源计划、饭店的经营目标和相关政策,制定出一套筛选的方法和程序,从而判断应聘者是否符合该项工作的要求。招聘与录用的最终目的是将合适的员工放在合适的工作岗位上。因此,饭店招聘并不局限于向饭店外部招聘员工,饭店还可以在其内部对符合要求的在职员工进行提升和内部调动,即内部招聘。

(三)员工的教育与培训

为使每位员工都能胜任其所担任的工作,并以最快速度适应饭店的工作环境,饭店必须对员工不断地进行培训。通常对操作层的员工侧重于技能方面的培训,而对于管理者,则侧重分析问题、解决问题的管理能力方面的培训。培训方式通常有店内培训、外出进修、考察等。

(四)建立完整的考核奖惩体系

考核是对员工完成工作目标或执行饭店各项规定的实际情况进行考查、评估,是奖惩的依据。科学合理的考核、奖惩体系给员工指出了努力的方向,可以加强员工趋向组织目标的积极性,又是饭店人力资源管理效能的反馈。

(五)建立良好的薪酬福利制度

饭店的薪酬福利制度是饭店人力资源管理的重要内容,因为,它不仅直接涉及饭店的费用支出,而且直接影响到员工工作积极性调动与发挥的程度。甚至,在很多员工看来,没有比薪酬福利更重要的问题了。因为它除了是员工生活的保障外,还是员工社会地位和资历以及自身价值的具体体现,同时也意味着饭店对员工劳动价值的认同程度。所以,饭店应根据自身情况,选择适当的工资形式,实行合理的奖励和津贴制度,为员工提供劳动保险等福利待遇。通过建立良好的薪酬福利制度,激励员工努力工作。

(六)培养高素质管理者

饭店管理者的素质及工作能力对饭店员工积极性的调动也有重要影响。只有高素质的管理者,才有可能对员工进行有效的激励,保证饭店的正常运转。因为他们掌握能进行有效激励的科学的领导艺术和沟通技巧,并善于通过培养企业文化、团队精神等来增强饭店凝聚力,激发员工的工作热情,使之乐于奉献,最终提高饭店的经济效益和社会效益。

资料链接　　饭店管理人员的跳槽现象

中国饭店业市场化,给饭店带来的一个重要的变化就是饭店业人才流动的频繁和加剧。人们把员工,特别是管理人员流动称之为跳槽。如今,跳槽似乎成为一种时尚和自我价值的实现方式,愈演愈烈。许多经营者发出了"人才咋就留不住"的困惑和无奈。跳槽成为困扰经营者的一个难题。

饭店作为劳动密集型产业,人员流动高于其他行业是正常的。人们一直认为正常的饭店人员流动在10%~15%。根据中国旅游协会人力资源开发培训中心对国内23个城市部分星级饭店的调查统计,近5年员工流动率最低在22.56%,最高在25.645%,平均为23.95%。饭店人员流动比例居高不下,是由多方面原因造成的。有员工的直接动机、有饭店管理上的原因,也有社会观念和市场变化的间接原因。既然人员流动是市场经济的产物,那么就有利有弊。跳槽的弊端造成的损失和不良影响是显而易见的,许多管理者对此深恶痛绝。人们普遍认为,高比例人员流动造成的消极作用有以下几点。

第一,经营费用增加。由于人员流动大,饭店培训费用和工资成本普遍增加。

第二,服务质量和效率不稳定。人员的高比例流动,骨干不断的流失,使饭店服务质量和效率下降。一般新员工上岗经过半年后才能熟练。如果是中层管理人员的流失,在服务质量上造成的影响就更大。

第三，客源流失。员工跳槽，给饭店造成损失最大的往往是销售人员。销售人员跳槽往往会带走客户资料，因而也就把一些客户带走了。

第四，影响团队的积极性和稳定性。少数员工跳槽往往影响饭店员工队伍的整体稳定，特别是中层干部跳槽影响更大，往往会造成相关人员的流动。

其"利"的一面也是不可忽视的，表现在以下几个方面。

其一，为饭店选拔人才提供了资源。正是大量的人才流动，为饭店挑选人才提供了方便，提供了充分的资源。

其二，跳槽有利于人才开发和有效利用。每一个流动的人都是智力和能力的一次开发和提升，当进入一家新的饭店后，要踢开头三脚，必须学会掌握新的知识、开发自己的潜能、提高自己的水平。

其三，跳槽为饭店人力资源管理创新提出了新课题，现代饭店必须按照市场经济要求，摒弃与市场经济不相适的做法，建立新的人力资源管理办法，吸引人才、留住人才、最大限度地发挥人才的创造性。

饭店人才的流动是市场经济的产物，是客观存在的。我们要做的是适应人才流动，研究人员流动的规律和特点，总结和探索市场经济体制下的人力资源管理方法，趋利避害，限制其消极作用，发挥其积极作用。

其一，饭店人力资源管理在思想上要从过去以我为中心——我雇你、我炒你、我命令你，转变为以我们为中心——我们合作、我们互利、我们双向选择。

其二，文化留人。加强企业文化建设，建立企业和员工共同的价值观，有了共同的价值观，有利于留住人才。

其三，事业留人、待遇留人、感情留人。美国管理学家马斯洛的"需要层次理论"把人的需求从低级到高级分为五个层次：生理需要、安全需要、社交需要、尊重需要、自我实现的需要。人们对人才流动所作的调查显示，为实现自身发展需要占大多数。因此，更重要的是重视人才、关心人才、尊重人才，为他们实现自身价值提供发展空间，同时要关心人才的物质利益，要和他们建立深厚的感情。

其四，干部配备要适应人才流动。在人事管理上，一个部门不能只配备一名有才干的领导，要储备干部。这样既有利于干部之间的相互竞争，努力提高自己，又能在出现人才流动时主动应对。

其五，建立合理的制约措施。饭店对于自己投资培养的人才，可以用合同的方式约定合理的服务期限。对于商业秘密、客户源的管理可以通过制约措施、规章制度加以管理。出现问题时通过法律手段得到合理解决，避免人才流动给饭店造成的损失。

总之，采取积极的应对措施、发挥人才流动的积极作用，就能使饭店充满生机和活力，在竞争中立于不败之地。

资料来源：http://www.51glw.com/，《中国饭店人跳槽分析》。

第二节　饭店人力资源的招聘与选用

一、制订饭店员工的招收计划

饭店的经营管理活动能否正常进行，饭店能否为宾客提供高质量的服务，取决于饭店员工的素质。而饭店员工素质的高低，又与饭店员工的招收、培训等方面息息相关，而把好员工招收的第一关尤为重要，饭店在招收员工之前，首先要制定科学合理的员工招收计划。要制定科学的员工招用计划，做好员工招用工作，首先必须掌握人力资源的供求状况，以便正确制定员工的招用标准和政策。

（一）人力资源需求分析

饭店人力资源需求分析，实际上就是饭店未来人员数量上和质量上的变化预测。一般而言，影响饭店人员需求变化的主要因素有：

1. 饭店规模的变化
2. 饭店等级、档次的变化
3. 饭店企业组织形式与组织结构的变革
4. 饭店经营项目和产品结构的调整
5. 饭店人员素质的变化
6. 饭店人员流动状况

（二）人力资源供给分析

人力资源供给，包括内部与外部供给两个方面。内部供给分析，主要是根据现有人员情况，分析在将来某一时刻，经过升迁、内部流动、离职后，组织内还存在多少人力资源可供利用。外部供给分析，则是通过对组织外部人力资源供给因素的分析。一般而言，影响人力资源外部供给的因素主要有：

(1)本地区内人口总量与人力资源率。他们决定了该地区可提供的人力资源总量。当地人口数量越大，人力资源率越高，则人力资源供给就越充裕。

(2)本地区人力资源的总体构成。它决定了在年龄、性别、教育、技能、经验等层次与类别上可提供的人力资源的数量与质量。

(3)本地区的经济发展水平。它决定了对外地劳动力的吸引能力。

(4)本地区的教育水平，特别是政府与组织对培训和再教育的投入。它直接影响人力资源供给的质量。

(5)本地区的地理位置对外地人口的吸引力。

(6)本饭店对就业人员的吸引力，如饭店声誉、工资收入、培训、晋升机会等。

(三)制定员工招收计划

在认真分析了人力资源供求状况的基础上,管理者在制定饭店员工招收计划时,应着重考虑以下几个方面的问题:

1. 招收对象和数量

2. 确定招收的标准

招收标准的制定直接关系到招收来的员工素质的高低。招收标准太高,可能会使招收计划无法完成;标准太低,则招收来的员工素质得不到保证。所以招收标准必须恰当。

3. 确定招收途径

员工来源在总体上可分为饭店外部和饭店内部,因此饭店招收途径通常有内部招聘和外部招聘两种。

4. 选择招收时机

饭店内部招收的时间可由各个饭店根据情况灵活掌握,而饭店外部招收选择适当的时间就很重要。一般来说,社会上劳动力资源越丰富(如在每年的本专科院校毕业生临近毕业时),饭店选择范围就越大,相应的招收质量就有保证。

二、饭店员工的招聘与录用

招聘工作是饭店获得人力资源的基本方式,其核心任务是为组织目标的达成做好人力资源的准备。员工招聘是一个寻找并筛选合格的申请人填补岗位空缺的过程。其工作的好坏,直接关系到饭店能否建立一支高素质的员工队伍,直接影响到饭店经营目标的实现。

(一)饭店员工招聘的途径

饭店员工招聘可以有多种形式,大的分类主要有两种,即内部和外部招聘。饭店应坚持内部培养提升和适当引进相结合的办法,以保证饭店人力资源的有效利用和持续开发。

1. 内部招聘

内部招聘,就是从饭店内部发现和挖掘人才。主要途径有:

(1)提拔晋升。从内部提拔一些合适人员来填补职位空缺是常用的方法。它可使饭店迅速从员工中提拔合适的人选到空缺的职位上。内部提升给员工提供了机会,使员工感到在组织中是有发展机会的,个人职业生涯发展是有前途的,这对于鼓舞士气、稳定员工队伍是非常有利的。同时,由于被提升的人员对饭店较为了解,他们对新的工作环境能很快适应。

(2)工作调换。工作调换也称"平调",它是指职务级别不发生变化,工作的岗位发生变化,是内部人员的另一种来源。工作调换可提供给员工从事饭店内多种相关工作的机会，为员工今后提升到更高一层职位做好准备。

(3)工作轮换。工作轮换一般用于中层管理人员，且在时间上往往可能是较长的，甚至是永久的，而工作轮换则一般用于有潜力的员工在各方面积累经验，为提升做准备。

(4)内部人员重新聘用。有些饭店由于某些原因会有一批不在岗的员工，如下岗人员、长期休假人员(现已康复，但由于无位置还在休假)、已在其他地方工作但关系还在本单位的人员(如停薪留职)等。在这些人员中有的恰好是内部空缺需要的人员。他们中有的人素质较好，对这些人员的重聘会使他们有再为饭店尽力的机会。另外，饭店使用这些人员可以使他们尽快上岗，同时减少了培训等方面的费用。

资料链接　上海浦东香格里拉的人力资源管理

获取(选人)——层层筛选

在香格里拉，员工被分为5个级别，1～3级都是中高层的管理人员，他们的面试分为3轮：第一轮的面试官是人力资源部，第二轮为部门主管，第三轮则由总经理亲自面试。

4～5级为基层员工，他们中除了厨房和客房人员外，其他各部门的员工必须熟练掌握英语。这些人员主要来自于应届毕业生，人力资源部会派同事去当地的大学或高职学校招聘学生，或是借用当地香格里拉饭店的场地举行一场招聘会。此后的6～12月，这些人会被派往饭店的各部门进行实习，在此期间，会有专门的老师对他们进行带教和考核。每月或者每两个月，老师会将所有学员的表现向人力资源部作汇报。基本上80%的学员能够期满转正，然后正式进入饭店工作。通常，公司新进的每个员工，都会经过总经理的亲自审查，主要是通过交谈观察他们是否热情。

激励(用人)——内部晋升

集团愿意让员工看到他们在集团内的发展空间。职位出现空缺，优先考虑饭店内部员工，从内部调整或晋升。香格里拉中国90%的管理层都是通过饭店内部晋升或调动的。每年有近百名管理层在饭店之间进行调动。本着公平公开的原则，合理进行合理的人员调配，达到“人尽其才，才适其位”的用人宗旨。

这种内部晋升的做法，让员工看到了自己在集团内的职业生涯发展前景，使员工的工作充满了无穷的动力,对员工有着无穷的激励作用。

资料来源:《酒店人力资源管理》,MBA案例式教材。

2. 外部招聘

在出现岗位空缺时,管理人员应首先想到内部招聘能否解决问题。若饭店内部没有合适人选时,就要采用外部招聘的形式。

(1)广告招聘。广告是外部招聘常用的途径和方法,通过报纸杂志、广播电视等媒体形式,面向社会公开招聘员工。其优点是选择范围较为广泛,影响力较大,传播速度快,反馈信息也较快。在招聘的同时,也对饭店的形象和实力进行了宣传。其劣势在于耗费资金较大,时间相对较多,应聘人员的社会背景较为复杂。

(2)熟人介绍。在工作岗位出现空缺时,可由饭店内外部的熟人介绍合适的人选,经过测试合格后录用。员工或朋友推荐的人才一般信任度较高,成功率相对也较高,有可节省费用和时间,更有利于激励员工,体现信任度。而其不足之处在于:易形成非正式群体;选用人员的面较窄;容易出现任人唯亲的现象。

(3)网络招聘。饭店可在互联网上发布招聘信息,吸引各类专业人员。近年来随着网络电子商务的发展,这一方法越来越普及。这一方式的特点是成本低、见效快,招聘范围广,信息量大,应聘人员素质较高,招聘结果好,适用于招聘饭店中高层管理人员。通过这一方式招聘来的人才知识层次普遍较高,有较高的专业技能和管理水平。这也是国际饭店业招聘专业人才的主要方法之一。

(4)相关院校。大中专毕业生是饭店招聘的主要对象,具有专业知识较强、接受新事物能力较快、个人素质较高等特点。饭店对员工素质要求较高,对员工的语言、应变等能力都有很高的要求。大中专毕业生由于在学校受过专业训练,因此在职业技能、个人素质等各方面都更符合饭店的要求。

(5)职业介绍机构。通过专门的劳务或人才市场面向社会招聘所需员工,也是目前饭店业招聘员工的主要渠道。这一招聘方式能使招聘者和应聘者直接见面,招聘者可以较为全面客观地考察应聘者的综合素质,选拔出符合饭店要求的人员参加测试和面试,相对节省大量的资金和时间。

内部与外部招聘的两种方式是相辅相成的。饭店应将两种途径结合使用,吸引并留住优秀人次,激发员工的工作积极性,不断提高饭店的整体服务质量和管理水平。

资料链接　　波特曼丽嘉饭店的用人标准

上海波特曼丽嘉饭店，连续三届摘得翰威特评选的“亚洲最佳雇主”的桂冠。那么，作为国内知名的五星级饭店的代表之一，他们选人、用人的标准是怎样的？

标准化面试选择对的员工

戚庆基说，饭店未来几年将招聘上百人。丽嘉的扩张，带来了新一轮的招聘需求。首先要从高层管理人员着手，这里既包括本土化的管理人员，也包括国外的管理人员，使他们尽快地了解丽嘉的管理文化和管理模式。丽嘉的扩张，也是丽嘉管理模式的输出。

对于应届毕业生，戚庆基说：“由于他们刚刚毕业，还是一片白纸，比较容易塑造，容易适应波特曼丽嘉的文化，因而他们欢迎应届毕业生的加入。”不过，在招聘时，对应届毕业生没有固定的比例，只要是适合波特曼丽嘉的优秀毕业生他们都需要。

六道面试一道都不能少

在员工的招聘挑选上，丽嘉有一套完善质量选择程序，每位员工都要接受六道面试，一是 HR 面试，二是 HR 标准化面试，三是部门经理面试，四是直线上司面试，五是 HR 总监面试，六是饭店总经理面试。任何一个员工进入丽嘉，都要经过这六道程序，上到管理人员，下到一线员工。当笔者问及丽嘉是否会由于庞大的招聘任务，而简化一线人员的招聘程序时，戚庆基坚决地说：“no。”他说，在丽嘉，“选择对的员工”非常重要，尤其是一线员工，他们直接面对客户，他们的服务怎样直接决定了丽嘉的服务水平和质量。

热爱饭店管理业

作为饭店管理业，有区别于其他行业不同的选人要求。热爱饭店管理业是最基本的前提，这在招聘程序中的标准化面试中表现得淋漓尽致。谈起这一问题，戚庆基不由自主地问了身边的员工，当你参加丽嘉面试时，面试官问及“你对权威人士是怎样对待的”，你的回答是什么？这位员工说，是“尊重”。

除了上面的标准外，不同的部门有不同的要求，如客户服务员等一线部门，要求善于与人沟通，人力资源则要求有高度的信任感，销售部要求能不断地接受新的挑战。

强化波特曼理念提升自我

波特曼丽嘉饭店员工培训每年高达50小时，在每个员工的口袋里，都有一张信条卡，里面包括公司的基本信条、员工承诺、座右铭、优良服务的三个步骤、员工基本守则五个部分，其中员工的基本守则是20条。据内部的员工介绍，每天学习基本守则中的一条是员工的必备功课。当20条学完了之后，再从头学起，周而复始，从不中断，目的是让公司的基本守则根植到每一位员工的心中。

除了以上每位员工的必备功课外，波特曼丽嘉的培训，包括新员工入职培训、30天入职培训、365天培训、3年的培训等。新人入岗的前几天都要进行一个以企业文化为重点的职前培训，另外还包括解决客人投诉的培训等。据戚永基介绍，去年波特曼丽嘉一位员工至少有50个小时的培训课程。其实，在丽嘉，平时的日常工作都是很好的培训。如丽嘉有一份"客人投诉报告"，鼓励员工填写在丽嘉发生的投诉，里面会注明什么时间、为什么，如何解决等。

为了增强员工的职业技能，波特曼丽嘉还非常重视员工的"内部流动"，如"跨职务培训"和"跨部门培训"等，通过这样的培训，既可以增加员工的职业技能，还可以增强部门间的联系。

资料来源：http://arts.veryeast.cn/，最佳东方网站。

（二）饭店员工招聘与录用的程序

员工招聘与录用的运作程序大致可以分为四个步骤：

1. 制订招聘计划

在招聘工作正式开始之前，要考虑人力需求的程度，预测人员的流动情况，了解各部门、各岗位人员的要求等，并在此基础上制定一整套招聘计划。包括招聘的岗位、人员数量、质量标准、招聘工作的具体安排等。

2. 制作并发布招聘广告

招聘广告是员工招聘的重要工具之一，设计的好坏，直接关系到应聘者的素质和招聘效果。招聘广告要内容详细、条件清楚、吸引人，广告应对饭店的基本情况、对应聘者的基本要求、岗位职责、工资福利待遇、报名方式、时间、地点以及需要携带的证件、资料等予以说明。然后选择适当的时机，运用适当的渠道刊登广告，以吸引饭店所需要的人才前来应聘。

3. 报名和筛选

招聘信息发布后，必然有一些求职者前来报名应聘。填好报名登记表并上交相关材料后，招聘人员通过简单的交流与观察，对求职者的情况有一个大致了解，然后人力资源部和相关部门人员共同对应聘资料进行整理和筛选，初步确定符合条件的人选，之后通知面试。

4. 面试与录用

饭店人力资源部通过正式面试，可以考察应聘者的性格、应变能力及综合素质等。面试结束后，应将各种记录及时整理，进行总结分析，做出录用决策。最后，将所有面试资料存档备案，以备查询。对于初步确定的录用人员，还要安排体检。因为饭店是服务性行业，从业人员要有健康的身体，没有任何传染性疾病，持“健康证”才能上岗工作。对于体检合格的应聘者，尽快发出录用通知，并签订劳动合同。

第三节　饭店人力资源的培训、使用、考核与奖惩

一、饭店员工的培训

(一)饭店员工培训的重要性

饭店员工的招聘和录用，只是解决了饭店工作职位缺员问题，但要使所聘用的员工在饭店各工作职位上不仅能胜任工作，而且能够做出优异的成绩，就必须加强对员工的培训。优质的服务需要有训练有素的员工才能提供，高效率的管理必须是有管理能力的员工才能胜任，而训练有素的服务员和有管理能力的管理者，都必须通过饭店的员工培训才能造就。因此，饭店员工培训不仅是饭店人力资源管理的重要工作之一，也是开发和利用饭店人力资源，不断提高饭店服务水平和管理水平，从而实现饭店最佳经济效应的重要手段。

饭店员工培训，是通过采用各种方式对饭店员工进行科学文化、业务技术及经营管理知识和技能的培训，以提高饭店员工的思想政治觉悟、业务技能和管理水平，促进饭店职工的全面发展，充分开发员工的潜在能力，更好地发挥员工积极性和主动性。旅游饭店员工的培训，一般包括岗位培训和发展培训两大部分。岗位培训主要是针对饭店操作员工而进行的培训，发展培训主要是针对饭店管理人员而进行的培训。

(二)饭店员工培训的内容

饭店员工的培训，一般包括饭店基本知识培训，业务技能与技巧培训，发展培训等三个方面主要内容。

1. 饭店基本知识培训

主要是对新进入饭店的员工进行岗前培训，使新员工在上岗前基本掌握饭店的总体概貌和要求，掌握饭店服务的基本知识和相关要求。具体地讲，基本知识的培训包括三个方面内容：一是对员工进行思想教育，主要是教育员工热爱党、热爱祖国、热爱社会主义、热爱饭店及所从事的服务工作，提高员工为宾客服务的奉献精神；二是对员工进行观念教育，培养员工的服务观念，树立宾客至上的观念和企业的

精神；三是对员工进行职业道德教育，系统介绍饭店的有关知识、饭店的经营宗旨和职工手册，饭店的规章制度等等。

2. 饭店业务技能与技巧的培训

主要是对饭店员工从事服务工作的各种业务知识、技能和服务技巧的培训，具体又分为业务培训和行为培训两方面。业务培训就是根据不同工种、岗位的要求，对相应岗位的服务规程、服务内容、服务技能和技巧、专业外语及与服务相关的各种知识的培训。行为培训，主要包括员工的形体训练、饭店礼貌礼节、主要客源国礼仪、风俗习惯、饭店安全保卫、消费知识、保密知识等各种培训。通过这些培训使服务人员有一个良好的行为规范和整体素质。

3. 饭店员工发展培训

主要是针对饭店管理人员而言，通过发展培训，促使饭店管理人员树立饭店经营管理的观念，不断提高饭店管理的能力和水平。对于不同层次的管理者，由于他们所接触问题的性质和管理的重点不同，因而培训的重点也应有所侧重。对高层管理者主要侧重于经营决策能力的培训；对中层管理者主要侧重于经营管理能力的培训；而对低层管理者则主要侧重于组织管理能力的培训。

(三)饭店员工培训的方式

饭店员工培训的形式是多种多样的，各个饭店可以结合自己的实际需要和可能，采用合适的形式，目前饭店员工的培训方式主要有以下几种类型：

1. 脱产定向培训

脱产定向培训就是根据饭店经营服务和管理需要，对一些专业性强、要求较高的骨干人才，可以选拔基础好、有培养前途的员工，有计划地送到高等院校或专门学校，进行全脱产定向培养，以全面提高这些员工的综合素质及能力。

2. 在职培训

在职培训就是根据饭店各不同工种和岗位的要求，安排一定的时间对员工进行必要的专业技术知识、业务技能和管理知识的培训，以提高员工的服务水平和管理能力。饭店可以采用讲授、演示、讨论、事例研讨、视听、角色扮演、实习等多种方法进行培训。在职培训，是培养大批具有现代科技知识、有较高业务水平和管理能力的饭店员工的重要途径，也是适应旅游饭店发展需要的重要培训方式。

3. 业余自学

业余自学就是鼓励广大饭店员工利用业余时间自学成才，这也是目前饭店多出人才、快出人才的重要途径。对于饭店员工业余自学，要制定切实可行的鼓励措施，积极支持和鼓励员工参加各种各样的业余自学，并根据其能力的提高，合理地进行调配和使用。

资料链接　　新时期饭店业员工培训的需求

怎样开展有针对性的有效培训？怎样激发员工参与学习的兴趣？怎样使培训的形式让员工喜闻乐见？怎样使培训的方法丰富多彩？怎样能使培训知识转换为工作效率，使培训工作能够密切联系饭店管理的需要，培训部门承担起授业解惑的责任？

一、培训是贯彻落实决策者管理理念
二、培训是适应市场发展的需要
三、宾客的表扬是培训的重要素材
四、重视宾客的投诉是有效培训
五、员工欠缺什么就是培训的首选课题
六、新设备设施技术应用需要培训
七、开展主题活动也是有效的培训
八、新的服务标准就是新的培训内容
九、服务边缘知识的延伸更要培训

资料来源：www.kingbox.net，武汉锦禾饭店管理有限公司网站。

二、饭店员工的使用

饭店通过招聘和培训，拥有了一批符合饭店需求的员工，而这些员工能否有效地发挥其应有的作用，关键在于饭店管理者是否擅长于人力资源的利用。饭店员工的使用，就是对饭店员工进行合理的职位安排和组合，使之有效地发挥出最佳的整体效应，并使每个员工各尽所能、人尽其才、才尽其用。其主要包括编制定员和科学用人两大方面的内容。

（一）编制定员

饭店编制定员，就是根据饭店的经营规模、经营档次和生产力水平，合理确定各岗位、工数，从而配备各类人员的数量。编制定员是饭店制定人力资源管理计划的基础，科学安排各类人员的依据。

饭店编制定员可以依据饭店的等级、规模、组织机构与岗位设置、设备配备、劳动效率及饭店经营状况等因素。饭店编制定员的方法主要有岗位定员法、设备定员法、比例定员法、效率定员法等。

(二)科学合理用人

从当今企业间的竞争看，人才的竞争是最根本的竞争，任何一个旅游饭店经营能否成功，关键是饭店各级管理者是否最有效地使用饭店的人力资源，而对人才的选用至关重要。饭店对人才的选用必须做好以下几方面工作：

1. 坚持科学的用人原则

科学用人，首先要坚持用人所长的原则。有一句格言“垃圾是放错位置的宝物”，即一切要素都是有用的。作为一个人来说，在某一方面可能发挥的作用不大，但在另一方面可能发挥的作用就很大。因此，管理者在选拔任用人才时，要看到每个人的长处，尽可能避其所短，扬其所长。其次，科学用人还要坚持权责对等、用人不疑的原则。在选得合适人员以后，根据工作职位分析和要求，明确相应的职责和权利，并相应授权。在使用过程中，要正确评价员工的工作，不听信流言蜚语，给予及时鼓励和支持，有效调动员工的积极性。再次，科学用人还应坚持结构优化、组合合理的原则。在进行员工配置时，要重视员工组合的互补性，实现结构优化，从而发挥出 1＋1＞2 的群体效能。最后，科学用人还要坚持不拘一格用人的原则，不受家庭门第、权力权势、资历等级等因素的影响，真正选拔和使用优秀人才。

2. 建立和健全科学的用人制度

这一方面关系到能否培养一支高素质的员工队伍，另一方面也关系到如何最有效地增强饭店活力、适应时代发展的要求。从我国目前的人事制度改革和发展看，合理的用人制度主要包括用工制度和干部制度两方面。合理的用工制度，就是通过推行全员劳动合同制，明确员工与饭店之间的劳动合同关系，明确双方的权利、义务和责任。使员工与饭店之间可以互相选择、平等协商，有利于员工积极性的调动。合理的干部制度就是打破过去的终身制，通过建立健全的干部聘用制度，实现对管理人员的按能授职，优胜劣汰，以形成一支适应市场竞争、勇于创新的饭店管理者队伍。

3. 善于运用使用人才的技巧

用人之道，奥妙无穷。最有效的用人之道除了遵循基本的原则，建立科学的制度外，尚须掌握用人的技巧。常用的用人技巧主要有以下几种：一是根据员工的素质和绩效来衡量和选拔人才；二是正确客观地评价员工，不受晕轮效应、权威效应等的影响；三是处理好集权与分权的关系，进行合理授权，增大管理的效能；四是用兵要精，人浮于事必然互相掣肘、一事无成；五是注意帮助和指导业务生疏或能力低的员工，使这些员工尽快提高能力，适应工作的需要。

资料链接　　万豪的员工激励手段

酒店业面临的最大困惑之一就是人才流失，特别是频繁的核心人员跳槽。这与酒店采取的激励手段的有效性不足是密切相关的。

1. 雇佣保障——让员工感受职业安全

酒店应通过设计保障政策减少员工失业，不到迫不得已不轻易提出裁员计划，让员工有职业安全感。日本的一些酒店就倡导终身雇佣制，使员工与酒店成为一体，员工对酒店就产生了更多的认同感和主人翁的意识，实现员工对酒店的忠诚。

2. 系统培训——让员工持续充电

酒店不仅应让员工有充电的机会，并且有持续的充电机会，为每一个有需要的员工建立培训档案，与员工一起进行职业规划，将员工的发展与酒店的发展联系起来。同时倡导建立一个学习型组织，让员工感觉到这个酒店的氛围可以让他不断地提升自己的技能，充实自己的经验。

3. 及时支付——让员工感受及时雨

薪酬支付的时间也是有技巧的，支付的时间不同，产生激励的效果也不同。不同的员工会有不同的心理需求，而员工年龄的增长，经济状况的改变和酒店经营环境的变化也会影响到薪酬的支付效果。例如，对年轻的员工必须即时支付，无论是发奖金还是给予休假，给予奖励或表扬都必须及时。另外当员工情绪低落时，也应该采取及时的薪酬支付，而情绪高涨时则可采取延迟支付，这样有利于使员工稳定情绪。

4. 小型激励——让员工乐不思蜀

酒店应增加小型激励，在不减少激励分量的同时，适当提高激励的覆盖面。实际上频繁的小规模奖励会比大规模奖励更有效。小型激励会让员工经常沉浸在受奖励的快乐中，能够产生持续的激励效果，增加员工的工作动力。

5. 心理契约——让员工有意外收获

减少定期奖励，增加不定期奖励，以抑制员工由于对固定奖励的模式化的思维而产生惰性心理。酒店应建立无制度的心理契约，这样员工不知道谁会在什么时候得到意外的奖励，这会给员工带来意外的惊喜，让他觉得工作更有乐趣。

6. 联络家属——让大家、小家成为一家

酒店应设立一些专门为员工家属提供的特别福利，比如在节日之际邀请家属参加酒店的联欢活动，赠送酒店特制的礼品，让员工和家属一起旅游，给孩子提供礼物、奖学金等，让自己的员工在家属面前感到有“面子”，也让其家属感到温情和满足。

7. 充分尊重——让员工在平等中进取

尊重能够赢得人心。酒店应视员工为合作者，酒店的所有者、管理者和员工在人格上是平等的，在工作上只是扮演的角色不同而已。一些国外的酒店推行“同一公民”制度，总经理与员工穿相同的制服。野餐的时候，总经理也会给普通员工烤牛排，这样就拉近了双方的距离，消除了双方的情感屏障。

8. 量身定做——让员工享受一对一激励

现在大多数酒店激励措施针对性不强，对员工的最佳需要的捕捉仍然停留在简单的粗略估计上，没有以真实的调查和科学的需要分析为基础，也没有结合酒店自身的特点来制定激励政策和措施，所以激励政策缺乏针对性和及时性，出现了激励空当现象和激励错位现象，造成了人力、物力、财力资源的浪费。酒店要提高激励的效率就应该对员工（特别是A类核心员工）采取“一对一”的激励。根据员工不同的情况和需要量身定制不同的福利，并确保让这项福利对该员工是最有吸引力的。

资料来源：http://arts.veryeast.cn/，最佳东方网站。

三、饭店员工的考核与奖惩

（一）饭店员工的考核

1. 饭店员工考核的目的

饭店员工考核是为职工任用、晋升、培训和薪酬等决策提供客观依据，是人力资源管理的关键。员工考核为饭店合理配备管理人员提供依据。饭店员工晋升应充分发挥员工潜能，做到人尽其才，其前提是必须对每个员工的素质和潜力全面了解。员工考核可促进职工自我成长。员工有了成绩和进步，通过考核得到了组织和上级主管部门认可，产生激励。通过考核，员工还看到了自己的不足与他人之间的差距，从而起到自我促进的作用。

2. 员工考核的内容

饭店员工考核的内容很多，但归纳起来主要有三方面：一是考核员工的基本素质及其在工作中表现出来的服务质量和管理能力等；二是考核员工的工作业绩，包括完成的数量、质量等；三是考核员工的工作行为和工作态度，综合评价员工的敬业精神和职业道德等。

3. 员工考核的方法

考核的方法从性质上分为定量考核（如评分表法）和定性考核（如描述法）两大类，从形式上讲主要分为自我考评、群众评议、组织考核等。不管考核的内容和方法如何，其根本的目的是要通过客观的考核促使饭店员工恪尽职守，提高工作效率。

（二）饭店员工的奖惩

为了综合反映员工考核情况，并给予一定的强化，必须对考核结果区分优劣，并给予相应的奖励和惩罚。

奖励，是对员工良好的工作行为和业绩给予肯定和表扬，使之继续保持和发展。奖励的形式多种多样，有物质奖励和精神奖励；有满足员工生理需求的奖励和满足员工心理需求的奖励；有奖金、奖品，也有记功或评比，等等。为了发挥奖励的效果，要善于把物质奖励与精神奖励相结合；要创造良好的奖励心理气氛；要及时奖励、及时表彰，强化良好的行为；同时尽可能使奖励的方式灵活多样，新颖刺激，充分发挥奖励的作用。

惩罚，是对员工某种不合理行为给予否定和批评的强化。通常，惩罚得当不仅能消除员工的不良行为，而且能将消极因素变为积极因素。惩罚的形式，也是多种多样，如批评、检讨、处分、经济制裁、法律惩办等。为了充分发挥惩罚的作用，应该注意惩罚要合理，使受罚者心服口服；惩罚要与教育相结合，做到惩前毖后、治病救人；惩罚要掌握好时机，达到教育和预防的目的。此外，还应考虑员工不良行为产生的原因和动机，区别对待。而且惩罚宜轻不宜重，可用口头，也可用书面，但最终效果就是要消除不良行为，化消极因素为积极因素。

资料链接　　波特曼丽嘉饭店的员工考核

在波特曼丽嘉饭店，KRA 考核方式贯彻始终，每年对员工考核两次。每位员工都有一个个人目标，考核时会根据他们的表现进行评估，使员工按照这条路发展下去。对管理人员和一线员工，波特曼丽嘉的考核标准是不同的。如在公关部，每个周采用的都是 KRA 的考核方式，K(key)是这个周你要完成的最主要的工作，R(result)是每项主要工作要达到的结果，A(area)是每项工作完成的截止时间。若一周下来，你没有如期完成，就要分析一下为什么没有如期完成的原因，遇到的困难和障碍是什么。若很长一段时间，经常不能按期完成工作，丽嘉就要考虑员工是不是能胜任这个岗位，通过“口头通知”、“书面交流”等方式与员工进行沟通，若迟迟不能改进的话，就要考虑员工是否继续留在丽嘉工作。

资料来源：http://arts.veryeast.cn/，最佳东方网站。

本章小结

本章介绍了饭店人力资源管理的含义、目标与饭店对员工的要求，以及饭店人力资源管理的内容。在此基础上,阐述了饭店人力资源开发、利用以及员工激励的内容,包括员工招聘、录用、培训、使用、考核与奖惩等方面。本章内容说明了饭店人力资源管理的重要性,只有合理科学地开发饭店人力资源,调动员工积极性,才能为宾客提供良好的服务,不断提高饭店经营管理水平。

知识结构图

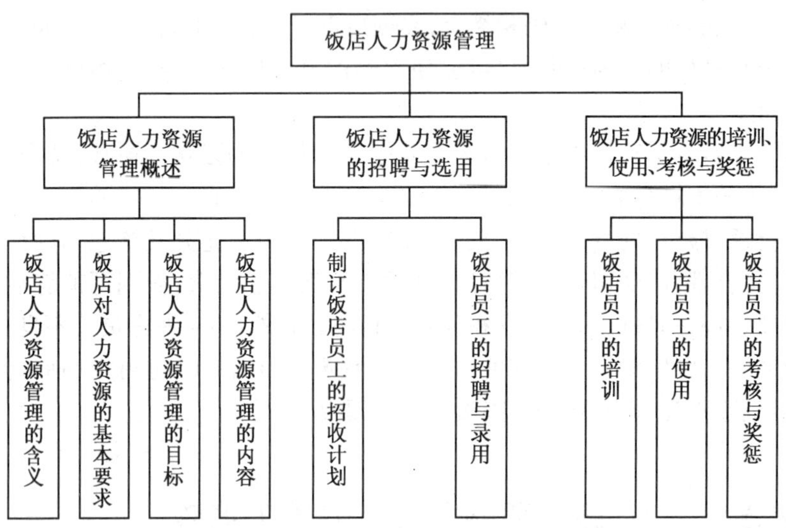

案例研究

案例一

小孙的第一次培训

刚刚本科毕业的小孙回到自己生长的小城的一家三星级饭店工作。正式报到那天,并没有自己预期要进行的入店培训,她先在总经理办公室无所事事地待了几天,然后,总办秘书告诉她,将她分到了商务中心,第二天就去报到上班。到了商务中心,领班先带了她一周,然后就让她独立上岗了。可是没多久,饭店突然通知要对近期新进员工进行一次入店培训,所以小孙又参加了离岗培训。此次参加培训的人员有的来自客房部,有的来自餐饮部,还有几个暂时没定岗。有高中生、技校生、专科生,她是唯一一个本科生。听说整个饭店也不过就她一个饭店管理的本科生,还有一位学日语的本科生。

培训开始了,先进行的是饭店的介绍。接下来是各部门主管对所有的人进行营业部门的业务培训,不过好像也没掌握什么,只是主管在演示,大家跟着模仿了一次。小孙觉得自己好像特别的笨，铺桌布的时候怎么也没有成功，不过主管也没说什么就过去了。最后培训的是英语口语，可笑的是居然连 Service 这个单词的发音，培训师都搞错了。

培训历时一个月，最后又进行了卷面笔试。特别简单，如果不是后面的作文题，小孙都可以拿到满分了。

问题：1. 小孙此次所接受的培训属于哪种类型？

2. 这种类型的培训应包括哪些内容？饭店在哪些方面做得不好？应如何改进？

案例二

It will do 与 It won't do 的错位

一天，一位美国客人到内地某宾馆的总台登记住宿时，顺便用英语询问接待服务员小杨："贵店的房费是否包括早餐（指欧式计价方式）？"小杨英语才达到 c 级水平，没有听明白客人的意思，便顺口回答了个"It will do"。

几天以后，美国客人离店前到账台结账。服务员把账单递给客人，客人一看吃一惊，账单上每顿早餐都一笔不漏！客人越想越糊涂：明明总台和餐厅服务员两次答"It will do"，怎么结果变成了"It won't do"了呢？他百思不得其解。经过再三追问，总台才告诉他，"我们早餐历来不包括在房费内。"客人将初来时两次获得"It will do"答复的原委告诉总台的服务员，希望早餐能得到兑现，但遭到拒绝。客人无奈只得付了早餐费，然后怒气冲冲地向宾馆投诉。

最后，宾馆重申了总台的意见，加上早餐收款已做了电脑账，不便更改，仍没有同意退款。美国客人心里不服，怀着一肚子怒气离开了宾馆。

问题：1. 如果你是听不懂客人语言的服务员，你会怎么办？

2. 谈谈你对饭店员工素质与服务质量的关系的认识。

3. 饭店如何提高外语培训的效果？

实训练习

1.将学生按每组 5～6 人分为若干组，考察当地某饭店的员工结构，实习生占的比重多大，分析实习生对饭店发展的利弊。

目的：分析实习生对饭店发展的作用，使学生对饭店人力资源管理知识有更深入的了解。

要求：各组在调查过程中形成调查报告，课后在老师的指导下将各组材料重新整理，视具体情况可将材料反馈被调查的单位。

2.以班级或专业为单位，组织学习活动，进行模拟饭店面试。

目的:通过分角色演练和模拟,使学生能亲身体会面试氛围,学习面试技巧,为以后实习和工作中更自如地应对饭店面试打下良好的基础。

要求:专业教师可以扮演饭店招聘人员对学生进行面试,要符合面试的流程,做到程序规范,要求严格。

复习思考

1. 什么是饭店人力资源管理?饭店人力资源管理的目标是什么?
2. 饭店人力资源管理的内容有哪些?
3. 如何制订饭店员工的招收计划?
4. 饭店员工招聘的途径和录用的程序有哪些?
5. 饭店员工培训的内容有哪些?如何培训?
6. 饭店中如何做到科学用人?
7. 饭店考核的目的是什么?
8. 如何做好饭店考核和奖惩工作?

第五章

饭店营销管理

能力目标

- 能灵活运用饭店的营销策略；
- 能运用所学知识，通过调查活动，提高学生实践应用能力和创新能力；
- 具有一定的营销策划的能力。

知识目标

- 掌握饭店营销管理的基本内涵；
- 了解营销管理的意义；
- 掌握饭店营销管理策略活动的基本组合与营销对策；
- 掌握最新的营销理念和营销策略。

课程导入

经营劣势

日本鹿儿岛有一座豪华的饭店，尽管装修、服务都算上乘，但由于饭店旁有一座荒山，严重影响了客人的兴致，导致饭店的生意一直不景气。

这座荒山成了饭店老板西村的一块心病。他一直想广植花木来美化这座荒山，然而要在这座荒山上栽种花木将花费一笔不小的费用。

经过一番苦思冥想后，西村决定利用都市人爱好花木的心理绿化荒山。他在饭店大堂及当地媒体推出广告：本饭店旁有大片空地，土质肥沃，附近有充足水源专门留作本饭店旅客植树之用。您若有雅兴，不妨种下小树一棵，本店将在其旁边的小石碑上刻上您的尊姓大名和植树日期，当您再度光临时，您手植的小树已经枝繁叶茂了。这项服务，本店仅收树苗费200日元，并将永远代为管理您植下的树。

西村的广告推出后，立即吸引了大批对绿野和花木有着特别感情的都市人，他们纷纷跑到饭店来联系植树业务。有的植树是为了再度光顾时欣赏；有的为刚出生的儿子、孙子植上一棵同龄树；很多新婚夫妻更是特地赶到这里来植上两棵“夫妻树”，寄托白头到老的心愿。

推出植树服务后，这家饭店开始变得热闹起来，逢节假日客房都必须提前预订。几年过后，饭店旁边的荒山变得树木葱郁、鸟语花香了。绿化这座荒山，饭店不仅未花一分钱，而且还靠出售树苗赚了上千万日元。

多年后，西村在接受记者采访被问及成功的秘诀时，他意味深长地说：我只是用心经营了自己的劣势而已。诚然，人们大多热衷于经营自身的优势，那样或许离成功会更近些。但当劣势不可避免地横亘在自己面前时，我们不妨静下心来，用心去经营自己的劣势，在不如意中寻找解决问题的办法，最终让劣势转变成优势，进而走向成功。

启示：在饭店经营管理过程中，一般来说，都是要发挥优势，把优势用好，企业才能成功。日本的这家饭店却通过创新思维，很好地经营了劣势。由此可见，企业的优势和劣势都是相对的，经营不好，优势也会化为劣势，而经营得当，劣势也可以转化为优势，关键是经营者如何认识，如何运用。比如，位置对饭店来说很重要，但现实中我们可以发现很多饭店位置不错，但经营却并不理想，相反有些大家认为位置并不好的饭店，经营得却有声有色。因此，如何充分运用创新智慧，在发挥优势的基础上，把劣势也经营好，是每一位饭店经营者都必须思考的问题。

第一节　饭店营销管理概述

一提起饭店营销，人们马上就会想到推销活动。或者认为营销就是推销，就是饭店向宾客推销产品，扩大宣传而已。比如，饭店推出了美食周活动，营销人员的任务就是设计几张广告，四处加以张贴，或是在报纸的某一个角度刊登一则广告，将此信息传递给公众就可以了，或是采用“买一送一”的方式单向刺激公众购买。其实，这只是营销的一部分。正确理解饭店营销活动的含义是饭店开展有效营销活动的前提。

一、饭店营销的含义

市场营销是一种有别于销售的经营观念。它产生于19世纪末20世纪初的美国，随后迅速传播到日本、西欧等经济发达国家。营销学之父菲利普·科特勒(Philip Kothor)认为，市场营销是个人和群体通过创造产品和价值，并同他人进行交换以获得所需所欲的一种管理过程。

传统的经营观念是“以产定销”，即饭店有什么产品，能提供什么服务，就向消费者销售什么产品和服务，饭店宾客只能被动地接受饭店提供的产品和服务，没有自己的选择。虽然，进一步的发展对传统经营观念作了改良，变为“以销定产”，但其实质还是以饭店现有的产品为基础，围绕如何把产品和服务推销给消费者，因而其还是一种“等客上门”的经营观念和行为。

现代市场营销观念是一种新的经营观念和思想。在这种营销观念的指导下，饭店的经营活动不再是以饭店产品为出发点，而是以消费者为中心，以满足宾客的需求为营销的目标，使饭店整个营销活动始于用户、终于用户。因此，这种营销观念实际是“以需定销、以需定产”的现代市场营销观念。它要求饭店必须加强市场研究，重视对消费者需求分析，并通过加强营销管理来实现饭店的经营目标。

所以，饭店营销就是饭店经营者为了宾客满意，并在宾客满意的基础上实现饭店经营目标而展开的一系列有计划、有组织、有步骤的活动。它不简单地等同于推销，而是一个贯穿饭店发展全过程的活动。它是一个根据宾客的需要而展开的产品、价格、销售渠道及促销策划活动及实施的全过程。

资料链接　温德姆酒店集团投入1亿美元打造营销战略

全球最大的酒店集团——温德姆酒店集团(Wyndham Hotel Group)宣布，投入一亿美元所打造的跨品牌广告宣传片于2015年5月首次亮相，并以此启动全面革新、颠覆业界的温德姆奖赏计划。

温德姆奖赏计划此次特邀在热播美剧《权力的游戏》(Game of Thrones)及影片《情况失控》(Force Majeure)中的影星克里斯托弗·海维尤(Kristofer Hivju)，演绎集团最新广告宣传片。该营销战略投入总额达1亿美元，并在全美流行电视及电台、互动传媒及集团全球逾7 500家酒店播放。为庆祝其革新，温德姆奖赏计划同步推出夏日惊喜好礼,自即日起至9月7日,会员完成第一次符合资格的住宿后,即可获赠额外3 000点奖励积分。

“温德姆奖赏计划”魔法精灵

该广告片中,一个既现代、又缤纷隽永的形象应运而生,由克里斯托弗·海维尤所诠释的“温德姆奖赏计划”魔法精灵刻画了神奇的人物形象,在会员的旅途中神奇地出现并赠予各种会员应得的奖赏。通过创新和富有想象力的片段演绎,“温德姆奖赏计划”魔法精灵为会员带来了耳目一新的奖赏计划,也将精髓及标语——“这才是您应得的! SM”展示于公众。

广告片制作班底阵容强大,尤为值得一提的是,“温德姆奖赏计划”魔法精灵的形象也是集团首次在市场营销活动中加入广告角色的演绎。

广告片的首播将在全球范围内进行(主要地区包括美国及加拿大等),届时将通过有线电视网络在多个频道播放,还将投放于其他数字视频、广播渠道以及社交媒体平台。

更快更易享受免费住宿

全面革新的温德姆奖赏计划有望打破业界忠诚度计划的现状,全新机制将为会员提供更多获取积分的机会,并且提高免费住宿的兑换比率,这一颠覆性的举措可谓开创了业界的先河。

全新温德姆奖赏计划的核心特点包括:

“免费住 SM”:仅需15 000点积分,即可在全球超过7 500家温德姆奖赏计划参与酒店兑换一晚免费住宿,且没有日期限制。

“极速得 SM”:若想要更快兑换积分或以超值价钱延长住宿,会员只需用3 000点积分并支付少许现金,就能在部分适用于“极速得”的酒店兑换一晚住宿。

“轻松享 SM”:当完成一次符合资格的住宿,您每消费1美元,即可获取10点温德姆奖赏计划积分,或一次住宿直接获得最低1 000点积分,以较高积分为准。

资料来源:http://style.youth.cn/2015/0514/1198867.shtml,中国青年网。

二、饭店营销管理的意义

饭店营销管理,是指饭店通过一系列营销手段,以合适的价格提供饭店产品和服务,满足宾客的需求,实现饭店经营目标的一种综合性管理。饭店营销管理是饭店管理的重要组成部分,对饭店的经营服务活动起着十分重要的意义。具体表现为以下几个方面。

(一)饭店营销管理是联结饭店经营服务与社会需要的重要纽带

在市场经济条件下,任何企业的产品只有与消费者需求相适应,才能实现其价值和使用价值。而营销管理正是沟通饭店与消费者的桥梁,其不仅促使饭店的经营活动更好地适应市场消费需求，而且也是饭店按需组织经营活动的重要前提和基础。

（二）饭店营销管理是提高饭店市场竞争能力的重要手段

饭店产品销售和服务的过程，也是进行市场调查和信息沟通的过程。因此，通过加强营销管理，了解宾客对饭店产品和服务的意见和要求，了解市场发展的态势和竞争者的情况，有利于饭店根据市场需求，不断研发新的饭店产品，提高饭店服务质量，改善经营管理，并灵活地采取各种营销策略、手段和方法，增强饭店的市场应变力，提高市场竞争能力。

（三）饭店营销管理是提高饭店经济效益的必要条件

要提高饭店经济效益，就必须把饭店产品和服务销售出去，才能收回资金，补偿成本支出，保证再生产过程不断进行。因此，饭店营销是实现饭店经济效益的必要条件。只有加强营销管理，促进饭店产品和服务的销售，加快资金周转，提高资金利用率，才能提高整个饭店的经济效益。

（四）饭店营销管理是促进饭店业走向国际市场的必由之路

饭店业是一项国际性产业，其销售和服务对象是来自世界各国、各地区的旅游者。因此，饭店营销管理必然要面向国际市场，开拓国际市场，通过吸引国内外众多的旅游者，来扩大饭店的销售服务，增加外汇收入。同时，通过面向国际市场的竞争和经营，有利于开阔饭店员工的视野，增长见识，提高饭店员工对钻研业务技术，学习各种知识的积极性和主动性，促进旅游业更好地与国际市场接轨，按照国际经营惯例和要求有效地进行经营活动。

三、饭店营销管理的内容

饭店的营销活动是以市场消费者为中心，围绕消费者需求开展的一系列活动，因此，饭店营销管理的内容主要包括以下几方面。

（一）搞好市场调查和预测

饭店的市场营销活动是以消费者为中心的。因而首先必须研究消费者的需求、购买动机和行为；要对客源市场进行充分的调查研究，了解客源市场的状况、类型、特点和需求，并预测客源市场的变化趋势，为饭店确定目标市场、制定相应的营销策略和计划提供依据，从而更好地提供适销对路、物美价廉的饭店产品和服务，满足宾客的需求。

（二）确定营销目标和细分市场

在市场调查和预测的基础上，饭店管理人员应根据消费者的需求和特点，确定饭店营销目标，进行市场细分，选择目标市场。确定饭店营销目标，要在分析客源市场的前提下，对饭店的产品和服务进行分析，包括饭店所处位置、交通条件、各种经营项目、服务质量、设施和设备条件、价格状况等。通过产品和服务分析，使经营管理人员充分认识到本企业的优势和不足，从而合理地确定饭店的营销目标。

市场细分是按照不同的因素对客源市场进行分类，如以地理环境、人口特点、经济收入和消费心理等因素划分等。通过市场细分，饭店就能更进一步地把握客源市场的特征，把握每个细分市场的宾客数量、饭店对该市场的吸引力，从而为选定目标市场提供重要决策依据。

选择目标市场，又称为饭店市场定位，即饭店把营销的重点定在哪一类或几类细分市场。通常，目标市场的选定应以最能盈利和最容易进入的市场为佳。具体地讲，目标市场应该有较大的规模以保证饭店盈利，应具有一定的发展潜力，应该是存在着较大的现实需求，而且不是众多竞争对手追逐的目标。

资料链接　　温迪快餐公司的市场定位

美国温迪快餐公司进入快餐市场就是一个在快餐定位方面成功的例子。温迪(Wendy)公司1969年创立于俄亥俄州，刚步入美国快餐食品的市场竞争便显出了连锁店装修风格独特、餐桌服务周到、新品种开发力量雄厚的虎虎生气。可是美国的汉堡包市场早被各大公司瓜分完毕：麦当劳占45%，汉堡王占30%，肯德基、哈迪、比萨和丘特等公司各显其能拼争市场余额。温迪公司尽管在创业头10年里始终保持自己特有的三项优势，依然不能从众多无名小公司的队伍里脱颖而出。

许多人认为，由于麦当劳和汉堡王快餐公司实力强大，因此没有一家新的快餐公司能来分割这一市场，可是温迪快餐公司做到了。温迪快餐公司识别了一个新的细分市场。他们不像麦当劳和汉堡王汉堡包那样经营儿童市场，而是老年市场。老年人寻求不同的汉堡包，这种汉堡包提供不同的调味品，也具有不同的外表装饰，它的广告强调汉堡包馅饼新鲜这一特点，同时帮助宾客与麦当劳和汉堡王用冰冻肉做的汉堡包馅饼相区别。显然，温迪快餐公司创造了一种新鲜的、可根据顾客要求而定制的更适合老年人的汉堡包。

资料来源：梁燕君,《温迪快餐的制胜之道》,《外向经济》,1997 年第 8 期。

(三)制订营销计划

饭店目标市场选定以后，就应根据目标市场的需要和特点，制订饭店的营销计划；有效地配置饭店的要素资源，改进、调整和组合整个饭店设施和服务项目，制订服务质量提高和控制的标准，并根据市场需求特点、竞争态势和饭店的经营实际，确定合适的饭店产品和服务价格，制订相应的促销策略和措施等，以指导饭店市场营销活动很好地开展。

(四)组织饭店产品销售

饭店产品作为一种特殊的产品，必须认真组织好销售。饭店产品的销售组织，一是要建立相对独立的销售部门，明确职责和工作目标，使每一项销售工作和业务都能落在实处；二是要采取合理的销售方式和销售渠道，例如电话销售、旅行社代理、人员推销等，并根据目标市场特点选择最佳的销售方式和渠道组合，保证饭店有稳定的客源市场；三是要搞好销售人员的选聘、培训、组织、激励和管理，提高销售人员的积极性，促进饭店销售业务的不断拓展。

(五)搞好饭店产品的促销

旅游饭店产品的促销，包括广告宣传、销售服务、公共关系等方面。饭店产品促销的目标是向消费者传递饭店产品和服务信息，刺激消费者需求，并强化其动机而促成对饭店产品和服务的购买行为。同时，饭店产品促销也有利于树立饭店形象，提高饭店信誉、密切宾客关系，发现潜在市场、开拓新的客源，从而全面促进饭店产品和服务的销售。

(六)进行销售效益分析

为了提高饭店营销管理水平，必须认真搞好销售效益分析。销售效益分析，包括对饭店销售成本分析、销售费用分析、销售利润分析和销售工作效率分析等。此外，对于一些销售促进活动还应进行单项的效益分析，例如饭店广告效益分析、宣传效益分析、公关项目效益分析等。在进行销售效益分析时，应结合采用一些先进的分析方法，如盈亏分析法、弹性预算法、零基预算法、比率分析法等。

第二节　饭店营销的基本策略组合

市场营销组合是把影响饭店经营的各种因素划分为两大类：一类是不可控因素，主要是指各种经营环境影响因素；另一类是可控因素，包括饭店的产品和服务、价格、销售方式和销售渠道、销售促进等方面。饭店营销组合就是饭店对自己的可控制的各种营销因素进行分析，本着扬长避短的原则进行优化组合和综合运用，使各个因素协调配合，发挥整体功效，最终实现营销目标。市场营销组合的基本要求及目的，就是要用最合适的饭店产品及服务、最合适的价格、最合适的销售方式和渠道、最合适的促销方法及最佳的组合，更好地满足宾客的需求，以取得最佳的经济效益和社会效益。

根据美国学者麦卡锡(McCarthy)的分类方法，对饭店而言，可控制的市场营销组合因素主要有四类：产品(product)、价格(price)、销售渠道(place)和销售促进(promotion)，简称为市场营销组合的"4Ps" 战略。这四个因素的不同组合及变化，必须适应饭店经营环境的变化要求，从而就可以产生出许多的营销组合策略。

一、产品策略

饭店企业依靠适销对路的产品来获得生存发展的资本。如果产品品质低劣、落后，产品效用单一、低下，则会被宾客无情地"拒之门外"。因此，产品策略是关系到饭店生死存亡的关键，足饭店营销组合策略中最基本的策略。

(一)饭店产品的含义

饭店产品是指饭店企业向宾客提供的所有的物质产品和服务产品的总和，它是有形产品和无形服务的有机结合，并且在这个结合体中，无形的服务永远是饭店产品的主体，有形产品则是无形服务的依托。不像别的产品，无形的服务永远只是有形产品的一种辅助物，这是饭店产品与其他产品的根本区别。

饭店产品的实质性特征有：

1. 综合性

饭店产品不是由某个单一的部门或是人员提供的，它需要依靠若干部门在不同的空间和不同的时间下向宾客提供不同的产品和服务，以满足不同宾客的整体需要。因此，对饭店而言，高效的产品就是不间断的服务序列，要求饭店内部前厅、客房、餐饮、工程等各部门和谐一致，组成一条龙的服务，在各个服务环节上有机衔接，不得脱节。

2. 不可储存性

饭店的产品具有"边生产边消费，不消费则消失"的特点，其价值的形成过程和价值的实现过程是一致的，只有实现了价值，才表明饭店产品形成了价值。因此，它要求饭店在产品价格和销售方式上应讲究灵活，尽量实现产品即时交换。

3. 非均质性

饭店产品对质量虽有标准规范的规定，但在很大程度上受制于宾客对产品的主观评价。因此，良好的产品是由良好的生产者和良好的消费者共同组成的，具有明显的非稳定性的特征。

4. 后效性

饭店产品的生产和消费在时间上起点往往是一致的，但终点却不一致，往往服务过程结束了，但消费过程并未结束。如宾客离店时，饭店送给宾客一个良好的祝福，祝福的行为结束了，但客人却带走了一种恒久远的感觉。并且，宾客对饭店产品的评价往往在消费后，依据体会产生，而不是在消费行为开始之前依据实体产生。

（二）产品组合

前面讲过，宾客所消费的产品不是由哪个单一的部门或是个人能够全部提供的；宾客需要的不是单个的产品，而是多种产品的组合。而宾客的需要又是千差万别的，要求饭店提供不同组合的产品供不同的宾客选择。也即，对饭店而言，要针对不同的宾客，开发出不同的产品组合。

饭店可以从产品的广度、长度、深度和密度四个方面进行产品组合，形成不同的饭店产品系列。

1. 产品组合的广度

指饭店所拥有的产品线的数量，即饭店经营的分类产品的数量，如客房服务、餐饮服务、娱乐服务等。产品线多，说明产品组合的广度较宽。

2. 产品组合的长度

指饭店的每一个分类产品中所包含的不同服务项目的数量。如娱乐服务有KTV包厢、台球室、迪斯科舞厅、保龄球馆、桑拿中心、网球场、健身房等服务项目。

3. 产品组合的深度

指每一个不同的服务项目中又能提供多少不同的品种。如KTV包厢中能提供哪些MTV作品、有没有茶水服务、夜宵服务等。

4. 产品组合的密度

指每个产品线上的产品在使用功能、生产条件、销售渠道或其他方面的关联程度。产品组合的密度不是一个固定的概念，从不同的角度对产品组合的密度进行评价，其结论是不一致的。如从生产条件这个角度来看客房产品和餐饮产品，它们的相关程度是很低的；但从销售渠道上来看，它们却是有关联之处的。

饭店可以从扩充或缩减产品组合的广度、长度和深度，提高或降低产品组合的密度这些角度出发，调整产品组合，使得饭店产品更具竞争力。比如，扩大产品的广度，增加饭店产品生产线，搞多种经营，就能扩大饭店企业的销售领域，增加饭店的经济收益，更重要的是有利于分担饭店的营销风险，做到“东方不亮西方亮”，增加饭店企业在竞争中的适应能力，把握竞争的主动权。而增加饭店产品的深度，就是增加了饭店产品的项目，有利于饭店企业挖掘潜力，增加花色品种，增加同类产品更多的细分市场的需要，成为不同宾客的最佳选择。增强饭店产品的密度，可以降低成本，为整体营销或整体开发提供方便，减少产品的密度，则有利于饭店企业适应动荡的市场变化，不至于发生牵一动百的尴尬。

资料链接　　锦江集团品牌定位和品牌管理

（一）锦江酒店集团的品牌定位

对锦江酒店的分类大体上分为两类即锦江星级酒店和“锦江之星”经济型酒店，商标分别为“锦江”和“锦江之星”。总的来说，锦江集团的酒店品牌在多个细分市场拥有七大产品品牌。锦江集团七大酒店品牌及其定位如下：

品　牌	定　位
锦江经典型酒店	柔和不同西方建筑风格，文化传承丰富、气氛独特，多用于款待外国皇室显贵和国际商界巨贾。大部分经典酒店均在上海优越位置、商业和旅游旺区
锦江五星级酒店	酒店装潢华丽、服务周全，为旅客提供现代化的服务设施。临近商业区、旅游区和交通枢纽，切合高端商务旅客和游客的需要
锦江四星级酒店	价格较豪华酒店偏低，但提供全方位服务
锦江三星级酒店	酒店房价较低廉，主要为国内商务旅客和游客提供较经济的住宿服务
“锦江之星”经济型酒店	有限的服务和设施，经济型旅馆，价格低于传统星级酒店
度假村酒店	位于旅游和度假区，为旅游者的休闲和度假提供需要，提供全方位的服务
酒店式公寓	中档价格，面向较长时间居住的旅行者和商务游客，设施齐全

（二）锦江酒店集团品牌经营与管理

1. 锦江星级酒店品牌经营模式和管理方式

(1)多品牌战略

我国大多数饭店都采用“地名饭店酒店”的牌子，这样容易造成企业品牌的统一性和重复性、品牌的混乱和企业品牌形象的模糊。锦江原先使用的也是这种单一品牌战略。但随着“锦江”品牌知名度、美誉度与影响力不断扩大，加之锦江集团在国内酒店业的不断扩张，锦江实施多品牌战略正是出于这样一种需要，目标是“锦江”管理品牌日益为市场所认可，为酒店集团更大程度的市场扩张奠定基础。

(2)锦江星级采用国际独立投资或双方合作投资方式，以输出管理和品牌为主

除去锦江集团参股和自有酒店，集团对旗下高星级酒店管理采用以输出管理为基本模式的委托管理的方式，由集团全资控股的锦江国际酒店管理公司从事高星级酒店管理业务。锦江集团是我国最早开始输出管理的酒店集团，集团在全国各区域成立地区管理公司和办事处也是顺应这一发展需要。品牌输出管理的优势是收益稳

定，减少资本输出，也有利于酒店集团的迅速扩张。

2."锦江之星"的品牌经营模式和管理方式

(1)连锁酒店战略

根据统一品牌对外宣传和树立品牌形象的特点，"锦江之星"连锁酒店有四个统一，即建筑规格统一、品牌统一、管理系统统一、形象标识统一。在经营管理上对外服务标准、培训等方面实行一个模式。"锦江之星"目前分布全国，"锦江之星"实行连锁经营和订房，加强品牌效应。对所有加盟酒店，先按照统一格局进行改造，然后打造"锦江之星"的品牌，纳入统一管理系统，这些都是连锁品牌战略的基本特征。锦江之星采用连锁品牌策略正是符合了其经济型酒店的特征，可以节省宣传成本，达到市场效益的最大化。

(2)"锦江之星"采用的是特许经营管理的模式，分自营店和加盟店

锦江之星自营店有两种发展模式，即自有资产门店和租赁门店，但由于其扩张速度快，总体上现仍处于亏损状态。锦江之星的扩张更多的是采取加盟店的形式发展，并且管理业务是其收入的主要来源，目前加盟店已经超过自营店，加盟费按照首期 50 万元和营业收入的 4.5%收取，锦江之星对加盟店提供技术和网络支持。

资料来源：http://www.jinjianghotel.com/portal/cn/，锦江集团网站。

(三)新产品的开发

随着经济的发展，随着生活水平的提高，人们的消费需求在不断地提高，从这一点上看，宾客的需求是永远不会饱和的，一种需求得到满足，另一种新的需求又产生。这就要求饭店在发展过程中，依据产品生命周期的变化，时刻调整产品组合，并不断开发新产品，满足人们不断变化的需要。开发新产品是饭店企业具有活力和竞争力的表现，是企业适应市场营销环境的变化，改变产品这一营销策略的管理过程。

新产品不等于全新产品，它是指在技术、功能、结构、规格、实物、服务等方面与老产品有显著差异的产品，是与新技术、新理念、新潮流、新需求、新设计相联系的产品。如一间客房，改进了房间内的设施设备，就成为新产品，但是不改进设施设备，但改变了房间内的文化氛围，也是一种新产品。只要这种产品是宾客以前没有接触

过的、没有尝试过的，但是宾客又喜欢去接触、喜欢去尝试的产品，都是新产品。它包括以下三类。

1. 全新新产品

采用新原理、新结构、新技术、新材料研制而成的全新产品，技术含量最高，是过去人们未曾想到的产品。如商务房、商务层，客房的综合布线系统等。

2. 改进新产品

采用各种技术，对现有的产品在性能、结构等方面加以改进，提高其质量，以求得规格、式样等的多样化，它是在原有产品的基础上发展而来的。如各种改良的传统菜式。

3. 仿制新产品

市场上已经存在，饭店企业通过模仿而生产出来的产品。如卡拉 OK 作为一种自娱自乐的方式，在日本早已存在，但对中国市场而言，就作为模仿的新产品引进。

开发新产品的任务任重而道远，但饭店应本着创新、对路、有利可图、量力而行的原则，不断开发各类新产品，满足人们不断变化的“胃口”。

资料链接　维也纳酒店——微信 1 年订房 1 亿元

网络预订酒店拥有十年以上传统刚性需求，移动化时代彻底颠覆 PC 端。

作为全国中档连锁酒店第一品牌，维也纳酒店微信最初就看到了服务号强大的智能服务接口，并果断升级为服务号，申请并使用微信各大高级接口开发功能服务客户。移动端更多注重的是客户体验，维也纳通过自定义菜单的深度优化和闭环管理思维，不断地提升平台的客户体验，有效激活了平台会员的消费黏性和活跃度。首先，预订系统的开发，与 PC 官网进行打通实现微信预订，通过“微信预订立减 20 元”差异待遇进行流量引导和转化。其次，每日签到的闭环设计，娱乐和让利的双重驱动，让维也纳的会员留在微信平台上，并得到愉快和实惠。微信的自助服务使维也纳订房各环节实现信息一体化和智能化，有效提高客户体验和平台消费黏性。目前维也纳通过微信日均订房超过1 000间，结合维也纳服务号的关注量来讲，这一转化率目前在业内也是位居前茅的。

资料来源：http://www.chinahotel.org.cn/dispArticle。

一、价格策略

价格是饭店产品价值的货币表现形式，是饭店进入市场的介绍信，也是饭店营销组合中唯一产生收入的因素。合理的定价和价格政策，可以影响生产领域的生产效率、流通领域的供求关系、消费领域的满意程度，因此，饭店要采用合理的价格来吸引宾客，既要避免因价格过低导致饭店发生损失，又要防止因价格过高造成“门可罗雀”的局面。

价格是饭店主体营销组合策略中最活跃的因素，也是饭店实现营销任务的重要手段。

(一)影响价格的因素分析

现实市场不是“真空市场”，市场上的价格会受到以下因素的限制：

1. 成本

饭店生产和销售产品，要获得一定的收益来弥补其成本开支。成本既是价格的组成要素，又是产品定价的主要依据(一般来说，成本是产品定价的下限)。饭店可以通过不同的方法计算其成本，但其产品定价不应低于成本。

2. 市场因素

主要是指需求状况和竞争状况对价格的影响。价格是调节需求的有力手段之一。较高的价格会减少一定的需求量，较低的价格则会引起需求量的反弹。因此，产品在定价时必须考虑需求的约束。一般来说，预定规模宾客的最大价格承受力是这个产品价格的上限。竞争因素决定产品价格在其上限和下限的落点。在竞争激烈的条件下，饭店的产品又处于下风，那么在定价时，价格应趋向下限；竞争较少，或是产品在市场上占优势，定价时可靠近上限。同时，还应考虑同类产品在市场上的定价情况。

3. 营销目标

不同时期，饭店有不同的营销目标。如有的是为了扩大销售量，提高市场占有率，有的是为了击败竞争对手，站稳脚跟，有的是先打开知名度再扩大美誉度。不同的营销目标会影响饭店产品的定价高低。

4. 政策因素

这是影响产品定价的一个政治因素。国家对某些产品规定了最高限价，对某些产品则规定了最低保护价。饭店在定价时应首先服从国家的价格政策，在这个大范围内参照其他因素定价。

5. 饭店产品因素

饭店产品质量的高低和价格一般成正比，所谓的优质优价。此外，产品的生命周期、品牌、知名度等都会影响饭店产品的价格。

6. 通货膨胀

当饭店所在的地区发生通货膨胀时，饭店企业的各项成本均会呈不同程度的上扬趋势，迫使企业相应地提高价格，保证企业不致亏损。

总之，影响企业定价的因素是多方面的，并且各因素也是互相作用的。饭店企业要贯彻灵活机动的原则进行定价。当然，这并不意味着价格变得越快越好。

(二)定价策略

定价策略是饭店企业进行价格决策的基本措施和技巧。一般就像饭店企业常采用的定价策略有：

1. 新产品价格策略

新产品进入市场能否有效地打开销路，价格起着非常关键的作用。价格就像介绍信，这张介绍信如果开得好，就能增加产品的受关注程度和受欢迎程度。常用的新产品定价策略有：

(1)撇脂定价法，产品以高价进入市场，以便迅速收回投资，当有竞争者进入时，可采用降价的方法限制竞争者的进入。采用这种定价方法，要求饭店提供的产品具有无与伦比的优质性或独特性。

资料链接 世界上最贵的饭店——迪拜的帆船饭店

如果单独说一家饭店贵是没道理的，因为超过一定标准后，饭店都有各式各样的房间给你选择，住不惯这样的可以选那样的。想住贵的，跟着这个国家的总统、那个国家的王室选择是最简单的办法。更何况每年还有无数的榜单评选出最热门、最有品质的饭店供你选择。而我们的标准很简单，按照最低标间的价格来计算。

选择题很简单，因为只有它，迪拜的帆船饭店(Burj Al Arab Hotel)。

大家都知道它是世界上唯一的七星级饭店，从建成到现在已经过去了8年，却从未有人在标间方面超过他们的报价，他们的标间住一夜的价格是1 500美元，在最淡的淡季也从未低至900美元以下。价格算不算高？这饭店建造时仅外壳和填海这两项的费用就超过11亿美元，整体费用是多少？据说总经理也不知道，因为帆船饭店是迪拜政府投资的，而且要求必须要让全世界的人想到迪拜就要想起这家饭店。通常这样的饭店皆属于“世界一流饭店组织(Leading hotels of the world)”,这个世界顶级旅馆组织的成员,现在这个组织目前有315家旅馆,散布在68个国家,这些旅馆若不是大亨在全球各地投资的根据地,就是他们躲避办公室烦恼,或携心上人洗浴泡澡的秘密基地。

按照惯例,除非你有恐机症,直升机会在迪拜的国际机场载着你跨海而来,令你身价顿时与众不同,这正是饭店的待客之道的排场,保证让你每分钱都花得物有所值。要知道这饭店只有202套房,你付钱住最小那个房间也有170平方米,客人个个都来头不小,彼此之间用眼睛余光瞟一下,就算很有敬意了。在这里无须担心花钱的困难,最大的总统套房有两套,都是780平方米,在饭店第25层,里面有电影院,两间卧室,两间起居室和一个餐厅,阿拉伯式会客室,旋转睡床、衣帽间面积比一般饭店卧房还大,出入有专用电梯。想吃饭时,饭店内的海鲜餐厅进膳需动用虚拟潜水艇接送,从饭店大堂出发到达海鲜餐厅沿途的确有热带鱼游来游去,虽只需3分钟却依然美不胜收。

除了房间布置奢华,其实服务才是帆船饭店比一般五星级饭店高人一等的地方。进门之前,行李已经早于你踏入房间,客房区每个楼层都有专属柜台,客人只要打开房门就有人在门口提供服务。甚至房间的照明装置还可以达到“引领至卫生间”的效果。夜间客人要去卫生间时,只需按下面板上一个永久明亮的按钮。无论走到何处,最近的台灯将渐渐变亮,房间内的照明系统自身即可将客人引导至卫生间和浴室。

天堂的日子本来就该这样过,住到这里,你当然也会成为传奇的一部分。而饭店选用帆船造型是因为迪拜是中东的港口,先民靠着木帆船,在邻国航行,运送物资,所以贸易就是迪拜的精神,帆船是最佳代表,而帆船饭店就是这一切的基础。

资料来源:《南方周末》。

(2)渗透定价法,产品以低于预期价格的价格进入市场,以期获得“薄利多销”的效果。在饭店形成买方市场的情况下,许多新开业的饭店都是以这种方式进入市场的。

(3)满意定价法,吸取前两种定价法的优点,选取一种比较适中的价格,既能保证企业获得一定的初期利润,又能被广大宾客所接受。

2. 心理定价策略

利用宾客的心理因素进行合理的定价,巧妙刺激宾客的消费欲望。常用的心理定价策略有：

(1)尾数定价策略，给饭店产品定一个以零头数结尾的非整数价格，在宾客心目中留下一个价低的印象。适用于低档产品的定价。

(2)整数定价策略，给饭店产品定一个整数价格，以这种价格来反映产品较高的质量。

(3)分级定价策略，根据产品的质量、构成、价值等因素，将饭店产品定为不同档次的价位，以体现不同产品的价值，但是分级不可过细。

(4)吉祥数定价策略，根据人们对数字的迷信和禁忌心理而采取的一种定价策略，如选一个含有 6、8 或 9 的吉祥数作为饭店产品的价格。这类定价法在中国香港、广东一带比较流行。

3. 折扣定价策略

在实行产品交易过程中，通过对实际价格的适量调整，将一部分价格转让给宾客，鼓励宾客购买。折扣定价策略有以下几种：

(1)数量折扣，饭店根据宾客购买产品的数量或次数来决定是否给予折扣、折扣的幅度是多少，目的是鼓励宾客重复购买。

资料链接　　休布雷公司巧定酒价

休布雷公司在美国伏特加酒市场中属于营销出色的公司，生产的史密诺夫酒占有 23%的市场份额。在 20 世纪 60 年代，另一家公司推出一种新伏特加，质量相当，价格要低 1 美元/瓶。

按照惯例，休布雷公司有三条对策：(1)降价 1 美元。(2)维持原价，但是增加广告和营销费用。(3)维持原价，听天由命。由此看出，不论采取什么策略，休布雷似乎输定了。

但是，市场营销人员经过深思熟虑后，采取了让对方意想不到的第四种策略。那就是，将史密诺夫提高 1 美元，同时推出与竞争对手的新伏特加价格一样的瑞色加酒和另一种价格更低的波波酒。

这种策略，一方面提高了史密诺夫的地位，同时使竞争对手的新产品沦为一种普通品牌。结果，休布雷不仅渡过难关，而且利润大增。实际上，休布雷上述三种产品的味道和成本基本相同，只不过是不同价格销售相同产品的策略而已。

资料来源：http://info.meadin.com/Special/hotelbrand/Starwood/，迈点网。

(2)季节折扣。根据宾客购买行为的发生时间来确定是否给予或是给予多少折扣。饭店产品是一种季节性色彩浓厚的产品，有明显的淡、旺季之分，尤其如一些处在非热带地带海滨的饭店。这样一些饭店就利用季节作为打折的手段。

(3)时间折扣。根据每天早、中、晚不同的时间段或一星期中每天客流量的变化,拟订不同的价格。

(4)现金折扣。这主要是对饭店产品批发商实行的一种折扣,饭店对宾客提前支付账单给予的一种优惠,如某宾客在指定的付款日期提前若干天支付了自己的账单,饭店因此给他折扣,使其少付一部分账单。

(5)功能折扣。依据宾客的身份或产品的功能来确定折扣。如饭店普遍给众多的中间商较大幅度的折扣,但是对一些散客,给予的折扣幅度就非常小或根本不给予折扣。

(6)有效的整体折扣。将饭店的一系列产品组合成一个整体进行"打包"后销售,并给予较大的整体折扣。宾客购买这个打成"包"的产品时,可以获得比单项购买多得多的优惠。

以上 6 种折扣是即期折扣,即宾客在购买饭店的产品时立即获得的优惠。此外,还有一种延期优惠,是指宾客在购买了饭店的产品以后,进行二次购买时,才能享受饭店提供的优惠。这样的优惠有:

(1)价值返还。向客人提供一种附加价值,但这种附加价值只能在以后享受。如饭店向在本店举办婚宴的客人赠送周年纪念消费券或小孩满月消费券,这些消费券不能即时消费。

(2)连续购买优惠。宾客在购买饭店的产品以后,可以获得饭店给予宾客的优惠券,使宾客在下次购买饭店的产品时,可以利用优惠券获得价格上的优惠。

(3)代理佣金。主要是针对中间商的价格折扣。如在年初,饭店和中间商以书面的形式商定:如果双方商定的目标在年底实现了,饭店即把佣金支付给中间商,若没有实现,则佣金就不予兑现。

折扣定价是饭店常采用的较有效的价格策略,许多饭店都利用价格做文章,打出种种诸如"增加你的钱袋子""努力减少你的账单""为孩子的未来攒钱""发送新货币"等口号,刺激宾客。

当然,饭店在实施价格策略时,应严格执行有关价格政策,防止利用虚假价格开展营销活动的倾向,也要防止卷入削价竞争的泥潭。

三、营销渠道策略

营销渠道是指宾客产生消费动机进入饭店到最终消费饭店产品这一整个过程中所经历的路线以及相应的一切活动的总和,又称为分销渠道。在市场经济条件下,市场的容量很大很广,大部分饭店产品必须依靠一定的销售路线,才能将产品转移到宾客手中。它既是饭店产品商品化的必由之路,也是连接产品和宾客的中介。

并且，不同的营销渠道，决定着营销活动的质量和效果。

(一)营销渠道的种类分析

饭店产品的营销渠道主要包括直接营销渠道和间接营销渠道两类。

1. 直接营销渠道

又称无渠道营销，是指饭店直接向宾客推销产品，宾客则直接向饭店购买所需的产品。通过开展内部促销活动，越来越多的饭店产品开始实现直接营销。

2. 间接营销渠道

随着旅游市场国际化进程的加剧。对饭店而言，宾客开始出现全球分布的趋势，要吸引这些分散的宾客，单靠直接营销渠道已是不可能的，直接营销渠道在这些分散的宾客面前显得越来越脆弱。间接渠道的出现则弥补了这一尴尬。许多饭店开始借助批发商、零售商、代理商等营销机构和个人在营销信息上的优势，开展营销活动。这种经由中间商实现产品交换的营销形式就是间接营销渠道。

由于中间商介入的数量不同，间接营销渠道有不同的长度和宽度。营销渠道的长度是指产品从饭店到宾客这一过程中所流经的中间商的数量。中间商的数量越多，说明营销渠道越长。营销渠道的宽度是指在这些环节中所涉及的同类中间商的数量。同类中间商的数量越多，说明营销渠道越宽。

(二)营销渠道选择策略

饭店产品营销渠道的选择策略就是解决饭店在营销过程中选择何种营销方式的：是以直接营销的方式为主还是以间接营销的方式为主？如何选择不同长度和宽度的营销渠道？

一般来说，在回答这些问题时，饭店首先考虑以下因素：

1. 产品因素

主要考虑产品的质量。一些质高价优的产品由于往往被少部分富有的购买者重复购买，因此，在营销这类产品时，宜采用直接营销渠道或窄短的营销渠道。相反，一些大众化的产品由于购买对象复杂，分布较广，宜采用宽长的营销渠道。同时还要考虑该产品的性质，如是新产品，由于知名度较低，在争取中间商时往往花费较多的“口舌”，不如采用直接的营销渠道。

2. 饭店自身的因素

饭店的经济实力、营销管理能力等都是应该考虑的因素，若饭店的资金实力雄厚，则完全可以自己组建营销队伍，或是用较高的佣金来吸引更多、更好的中间商队伍。若饭店的营销管理能力较强，也可以利用自己熟练的营销队伍来打开市场。反之，则必须以中间商来做营销工作。

3. 营销对象因素

营销对象的人数、分布情况、购买习惯等都会影响饭店企业的营销渠道的选择。

一般来说，若饭店的营销对象数量大，且分布广，饭店宜采用长宽的营销渠道。反之则直接营销即可。

（三）营销渠道的发展趋势：联合营销

随着市场竞争的加剧，饭店企业依靠单一的营销力量和手段进行营销已显得越来越力不从心，饭店在营销渠道的选择上也开始走联合营销的路子，即饭店企业以购买特许经营权、签订管理合同、组建命运共同体等方式，组建全国性乃至全球性的营销网络，充分拓展营销渠道的长度和宽度，以更灵活的方式在最接近宾客的地方进行最有效、最方便的营销。

四、促销策略

在整个饭店市场上，同类产品或服务都存在诸多的生产者，在产品供给的现实和潜在生产能力大于市场需求的条件下，生产者都面临着由于消费者可能购买别人的同类产品而使自己的产品无法卖出的威胁。并且，这种威胁日趋尖锐，就像当代各种世界性的田径比赛，一方面，起跑线上的参赛运动员数量增加；另一方面，参赛运动员的素质也在不断提高。这就要求饭店企业必须花大力气将自己的产品推销出去，避免被淘汰出局的危险，而促销就是解除这一威胁的有力手段。

（一）促销和促销策略

促销，就是饭店将有关企业或产品的信息，通过各种宣传、吸引和说服的方式，传递给目标消费者，促使其了解并信赖产品所蕴含的丰富效用，引导他们购买，达到扩大销售的目的，其实质就是宣传、沟通产品信息。这种信息沟通的方式有广告活动、公共关系、营业推广、内部促销、人员推销、直接邮寄、形象促销等。

促销策略就是对促销对象或领域、促销任务、促销目标、促销效果、促销投入、各种限制条件等进行科学的选择、配置、控制和分析，使信息宣传、沟通手段和过程系统化、规范化。尽量提高促销活动的效果、效率，使之低投入高产出。

（二）促销策略的内容分析

促销就是营销的沟通过程，促销策略的内容包括信息沟通的全过程，具体而言，在设计促销策略时，应从以下方面着手：

1. 选择促销对象

饭店在开展每一次促销活动时，首先要明确促销的对象是谁，是中间商还是宾客？这些对象分布在哪儿？其购买行为、心理活动等有何特点？针对具体的促销对象来设计具体的促销内容。

资料链接　　餐饮推销语言技巧

为了便于记忆，把推销技巧的语言分为加法、减法、乘法、除法和借用他人之口法。

1. 语言的加法。例如，客人向你咨询，他的婚宴席单上还应配点什么菜，你就可以采用语言的加法了。“这桌席只有凤没有龙，如果加上一只龙虾就龙凤呈祥了。”又如客人订的是寿宴，在咨询你时，你就可以说：“这桌寿宴中加上一只甲鱼就增加了寿字的意义。”

2. 语言的减法。例如：“不到长城非好汉，不吃烤鸭真遗憾。”到北京不吃烤鸭真会是一种遗憾。来四川不吃江团，过了这个村就没有这个店了。到绍兴不喝黄酒，不吃茴香豆；到宿州不吃烧鸡，不尝砀山的酥梨等

3. 语言的乘法。例如有人问：“你这个豆腐怎么这么贵，豆腐也卖28元一份？”“这是香香豆腐，里面有十几种原料，要用多种烹饪技法制作，在家里是做不出来的。”

4. 语言的除法。例如客人问：“这份香辣蟹怎么这么贵？”你可以这样说：“这是两斤重的海蟹啊，10个人吃，1个人才几块钱，不贵！”

5. 借用他人之口法。你可以借用具有一定身份的消费者的话来证明和推销餐厅的菜品。例如你可以这样说：“张局长最喜欢吃这个菜。他说这是他最近吃到的最好的菜。”“黄总每次都要点这个菜。”“著名美食评论家×××说这道菜很精彩。”这样就会增加可信度，把菜品推销出去。

总之，推销语言是一门艺术，只要我们重视它，研究它，运用它，就一定能找到它的规律，更好地促进企业的经营。

2. 选择促销目标

促销目标就是通过促销要解决的问题。一般来说，促销要解决的问题由浅到深有三个层次：①认识上的问题，通过促销让宾客知晓、了解饭店的产品；②感觉上的问题，通过促销让宾客对饭店的产品产生好感，产生好的评价；③行动上的问题，通过促销让宾客采取购买行为，促进饭店产品销售。

根据这三个层次，确定具体的促销目标，如增加市场销售额、发展新宾客、打开知名度、塑造公众的品牌意识、激励宾客重复购买、寻求有关机构的理解和支持等，根据这些细目标，对涉及促销的种种因素作不同的组合。

3. 选择促销设计方案

饭店要合理设计信息宣传方案，确保信息的有效性。一般说来，有效的信息要求饭店在设计促销方案时包含以下条件：

(1)鲜明清晰的内容，促销的主题是什么？采用何种语言或何种象征物来表达、突出主题？衬托内容是哪些？

(2)恰当醒目的形式，确定信息表达所采用的符号和编排方式，是采用图片为

主、文字为主还是两者结合？图片和文字的比例如何？版式如何安排？选择哪种字体、字号？

（3）合理有序的结构，确定信息内容的叙述和表达的逻辑结构，采用哪种信息表达方式，是诉诸情感还是诉诸理智？是先抑后扬、先扬后抑还是只扬不抑？

（4）真实可信的信息源，确定权威度高，可信度高的传播者来宣传本次信息的主要内容。

4. 选择信息沟通渠道

采用何种渠道来传递信息，是大众传播渠道？还是人际沟通渠道？或是饭店内部沟通渠道？如何做好这些信息渠道的有机组合，使之扬长避短？

5. 建立促销预算

根据饭店经营的现状、产品的特点、流动资金的情况、目标消费者的特征等因素进行促销费用预算，常采用的方法有：

①目标导向法，根据具体的促销目标来确定需要的费用；

②竞争对抗法，根据竞争对手的促销费用情况确定费用；

③销售比例法，根据饭店历年的营业额或利润按比例抽取促销费用；

④在建立促销预算时，饭店应明确，开支这一部分钱可以帮助饭店实现某个具体的促销目标，为饭店谋取更多的满意的宾客，在此基础上实现饭店收入的增加。

6. 确定促销组合方式

饭店应决定各种促销方式如广告活动、人员促销、直接邮寄、形象促销等方式的主辅关系和配合方式，并根据国家的有着法律和法规，确定每次促销活动规则，确保促销活动的严肃性和合法性。

7. 衡量促销结果

按照先前确定的促销目标，比较营业额、公众态度等指标的变化，衡量每次促销以释放出的“能量”，总结成败得失。

8. 分析促销活动的限制因素

在设计促销组合策略时，为了保证促销活动的有效性，饭店应周密考虑各种不可控或因素不确定因素对促销活动可能发生的影响以及相应的应急对策，防止“临危手乱”现象发生。当然，在分析限制因素时，饭店应本着抓住重点，照顾一般的原则抓大顾小，合理分配精力、物力、财力，防止主要精力被众多的小事所牵扯。

9. 加强促销全过程的管理和协调

在这一点上，科特勒做了以下建议：

（1）任命一名信息沟通的主管人员，对公司说服性信息沟通负责；

（2）制订不同促销工具的适用范围及信息沟通作用宗旨；

（3）对用于产品、促销工具、产品生命周期不同阶段的所有促销费用进行追踪，并观察其效果；

(4)主要促销战役开始时，协调各种促销活动和它们的时间安排。

产品策略、价格策略、营销渠道策略和促销策略犹如饭店企业这辆汽车的四个轮子，共同决定着饭店企业营销活动的成败。饭店应加强对这四大策略的有效实施和控制，提高整体营销效果。

第三节 饭店营销的新理念与新策略

随着饭店市场的日益成熟，竞争日趋国际化、全球化。在这种新形势下，出现了一批全新的营销理念和营销技巧。这些营销理念和营销技巧，丰富了饭店营销管理的内容，推动饭店营销活动走上了一条全新路子。

一、从"4Ps""4Cs" 到"4Rs"的发展

(一)"4Ps"营销理念

1."4Ps" 的基本内涵

人所皆知，"4Ps"是营销学的传统经典理论。是 1960 年由美国密执安大学教授J.麦卡锡(McCarthy)提出的营销的四大因素，即产品(product)、价格(price)、渠道(place)和促销(promotion)等企业内部可控四要素的有机组合而成，国际上通称"4Ps"理论。这一理论得到有营销学之父美誉的菲利普·科特勒的首肯。尔后虽也有人陆续加上 people's management(人员管理)、public relations(公共关系)等而成为 5Ps，6Ps……然而"4Ps"为基础的营销组合理论，仍为国际营销学界所认同。

2."4Ps"的意义

"4Ps"的营销组合理论，对促进企业的生产和经营，曾起过巨大的作用，而且至今仍显其生命力。之所以如此，是因为它的基本出发点是要求产品的生产或经营者，既要重视当今社会以至国际上政治、经济、文化环境等，对饭店业来说是不可控因素的了解，并采取自己力所能及的相应对策，以求适应和生存；但作为微观经济的饭店，则应该把主要的精力用于饭店自身可控因素的研究上，使其达到最佳组合，促使企业经营的成功和发展，国际、国内均不乏以它为指导而获成功之例。

(二)"4Cs"营销理念

1."4Cs"的问世及其作用

20 世纪 90 年代以来，为有效提升服务业的营销效果，营销专家根据服务业的基本特点，提出"4Cs"营销组合策略，即为有效提升营销效果，服务型企业应注重宾客(customer)、消费成本(cost)、便捷(convenience)、沟通(communication)的有机组合。以饭店为例，饭店企业在开展营销活动时，应综合考虑宾客的需求及满意程度、

宾客愿意承担的消费成本、宾客购买产品的便利性以及饭店与宾客之间的双向信息沟通。

“4Cs”的出台不是偶然的，它反映了20世纪90年代后，在一些主要资本主义国家曾一度出现经济不景气，市场竞争更趋剧烈，“4Cs”的问世，对营销理论的贡献和营销实践的指导作用，不容低估。概言之，有助于进一步确立以顾客为中心的经营导向；它和“整体产品观”，异曲同工；与此相关，理所当然地有助于为饭店“创造忠诚的顾客”，为企业带来更多的财源。

2.“4Cs”的基本内涵

(1)宾客

饭店市场发展至今，已形成一个典型的买方市场，因而饭店企业营销的重要任务是寻找宾客、发现宾客、吸引宾客。基于这一市场现状，饭店企业应将宾客作为饭店营销活动的出发点和归宿点，着眼于研究宾客的需要和欲望，根据宾客的购买能力分析不同宾客的消费需求，在产品设计、价格定位、分销渠道以及促销模式的选择上充分考虑不同宾客的特殊性，以期获得宾客对饭店产品的认同。

饭店应对宾客的需求时刻保持敏感。国际旅游业内普遍认为，宾客需求信息是饭店最珍贵的资料。谁掌握了宾客需求信息，谁就是赢家，谁就有可能成为管理大师、营销大师. 因而饭店要在内部建立“眼对眼”的观察机制，饭店工作人员要善于发现、预见宾客需求，特别是一线工作人员要有积极寻找服务、寻找有效信息的精神，并具备对宾客需求做出敏捷反应的能力。饭店在营销过程中尤其应突出满足宾客特殊需求的能力，并将其付诸行动。满足宾客特殊需求的能力现已成为饭店产品质量中最有价值、最重要的部分，具备满足宾客特殊需求的能力，往往表明饭店具有超越同行的产品质量。

(2)消费成本

现代饭店面临的宾客具有“经济人”的显著特征，他们总希望以较少的投入获得较大的收益。因而如何减少宾客消费总成本是饭店营销要考虑的重要问题。值得注意的是，宾客的消费成本是一个综合概念，它包括以下成本：

①货币成本，即宾客购买、消费饭店的产品所支付的货币总和。

②时间成本，即宾客在购买饭店产品时所付出的时间代价。

③体力成本，即宾客在购买饭店的产品时所耗费的体力价值。

④精力成本，即宾客在购买饭店产品时所承受的心理代价，也就是宾客的精神成本。

⑤信息成本，即宾客在收集饭店产品有关信息时所耗费的成本。

饭店应尽量减少宾客的消费总成本，让宾客意识到自己购买的产品是最经济、最实惠的产品，从而获得最大的满意。

(3)便捷性

饭店在营销过程中,特别是在营销渠道的设计和选择上,应充分考虑这种营销渠道能否使宾客便捷地购买到其感兴趣的产品,应考虑"如何在最接近宾客的地方出售产品和服务"。

互联网的兴起和发展使得饭店在客源市场全球化分布这一大背景下也能为宾客创造一个良好的营销通道。因而饭店在营销渠道的设计上,除了保持传统的营销渠道外,还要研究网站的设计、推广和运用。

资料链接　　酒店互联网营销创新

从脸书(Facebook)预订引擎、四方(Four Square)的礼宾服务到推特(Twitter)的对话,越来越多酒店品牌利用社会媒体工具来触及相关的消费群,创新网络营销方法。

1. 丽兹卡尔顿利用四方开通"世界礼宾"服务

这家豪华酒店品牌于今年7月份推出了这项服务,通过四方上新的世界礼宾服务,你可以查看全球丽兹卡尔顿酒店源源不断的基于地理位置的服务信息。这项服务的目的是让旅行者直接通过手机查看关于目的地的信息(如最受欢迎的活动和想法等)。晚些时候丽兹卡尔顿又推出了一项新的活动"Let Us Stay With You",该活动的目的是让酒店粉丝通过脸书告诉酒店是什么因素让他们的住宿变得如此特别。这一推广改变了酒店业传统的酒店一客户的营销方式,而是让客户来主导是什么让他们的入住变得更加特别。

2. 洲际酒店推出iPad应用程序

为了追随礼宾服务的发展趋势,洲际酒店也拉开了利用iPad提供礼宾服务的序幕,酒店客人可以直接在酒店iPad设备上查询相关信息。随后他们还对此服务进行了升级,这项iPhone应用程序使得客人在到达酒店前就可以搜索和预订房间、获取酒店联系信息、为未来的预订保存信用卡信息以及建立个人旅游档案等,以便酒店了解客人的喜好。洲际酒店是推出iPhone预订应用程序的第一家连锁酒店。

3. 四季酒店的客房网络服务和城市聊天

四季酒店不仅加强了他们的社会媒体影响力,而且他们的技术还致力于促进客户与酒店之间的沟通。洛杉矶比弗利山庄的四季酒店是全球首家在其客房中使用ICE技术的四季酒店,通过数字方式使客人能够连接到酒店的每个角落。酒店每间客房中都配有iPad2,以满足客人的个性化需求,如预订房间送餐、预订餐厅、呼叫停车服务、安排机场接送服务、设置水疗设备、发送客房清洁请求以及搜索当地景点等。此外,四季酒店还在Twitter上推出了城市闲聊活动Best of City,每个月来自某家特定酒店的礼宾主持人会组织这次活动，目的是让客人和潜在消费者了解关于酒店及目的地的更多信息。

4. 万丽酒店的导航服务 Navigator Program

今年该酒店集团开始推出特殊的导航项目，其想法很简单：让当地人告诉酒店客人当地吸引人的地方，这项服务的特殊之处在于给传统的旅游指南注入了生命力。这项导航服务已被延伸到 iPad、iPhone 和 PDA 上，客人在一个新城市旅游的时候，可以使用手持设备追踪他们的旅程、获得更多目的地信息，并且在此过程中通过 Twitter 联系万丽酒店及其团队进行信息咨询。

5. 酒店网站上的用户评论

在酒店推出的一系列社会媒体活动中，万豪和喜达屋分别推出了酒店评论平台，使得客人可以直接在酒店品牌网站上发表评论。这一举措是今年最有影响力的社会媒体活动之一，正如 Trip Advisor，客人可以在酒店网站上发表住宿评论。

资料来源：http://www.ec.org.cn/，环球旅讯 2011 年。

(4)沟通

营销过程是饭店与宾客的相互沟通过程，并且随着宾客消费能力的提高，在这种互动关系中宾客将占据主动地位。因而饭店应树立“营销即沟通”这一理念，既要加强内部互相沟通，又要加强与宾客的沟通。

饭店内部沟通包括管理人员与服务人员之间的沟通以及部门与部门之间的沟通。在饭店内部沟通中，首先要加强管理人员与服务人员的沟通，这种沟通，可以使管理人员及时向服务人员提供信息(尤其是经常向服务人员提供有关服务质量的反馈)，使服务人员能清楚地了解自己的作用、管理人员的期望、企业的经营目标等；服务人员可使管理人员更多地了解有关宾客需求的信息，这有利于他们科学地做出决策，及时纠正决策中的一些偏差，制定客观的服务质量标准和切实可行的服务经营策略。在饭店内部沟通中还要加强部门之间的沟通，特别是营销部门与其他部门之间的沟通。饭店应保证营销部门能及时获取饭店内各种最新信息。

饭店外部沟通的实施同样需要贯彻全员沟通理念。饭店的管理者和每一位员工都必须认识到，营销工作不只是营销人员的事情，饭店的每个岗位都是吸引客人的因素，都具有发挥创造性的潜力。因此每个饭店从业人员都应充分利用与宾客接触的机会，在宾客心目中树立起良好的形象，同时尽可能地为饭店收集更多的信息。

(三)“4Rs”营销理念

20 世纪 90 年代美国学者敦·斯凯尔兹(Don E.Schultz)提出了“4Rs”营销组合策略，他认为，现代企业营销的关键在于能否与消费者建立关联(relative)、能否提高市场反应速度(reaction)、能否开展关系营销(relation)、能否得到回报(reward)。根据这一理论，面对竞争性市场中动态性的宾客，饭店企业要赢得长期稳定的市场，就要做到：

(1)通过某些有效的方式与宾客建立一种互助、互求、互需的关系，减少宾客流失。

(2)建立快速的市场反应机制，提高反应速度和应对能力。

(3)注重关系营销，把服务、质量和营销有机结合起来，通过与宾客建立长期稳定的关系实现长期拥有宾客的目的。

(4)注重营销活动的回报。一切营销必须以为宾客及企业创造价值为目的。回报是维持和发展市场关系的必要条件。

无论何种营销组合策略，都有其适用的企业和适用的市场，因而饭店企业应根据外部环境和自身条件，适时选择合适的营销组合策略，并将其综合运用，以提高营销效果。

二、绿色营销

20 世纪 80 年代后期，营销理论界出现了一种全新的营销理念，即社会营销观念。社会营销观念认为：饭店开展营销活动，不仅要比竞争对手更好地满足宾客的需要，使饭店的长期利润最大化，而且还要比竞争对手更关心宾客和社会的长期福利，要能维护并不断改善宾客和社会的长期福利。

社会营销观念的进步之处在于它要求饭店企业在开展营销活动时，要关心和考虑饭店和宾客之外的社会利益和长期利益，它将饭店、宾客、社会三者的长期利益视为一个有机的整体来看。这一观念的提出是基于环境、能源、人口等世界性的问题日益严重，人们的环保呼声、可持续发展呼声日益高涨而提出的。社会营销观念和营销观念的最大区别在于适度消费。营销观念鼓励宾客只要能够满足自己的需要，就要多消费、高消费，只顾满足宾客眼前的短期利益，忽略了宾客的长期福利。而社会营销观念则引导人们怎样适度消费，杜绝资源的浪费和环境的恶化，维护社会和环境的可持续发展。在社会营销观念的推动下，出现了一种全新的营销方式，并日渐引起人们的关注，这就是绿色营销。

(一)绿色营销的含义

绿色营销是指饭店以环保、节能、健康和安全为经营宗旨，倡导绿色消费，保护生态，合理使用资源，为顾客提供舒适、安全和健康的房务产品和餐饮产品等营销策略。

饭店绿色营销主要包括绿色房务产品营销和绿色餐饮产品营销。绿色房务产品营销是指客房采用无化学污染的装饰材料；日常用品(毛巾、枕套、床单和浴衣)，特别是一次用品(牙刷、梳子、小香皂和拖鞋等)按顾客意愿更换，减少布草的洗涤次数；包装物如杯套、洗衣袋等，使用可降解材料制成；客房内放置对人体有益的绿色植物；提供洁净的饮用水；客房采光充足，有良好的通风系统，室内无异味、无噪声；各项有害气体指标低于国家标准。

绿色餐饮产品营销是指饭店以健康十天污染食品为原料，使用有利于健康的工艺制成菜肴，保护原料自身营养，控制和减少各种环境污染。绿色餐饮营销从原料采购开始，采购自然无污染食品原料，尽量不购买罐装和半成品原料。大型饭店或饭店集团可建立无污染＋无公害原料种植基地和饲养场所。菜肴原料在初加工时，应认真清洗、摘拣，认真区别各种原料的质地和营养，合理搭配原料，均衡菜肴营养；合理运用烹调技艺，减少对原料营养的破坏，不使用任何添加剂，致力于原料自然味道；简化菜肴生产环节，减少污染机会。根据国际惯例，饭店使用的食用油达 3 次，便不再使用。精简餐饮服务程序，减少对餐巾、餐具和用具的污染，用无化学污染的器皿盛装菜肴，餐厅为无烟区，有良好的通风系统，提供剩余食品打包服务，不使用一次性餐具；倡导适量点菜，避免浪费。

资料链接

绿色新体验——广州翡翠皇冠假日饭店有机花园

2011 年 5 月，中国饭店业首家无土栽培的有机花园在广州翡翠皇冠假日饭店开业。

饭店引进农业技术中先进的无土栽培技术最新的气雾栽培法，将空置的建筑楼顶改造为有机花园，不仅能收获无污染无农药的绿色食品，美化饭店顶层环境，并由于饭店顶层植物的覆盖，大大减少顶层下方的餐厅的空调消耗。经过营养检测的无土栽培蔬菜维 C 含量比普通蔬菜提高 3 倍，致使蔬菜具有很强的抗氧化性，在烹饪时不易发黄，能保持蔬菜原有的色泽，且硝酸盐含量极少，粗纤维低，完全可以生食。

畅想一下，坐拥于舒适优雅的环境中，品尝洁净、绿色无公害、色泽鲜亮、口感清甜的可口菜肴，或在星级饭店中见证它的茁壮成长，或亲手体验采摘乐趣，享受田园般的休闲生活，惬意无限。

作为广州区域的新型绿色环保饭店，饭店在建造之初即以生态环保为宗旨，利用其自身的建筑特色建立太阳能系统，应用于饭店的路灯照明，通透的饭店大堂自然采光；引进二次水循环系统应用，洗衣房废水治理与楼面雨水收集，并将井水用于饭店洗衣；同时引进中央空调系统节能、热水节能、LED 灯节能、太阳能、玻璃幕墙循环水降温等项目。饭店还将咖啡茶渣等用作外围香料种植的肥料。饭店餐厅及酒吧都采用经过特殊过滤的“大满水”健康矿物水，多道精密过滤工序，确保您享受到健康安全的优质食品。除此之外，饭店的各个区域包括办公区域都设置环保回收箱，充分回收各类可循环使用的资源，环保的标志随处可见，由内到外打造生态环保及可持续发展的绿色饭店。

资料来源：http://gd.sohu.com/20110530，搜狐网。

绿色营销观念的宗旨是：保护生态环境，防治污染，充分利用并回收再生资源，以利社会，对整个社会负责。

绿色营销观念认为，饭店服务对象不仅是单一的顾客，还包括整个社会，要求饭店在营销中，不以短期狭隘的利润为导向，而应具备强烈的社会意识和环保意识，维持社会、环境和企业的和谐均衡再生。

饭店营销活动的基本出发点应是社会整体利益和社会长期发展。因此，饭店营销活动应注重人的价值，更多地把竞争对手看作是环境保护的合作伙伴。饭店应重视设备设施的保养与维修，延长使用寿命，减少更换频率。制定科学的采购计划，分批适量购买各类原料和用品，防止因过度采购、储藏不当等造成的浪费；减少使用一次性耗品，减少废物和垃圾的产生，物尽其用，采用可以重复使用的日用品；改良生产和服务设施设备，采用先进的节能设备，安装节能照明、节水设备及能源控制设施。开辟无烟楼层及客房；开展园林绿化工程，提高饭店绿色植物覆盖率。

绿色营销的出现，是营销活动的进步，它使得饭店企业的营销活动带上了浓厚的社会责任色彩，尤其是环境保护色彩。这在追求利润导向的大背景下是难能可贵的。可喜的是，这种营销方式一出现，就引起了社会各界的广泛关注。尤其是在饭店行业掀起了一股高潮，各地纷纷出现了创建“绿色饭店”的活动，即饭店在建筑材料、物料用品等方面，尽量使用污染小、可再生的物资，减少垃圾、污水以及各种浪费，在饭店内部树立关心环境、关心社会的“责任人”形象。

目前，中国饭店协会将绿色饭店分为5个等级。A级绿色饭店表示饭店符合国家环保、卫生、安全等法规并实施了改进环境的措施；AA级表示饭店为顾客提供绿色产品，在减少环境污染方面取得了初步成效；AAA级表示饭店在生态环境方面取得了卓有成效的进步，环保在本地区饭店业处于领先地位；AAAA级表示饭店产品与设施在生态环境保护中获得社会高度认可，并处于国内饭店业领先地位；AAAAA级表示饭店环境保护工作在世界饭店业处于领先地位。

(二)创建绿色饭店的关键

开展绿色营销活动，创建绿色饭店活动，关键在于从以下几个方面着手。

1. 做好饭店各级员工的观念转变工作

长期以来，旅游业一直被公认为是“无烟产业”，是无污染的产业。然而，随着旅游业的进一步发展，人们发现，正是“无烟产业”实际上造成了大量的污染。以饭店为例，就存在着惊人的浪费：每天倒掉大量的食物，水电空耗，棉织品一天一换甚至两换，牙膏、洗发水、沐浴液、香皂等易耗品没有用完就换掉，好好的牙刷用一次就扔了……因此，应让饭店各级员工意识到饭店制造了庞大的“生活垃圾”，饭店并非是一个无污染的企业。并且，从更大的范围来看，饭店的数量增长过快，档次攀高，使得社会资源得不到合理的配置。过去人们总以为饭店是高投资、高回报、高收益的短平快项目，因此，纷纷上马搞饭店，实际上饭店是资金密集型的企业，投资极大，一旦出现盲目投资和结构不合理，就会造成大浪费。现在众多空置的饭店客房就是资源的巨大浪费。同时，要以“社会整体利益至上”的观念代替原先“经济效益至上”的观念，加强员工的社会责任感和历史使命感。

2. 建立和健全有关制度

绿色营销活动的落实有赖于一套完整的规章制度。规章制度作为高压线，首先规范了员工的行为。如香港的香格里拉饭店在 1993 年的时候就根据绿色营销观念，建立了详尽的环境管理系统（EMS）手册，向社会公开承诺：第一，不断改善环境；第二，阻止污染；第三，遵守饭店已确认的环境规章制度和其他要求。其中摸索出了可用于整个饭店操作的 100 多种“最佳实践方针”，并在能源使用、水电消耗、资源节约、废液和固体垃圾的限制和处理等方面制订了详细的制度和处理要求。为了便于落实，该饭店还制订了环境管理系统程序和操作程序。系统程序由环境面貌、环境训练、通信、EMS 文件控制、监控的测量以及环境系统监督组成，它是指在正常操作、非正常操作和可能发生的紧急情况下制定的目标。操作程序则为各部门提供了环保技术，包括在打扫客房、洗衣、厨房、办公室、餐馆、服务管理和环保物品购买方面的宝贵经验。

3. 成立相应的组织体系

饭店开展创建绿色饭店活动，要求有相应的组织体系加以保障。如中国香港的香格里拉饭店专门成立“绿色委员会”，系统化进行可持续发展的实践。绿色委员会的任务是制订饭店在创建绿色饭店方面的目标和计划，培训饭店内部专职的督察员，并监督各项制度的落实情况。香格里拉的“绿色委员会”每月召开一次会议，进行工作回顾和展望，如果达到了目标，那么委员会将制订更新、更高的目标，在绿色之路上继续迈进。饭店还专门设立三位“EMS 经理”，担任饭店内部专职的环境监督员。

4. 做好“绿色培训”工作

培训的对象分为内部公众和外部公众两大类。对于内部公众的培训，应本着自上至下的原则，从高层管理人员到基层普通员工都进行培训，在员工中反复强调开展绿色饭店的意义。培训时要注意循序渐进，如香港香格里拉饭店以不间断的培训来克服一切可能遇到的阻力。他们培训的第一步就是向员工说明推进“绿色计划”的作用和意义。在此基础上，再进行“绿色能力”训练。通过这个阶段的培训，教会员工更多关于环境管理系统的内容和如何提高效率的方式方法。新员工人店，首先人手分发一份《绿色之旅》说明书，结合员工手册进行培训。同时，饭店还对各部门领导进行最佳实施办法和环境政策的培训。对于外部公众的培训，主要侧重于让公众理解饭店开展绿色饭店的意义以及怎样谋求公众的合作。许多饭店“培训”宾客的做法是在客房内放置一张“绿卡”，提醒宾客：为了减少对环境的污染，请宾客将不需要更换的毛巾等放回原处，请宾客自觉减少浪费行为等。

5. 加强废物的处理和控制

这是创建绿色饭店的最直接的实际行动，饭店可以从以下 4R 入手，加强废物的处理与控制：

减量化(reducing)。减少一次性易耗品的利用，减少废物和垃圾的产生。如有的饭店将沐浴液和洗发水放在大瓶的倒挂式的玻璃瓶中，减少这些液体外包装的使用数量。有的饭店专门提供半份菜量，防止浪费食物。有的饭店不再向宾客赠送贺卡，而改为在报纸上刊登问候。

再使用(reusing)。做好物品的二次利用，如有的饭店将用剩的肥皂头集中起来，用做洗涤、清洁拖把。办公室将复印过的纸张反过来再使用等。

替代化(replacing)。以多次可回收利用的物品来代替一次性物品。如有的饭店开始用布袋或藤篮代替原先塑料的洗衣袋；用消毒筷子代替一次性筷子，用纸罩代替口杯上的塑料罩，用太阳能、地热等代替污染严重的能源等。

循环使用(recycling)。如大床单破损后可改制成小孩床单、枕套或吸尘器袋等；破旧的毛巾可用来当抹布等。

资料链接　喜达屋集团引领绿色酒店新风潮

喜达屋酒店及度假酒店国际集团近日宣布，借力于市场对兼顾新潮与生态智能酒店品牌的强劲需求，源宿酒店取得了前所未有的增长势头，旗下酒店数量将于未来两年内翻番。在 2017 年年底前，将有 15 家源宿酒店将陆续开业。2014 年，随着四家新酒店的开业，源宿将首次跨出北美，进军国际市场。其中，2015 年，苏州科技城源宿酒店的开幕则将为喜达屋创下又一个重要的里程碑，使中国成为除美国外，全球唯一拥有喜达屋所有九大品牌酒店的市场，全面推广喜达屋所倡导的各种精彩生活方式。

源宿是第一个规定所有旗下酒店必须遵守美国绿色建筑委员会 LEED 高效能

建筑认证的酒店品牌。所有源宿品牌酒店均为新建酒店，为旅行者重新构造酒店长住体验，帮助他们在旅途中实现平衡、健康的生活方式。

源宿酒店专为深谙旅行之道的宾客而设。它的照明设计颠覆传统，让客房和公共空间洒满自然光线。源宿酒店随处充满时尚元素，同时也坚守可持续发展理念，提供众多的特色便利服务与设施，从 RISE 健康早餐、RELAX 缤纷之夜、盐水泳池、宽敞的健身中心、自行车租赁到电动车充电站等，源宿用心营造兼顾舒适与环保的住宿体验。源宿作为喜达屋最新的品牌创新，自 2008 年品牌发布以来，就一直致力于让旗下所有酒店符合 LEED 绿色建筑认证标准。迄今为止，在 11 个北美市场都有源宿酒店的足迹，同时源宿也正在全球范围内建设新酒店。

资料来源：联商·资讯中心。

三、整合营销策略

（一）整合营销及其内涵

饭店整合营销是指以与消费者沟通为基础，将饭店品牌、经营理念、产品特色和价值、销售渠道、促销策略及服务方法整合成一体，使它们发挥更具效果的营销活动。饭店整合营销涉及饭店各部门和各岗位及饭店外部的相关部门。这种整合既不是简单的拼凑，也不是普通的精简机构，是有计划、按系统、循序渐进、针对长期经济效益审慎而积极的资源整合。饭店整合营销的关键在于全体职工对整合的认识，因为整合可涉及部门和人员原有的利益。因此，管理人员必须做耐心培训，使职工认识到个人利益与集体利益、眼前利益与长远利益的辩证关系，同时应强调资源整合的重要价值，使全体职工能理解和支持。

整合营销的核心理论——“4Cs”营销理论认为，当今企业应将顾客放在第一位，关注顾客需求；注意消费者购买成本和产品内在价值；为顾客提供便利；加强与顾客沟通，深入了解顾客需求，提高顾客对企业的忠诚度（communication with consumer）。整合营销实际是对饭店资源全方位的审视与重组，从经营各方面认真分析，包括目标市场、顾客忠诚度、职工对企业满意度、企业价值链、企业销售策略、企业竞争优势等，综合企业内部和外部所有力量，达到整体经营效果。整合营销不只是管理者的工作，全体职工必须参与和合作。由于饭店各部门任务各异，因此饭店整合营销策略的实施必须有针对性，落实到营销战术上。

（二）整合营销的三个重要特点

1. 从“消费者请注意”到“请注意消费者”

这是一个偏正结构式的短语，按中国语法它侧重点在后，因而绝不是在玩弄文字游戏，而是体现了立足点的根本性转变。还是整合营销理论的倡导者，美国的D.E.舒尔兹教授说得更为明白，他说昔日促销、宣传的座右铭是“消费者请注意”，然而各类商品信息铺天盖地，消费者偏偏不注意，甚至对广告“不看、不信、不记忆”，为适应这一巨变，现在应想方设法“请注意消费者”，重视社会舆论对消费者潜移默化的影响，事实证明，“舆论作用远远超过广告的影响力”。企业知名度已经由过去为企业广告左右，变成了由企业与社会舆论的相互影响、相互联系、相互作用的结果。

2. 宣传沟通的“六个定位”

整合营销改变传统的广告促销的单向的说教模式，而显得充分关心消费者的需要和价值取向，其策略是，介绍消费者想知道、能知道并且易记住的内容。其核心则体现在促销宣传的“六个定位”，即：(1)对象定位，弄清“对谁说”；(2)目标定位，即达到什么效果；(3)价值定位，即说些什么；(4)形式定位，即怎么说；(5)媒介定位，即选择什么媒介通道去说，效果会更好；(6)预算定位，即说什么。这六个定位似乎都在预料之中，然而这些问题不解决好，宣传促销的力度再强、再大，势必也事倍功半，也难以达到预期的效果。

3. 重视控制消费者心理转变过程

“整合营销是一场心理控制战与心理管理战。”为赢得消费者的心理认可，必须使用“系统信息与系统传播”，围绕目标市场消费者群体以及他们对饭店产品的关注，持续推出能影响其感觉、改变其行为的系列信息，并密切重视信息的反馈，从而不断调整和改变宣传促销的策略和内容。

（三）整合营销重在“整合”

整合营销也是一项系统工程，“它是胆识与耐心，数据与直觉，永恒与变革的混合体”。因此，卓越的整合营销，既是稳健的，更应该是不断整合的。

1. 营销战略与营销活动的整合

企业管理者特别是高层管理者，要善于审时度势，根据不断变化的市场环境，把握稍纵即逝的商机，瞄准目标市场，“确立自己独特的定位”，并根据不断变化的形势，整合自己的营销战略乃至营销活动。

2. 营销信息与营销行动的整合

针对中国企业的营销人员，“太多忙碌，太少自省”的现状，企业应借助于先进的信息技术，建立营销数据库，特别是“客户往来档案”和“销售人员管理档案”，注重内部信息和外部信息的分析，确定自己的行动，使“新的营销活动以信息为依据，不再是凭感觉”。

3. 营销与销售的整合

营销与销售，在不太严格的场合，两者是相通的。企业可以建立营销部，也可冠之为销售部，但是它们毕竟是两个概念，“销售不等于营销，但也不能认为营销高于销售。简单来说，营销多于思，而销售多于行”。整合营销就是要注重两者有机契合，企业则可无往不胜。

4. 营销传播渠道的整合

预算有限，传播的时间、空间无限。为此必须“科学规划，达到整合效果”。前文已有阐述，故不予展开。

5. 营销产品与营销服务的整合

对于饭店业来说，服务不仅是商品，而且是重要商品，“服务对创利的贡献越来越大”。饭店的各级管理者均必须明白，“营销不再是一次性交易，而是顾客关系的持续和巩固”，饭店的服务，不只是在销售过程中才发生，“它应先于销售而存在”，特别要改变重“售中服务”，轻售后服务的普遍倾向，明确服务于售前、售中、售后是一个系统。

总之，按整合营销的观点：企业的营销业绩是各种营销要素或活动的乘积，如果某一要素为零，不管其他要素如何强大，结果也归零。整合营销不意味着所有饭店职工都去搞营销，而是要将营销理念、市场意识、服务意识贯彻到每个职务。管理人员应激励职工满腔热情地工作，将自己工作与市场需求相联系，使每个职工意识到本岗位是营销链中的必要一环，必须相互协调成为营销整体。饭店决策层应将企业发展与市场紧密结合，将经济效益与社会效益相结合，长期效益与短期效益相统一，积极协调各部门，使其不偏离企业营销目标。在市场经济环境下，饭店生存与发展，离不开与企业外部资源的合作。供应商必须以较低的价格为饭店提供适当质量的原材料和设施，银行必须在适当的时候提供足够的资金保证饭店有效运营，广告公司必须用较低的成本将饭店经营信息传达到目标顾客，中间商必须有效地分销饭店产品。因此，外部资源的整合影响着饭店的经营效果，也影响顾客对企业的满意度。

四、关系营销

关系营销是指饭店与供应链中的纵向伙伴（客户、供应商、分销商）、横向伙伴竞争者、产品互补企业）和政府机构等互相协作，建立和发展良好关系，使饭店经营成功的营销方法。

传统的理论认为饭店营销是利用内部可控因素，对外部不可控因素做出的积极动态反应，进而促进产品销售。随着社会经济的发展，特别是日益激烈的饭店市场竞争，饭店管理学家和企业家认识到营销组合不再是唯一的饭店营销成功策略，许多精心策划的饭店营销组合实施后，难以达到预期的经营目标。而关系营销对饭店业有着不可替代的作用。采用关系营销策略，饭店可与顾客、供应商、分销商和竞争者等建立长期信任和互惠，保持长期稳定的互助关系，这种关系或纽带促进饭店生存和发展。关系营销策略可促进饭店之间合作，减少无益的竞争，增加营销机会，还有助于饭店多元化经营。此外，关系营销有利于协调饭店与政府的关系，创造良好的经营环境，获得政府的支持和帮助，对饭店开展市场营销具有十分重要的意义。

20 世纪 90 年代美国学者唐·舒尔茨认为关系营销内涵包括 4 个关键因素(4Rs)：关联性(relevancy)、反应(respond)、关系(relation)和回报(return)。当今饭店与顾客已成为命运共同体，在经济利益上相关，饭店应建立和保持与顾客的长期关系，在买卖双方相互影响市场中，最现实的问题是站在顾客角度及时倾听他们的希望和需求并及时做出反应，满足顾客的实际需求。因此现代饭店营销观念包括 5 个转变：将传统交易转变为友好合作；将短期利益转向长期利益；将单一销售转向参与经营；将利益冲突转变为和谐发展；将营销组合转变为与顾客互动。营销学家菲利普·科特勒在《营销管理》中总结，精明的营销者会同顾客、分销商和供应商建立长期信任和互利的合作关系，这些关系是靠不断承诺和给予对方高质量产品、优良服务和公平价格来实现的，也是靠双方成员之间经济技术和社会联系来实现的。双方也会在互相帮助中更加信任、了解和关心。

在关系营销中，饭店重视与顾客沟通，不断宣传新产品，与老顾客保持联系，使客户更有效地使用资金。饭店按顾客的需求设计客房产品、餐饮产品、会议产品和康乐产品同时建立客户档案，记录顾客类型、购买目的、购买时间、购买频率和产品偏好，从而更有效地发现目标顾客需求，提高营销效率。在传统营销理念，营销人员只重视"赢得顾客"，而关系营销不仅讲究"赢得客户"，更重视"拥有顾客"。因此，饭店营销人员不断倾听顾客意见，处理好顾客投诉，对多次重复购买产品的顾客给予奖励，包括快速办理入店和结账手续，设立积分卡，采用打折和优惠等。许多饭店成立顾客俱乐部，经常向俱乐部成员提供新产品信息，培养顾客忠诚度。

资料链接　　顾客关系营销的三个层次

根据美国康乃尔大学饭店业研究中心的研究，决定客人忠诚度有四个因素：价值、利益、(可控制的)支出和(对饭店/品牌的)信任，其中最关键的是"利益"和"信任"。因此关系营销必须为顾客制定增值策略，提供特殊的优待。如建立常客档案，实施常客计划，给予更加个性化的服务等。根据特殊优待给顾客创造的不同的价值，市场营销学教授贝瑞和帕拉苏拉曼把关系营销归纳成一级关系营销、二级关系营销和三级关系营销三种层次。

1. 财务层次

这是关系营销中最低的一个层次,有些学者也将这个层次的营销称为“保持性”营销。财务层次营销是指企业通过价格优惠,刺激顾客购买更多产品和服务。

2. 社交层次

这是关系营销中中间的一个层次。企业与常客的社交性联系,指企业发现常客,主动与常客保持联系,不断地研究和了解常客的需要和愿望;向常客送礼品和贺卡,表示友谊和感谢;信任常客;向常客表现出合作态度和友好的服务态度。

3. 结构层次

这是关系营销中最高的一个层次。结构性联系指服务性企业使用高新科技成果,精心设计服务体系,为常客提供竞争对手不易模仿的服务,使常客得到更多消费利益和更大使用价值,而不是仅依赖员工的社交活动与常客保持联系。

资料来源:www.88ht.com,中外饭店。

综上所述,采用关系营销策略的饭店应主动营销,重视产品质量和特色及饭店整体经营模式,否则达不到预想的营销效果。如果饭店只采用优惠和奖励措施,只能换回部分顾客忠诚或有限的忠诚度。随着我国市场经济的发展和完善,关系营销作为一种新的营销策略对饭店营销发挥愈加重要的作用。

本章小结

营销活动是连接饭店与市场的桥梁,营销活动的成败直接影响饭店经营的成败。本章重点介绍了饭店营销活动的基本特点、操作要点、营销组合策略以及最新的营销理念及其操作技巧。

知识结构图

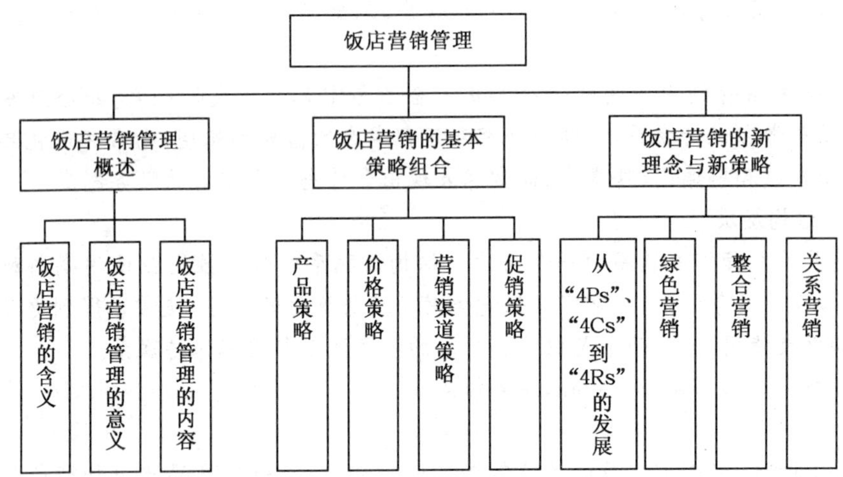

案例研究

月饼营销得失

每一年自己的饭店都会做月饼卖月饼，自己家里也会有亲戚朋友赠送的不同饭店的月饼，今年也不例外。有一天妈妈对我说，吃了好几家饭店的月饼，发现金科的最好吃。这盒月饼是饭店发的，属于档次最低的一种，亲友送的基本上都是其他饭店的中高档次。她的话引起了我的兴趣，一来我家的月饼从来都只有妈妈一人在吃，十多年吃下来本来就最擅长做菜的她也吃出一些经验，就品味而言她代表了大多数市民的口味。二来妈妈从来没有恭维的习惯，前年她就说过金科的月饼不如××饭店的好吃。

卖月饼是重庆各家饭店一年之中的大事，不亚于圣诞和春节。有道是“生意不好，月饼吃饱”。不少饭店的餐饮客房收入不高，甚至还赚不了钱，一年的营收，全员的奖金就指望月饼了，做得好的可收入一二千万元，差的也有几十上百万元。这得感谢重庆市民的好习惯，最喜欢吃饭店出的月饼，食品公司和酒楼的没档次，这一点让饭店人很欣慰。

当几十家饭店都做月饼时，你想卖好却也不容易了，供大于求嘛。每一年大家都会抓破头皮想营销噱头，想来想去，不外乎有两样，一是包装，二是关系。饭店的月饼都比较贵，味道也不见得好到哪，所以靠的就是包装豪华和大量的客户关系了。

大多数饭店都采用全员营销的方式，把月饼销售的数量分摊到每一个部门，再量化到每一位员工，于是八九月份就有上万名饭店人给自己的亲友客户打电话，询问要不要买点月饼。做得好的饭店则采用员工自己认购的方式，量力而行，从饭店拿底价，五折六折不等，然后自己加一点甚至全价卖出去，多赚的归自己。一小部分"牛人"过一回中秋就能赚到二三十万元，买车买房都够了。当然大部分人没这么牛，但赚个几千上万的大有人在。

每年月饼的价位与档次都差不多，从八十元左右到一千多不等，二百元以下属于低档，五百元以下属中高档，千元的是高档。各家饭店都相差不大，竞争的关键不在这里。如何分配每个档次的数量才是最有技术含量的。

比如考虑到今年受金融危机和"打黑"的影响，我们判断二百元以下的月饼应该是主打，于是把 70%的量都定在了每盒 88 元、128 元、168 元和 198 元的价位。可市场却出乎我们的意料，卖得最疯的居然是 368 元的。原计划销售3 000盒，结果一售而空，再加5 000盒又销售一空，再加5 000盒则"空"得更快，最后共卖了 1.5 万盒，如果不是盒子数量的限制，还能卖更多。反过来，每盒 88 元和 128 元的低价月饼却卖得相当不好，原计划卖出去 1.5 万的量仅5 000多。幸亏饭店是按需定产，根据市场及时调整，没有什么损失。

我们饭店的情况是这样，其他饭店却不一样。据不完全调查，周边的四、五星级饭店卖得最好的是 200 元左右及以下的月饼。原来是客户群在作怪，金科的客户对月饼的诉求不一样。

当每盒 368 元的卖完了之后，客人还想要时，你会增加哪一类呢？这又是个难题。从降低市场风险起见，绝大多数饭店会建议客人选择中低档的，这是一般的常理。事实证明常理常常不太对。我们尝试让客人选择每盒 999 元和 468 元的，结果这两款又一售而空。胆子再大一点，增加一款每盒1 988元的，结果又不够卖。

原计划今年月饼折后总收入达到 500 万元就算胜利，结果却大大地超出了预期，品种的选择起到了至关重要的作用。

问题：1. 你如何理解全员营销？

2. 为什么案例中的饭店的中高档月饼卖得快呢？

3. 有的饭店给员工定下任务，完成就奖励，完不成就罚款。评价此做法的利弊。

实训练习

1. 针对两个以上饭店的大客户经理的工作情况进行调研，总结大客户经理的工作职责。并思考优秀的大客户经理应具备怎样的特质，自己是否具备这样的特质。

目的:使学生通过调查分析了解饭店营销工作的特点,把握营销工作的要点。

要求:要结合自身的条件认真思考,寻找自己从事营销工作的优势和劣势。

2. 饭店圣诞节营销策划方案。

目的:锻炼学生公关营销策划和营销计划的能力,增强对公关营销知识和计划技术、圣诞节民俗知识的认知。

要求:要进行详细的调查了解,加强团队成员的分工与合作,制定出详细的策划方案,总体营销费用控制在2 000元以内。

复习思考

1. 什么是饭店营销?
2. 试述饭店营销管理的内容纲要
3. 饭店基本营销策略组合是什么?
4. 绿色营销理论的基本内容是什么?
5. 什么是整合营销理论?
6. 与传统的营销理论比较,关系营销的中心是什么?有何现实的指导意义?

第六章

饭店服务与质量管理

能力目标

- 具有正确处理饭店投诉的能力；
- 能运用所学知识，分析饭店存在的质量问题，并合理进行解决；
- 能掌握并灵活运用饭店服务质量管理的有效方法。

知识目标

- 了解饭店服务质量的概念和特点；
- 掌握饭店服务质量的内容；
- 了解如何制定饭店的服务规程。

课程导入

没有冬天的酒店

温特莱酒店位于北京CBD商务区，开业10年来围绕打造一个“没有冬天的酒店”的理念，管理层和员工做了大量努力。目前，该酒店是北京唯一一家通过ISO9001、ISO14001和OHSAS18001(职业健康安全体系)认证的酒店，有8位中国区国际金钥匙代表。一位台商10年来一直住在该酒店，他说是温特莱酒店的细腻打动了他。

为了打造温馨的商务酒店，管理层在许多方面进行了创造性探索。所有客房没有带“4”的号码，充分考虑了中国人的文化传统；在客房卫生间，专门制作了一个眼镜托架，为戴眼镜的客人提供方便。考虑到康体中心占地面积大、利用率不高，决定把健身器材放置在各个楼层，供客人免费使用，不仅如此，还提供水果和矿泉水。为增加客房的文化内涵，所有名人住过的客房，都在门口做了明显标志，客房内有名人的照片、签字的饭店浴袍等用品。

2003 年，酒店特别推出了女性客房，在客房配置了女性用品以及女性喜欢的工艺品，投入使用后，受到客人欢迎。为了体现酒店为商务客人服务的特色，酒店在客房进行了一些富有文化特色的布置，比如酒店和附近的社区、学校进行合作，把学生的绘画作品，按照 CBD 主题的要求进行裱装。在公共卫生间，酒店做了许多漫画。酒店下大力推出湘粤菜系，在较短的时间内，获得中国餐饮名店称号，有 2 名厨师获得大师称号，五色豆、金猪手成为招牌菜。为加大宣传力度，酒店在部分楼层布置了一些彩色图片。

温特莱的细腻也表现在对待员工的态度上。员工为酒店获得荣誉称号，酒店报销员工付出的费用。员工的家属生病了，酒店会派人去看望。在总经理的安排下，酒店率先在内部对员工进行职业生涯设计，根据每个员工的实际情况，设计以后的发展道路，大大提高了员工的凝聚力和战斗力。

请思考：通过了 ISO9001、ISO14001 和 OHSAS18001（职业健康安全体系）认证，温特莱酒店的管理者为什么还要特别强调细节？

第一节　饭店服务质量概述

一、饭店服务质量的概念

优质服务可以提高饭店的知名度和美誉度，吸引客源，并使老顾客一而再地光临，成为饭店的忠诚顾客，最终带来可观的经济效益。所以，现代饭店都非常重视服务质量，希望通过服务质量管理，能够为宾客提供更为优质的服务，满足宾客的各种需求并在竞争中立于不败之地。质量意识已成为饭店管理者必须具有的一种观念，而对饭店服务质量的含义的正确理解和特点、内容的把握则是进行饭店质量管理最基本的前提。

饭店服务质量是指饭店以其所拥有的设施设备为依托，为宾客所提供的服务在使用价值上适合和满足宾客物质和精神需要的程度。所以，饭店提供的服务既要满足宾客生活的基本需要，即物质上的需求，还要满足宾客的心理需要，即精神上的需求。而所谓适合，是指饭店为宾客提供服务的使用价值能否为宾客所接受和喜爱。所谓满足，是指该种使用价值能够为宾客带来身心愉悦和享受，使宾客感觉到自己的愿望和期盼得到了实现。

因此，饭店服务质量的管理实际上是对饭店所提供服务的使用价值的管理。饭店所提供服务的使用价值适合和满足宾客需要的程度高低即体现了饭店服务质量的优劣。适合和满足宾客的程度越高，服务质量就越好，反之，服务质量就差。

饭店向宾客提供的服务通常是由饭店的设施设备、实物产品、劳务服务的使用价值共同组成。从整体来说，饭店所提供的服务带有无形性的特点，但局部上具体服务的使用价值又带有物质性和有形性的特点，因此，饭店服务质量实际上包括有形产品质量和无形服务质量两个方面。饭店服务的质量比一般实物产品的质量要复杂且更难把握。

实际上，关于饭店的服务质量通常有两种理解，一种是广义上的饭店服务质量，它包含着组成饭店服务的三要素，即设施设备、实物产品和劳务服务的质量，是一个完整的服务质量的概念，本书所提的服务质量主要是指广义的服务质量。另一种是狭义上的服务质量，是指饭店劳务服务质量，它纯粹是指由服务员的服务劳动所提供的，不包括提供的实物形态的使用价值。

二、饭店服务质量的内容

综上所述，饭店服务是有形产品和无形劳务的有机结合，饭店服务质量则是有形产品质量和无形劳务质量的完美统一，有形产品质量是无形劳务质量的凭借和依托，无形劳务质量是有形产品在质量上的完善和延伸，两者相辅相成，即构成完整的饭店服务质量的内容。

(一)有形产品质量

有形产品质量是指饭店提供的设施设备和实物产品以及服务环境的质量，主要满足宾客物质上的需求。

1. 饭店设施设备的质量

饭店是凭借其设施设备来为客人提供服务的，所以，饭店的设施设备是饭店赖以生存的基础，是饭店劳务服务的依托，反映出一家饭店的接待能力，同时，饭店设施设备质量也是服务质量的基础和重要组成部分，是饭店服务质量高低的决定性因素之一。

饭店设施设备包括客用设施设备和供应用设施设备。

客用设施设备也称前台设施设备，是指直接供宾客使用的那些设施设备，如客房设备、康乐设备等。它要求做到设置科学，结构合理；配套齐全，舒适美观；操作简单，使用安全；安好无损，性能良好。

其中，客用设施设备的舒适程度是影响饭店服务质量的重要方面，舒适程度的高低，一方面取决于设施设备的配置，另一方面取决于对设施设备的维修保养。因此，随时保持设施设备完好率，保证各种设施设备正常运转，充分发挥设施设备效能，是提高饭店服务质量的重要组成部分。

供应用设施设备是指饭店经营管理所需的不直接和宾客见面的生产性设施设备，如锅炉设备、制冷供暖设备、厨房设备等。供应用设施设备也称后台设施设备，要求做到安全运行，保证供应，否则也会影响服务质量。

所以，饭店只有保证设施设备的质量，才能为客人提供多方面的感觉舒适的服务，进而提高饭店的声誉和服务质量。

2. 饭店实物产品的质量

实物产品可直接满足饭店宾客的物质消费需要，其质量高低也是影响宾客满意程度的一个重要因素，因此实物产品质量也是饭店服务质量的重要组成部分之一。饭店的实物产品质量通常包括：

(1)菜点酒水质量

饭店管理者必须认识到饮食在宾客的心目中占有的重要位置以及不同客人对饮食的不同要求，如有的客人为求满足其新奇感而品尝名菜佳肴，而有的客人只为了寻求符合口味的食品而喜爱家常小菜，但无论哪种宾客，他们通常都希望饭店饮食产品富有特色和文化内涵，要求原料选用准确，加工烹制精细，产品风味应适口等。另外，饭店还必须保证饮食产品的安全卫生。菜点酒水质量是饭店实物产品质量的重要构成内容之一。

(2)客用品质量

客用品也是饭店实物产品的一个组成部分，它是指直接供宾客消费的各种生活用品，包括一次性消耗品(如牙刷、牙膏)和多次性消耗品(如棉织品、餐酒具等)。客用品质量应与饭店星级相适应，避免提供劣质客用品，如一梳齿就断的一次性梳子，一穿就破的一次性拖鞋，一刷满口牙刷毛的一次性牙刷，都会给客人留下极其恶劣的印象。饭店提供的客用品数量应充裕，能够满足客人需求，而且供应要及时。另外，饭店客用品的品种还应切实可以满足宾客的需要，而不仅仅是摆设，如某些三星级饭店也提供纸质指甲锉、棉签等，即为多余，而客用品品种过多势必增加饭店成本，最终必会损害到客人利益，影响服务质量，所以客用品配备应适度，以能够满足本饭店客源需求为佳。最后，饭店还必须保证所提供客用品的安全与卫生。

(3)商品质量

为满足宾客购物需要，饭店通常都设有商场部，而商场部商品质量的优劣也影响饭店服务质量。饭店商品质量应做到花色品种齐全、商品结构适当、商品陈列美观、价格合理等。更为重要的是注重信誉，杜绝假冒伪劣商品，而且饭店所供商品应符合宾客的购物偏好。

(4)服务用品质量

服务用品质量是指饭店在提供服务过程中供服务人员使用的各种用品，如客房部的清洁剂，餐饮部的托盘等。它是提高劳动效率、满足宾客需要的前提，也是提高优质服务的必要条件。服务用品质量要求品种齐全、数量充裕、性能优良、使用方便、安全卫生等。管理者对此也应加以重视，否则，饭店也难以为宾客提供令其满意的服务。

3. 服务环境的质量

常常会出现这种情况，你对一家饭店印象特别好，但却说不出为什么，这种良好的印象只是一种感觉，实际上，这种感觉常常是因为受到该饭店服务环境的影响。

饭店服务环境质量就是指饭店的服务气氛给宾客带来感觉上的美感和心理上的满足感。它主要包括独具特色、符合饭店等级的饭店建筑和装潢，布局合理且便利的服务设施和服务场所，充满情趣并富于特色的装饰风格，以及洁净无尘、温度适宜的饭店环境和仪表仪容端庄大方的饭店员工。所有这些构成饭店所特有的环境氛围。它在满足宾客物质方面需求的同时，又可满足其精神享受的需要。

通常对服务环境质量的要求是：整洁、美观、有秩序和安全。在此基础上，对于高星级饭店来说，还应充分体现出一种带有鲜明个性的文化品位。

由于第一印象的好坏，很大程度上是受饭店环境气氛影响而形成的，为了使饭店能够产生这种先声夺人的效果，管理者应格外重视饭店服务环境的管理。

（二）无形产品质量

无形产品质量是指饭店提供的劳务服务的使用价值的质量，即劳务服务质量。劳务服务的使用价值使用以后，其劳务形态便消失了，仅仅给宾客留下了不同的感受和满足程度。如餐厅服务员有针对性地为客人介绍菜肴和饮料，前厅工作人员态度良好地回答客人关于饭店内各种服务项目的信息的询问，都会使客人感到愉快和满意。

劳务服务质量也是饭店服务质量的主要内容之一。它主要包括以下几个方面：

1. 礼貌礼节

礼节礼貌是以一定的形式通过信息传输向对方表示尊重、谦虚、欢迎、友好等态度的一种方式，礼节偏重于仪式，礼貌偏重于语言行动。它表明了饭店的基本态度和意愿。饭店礼节礼貌主要要求服务人员具有端庄的仪表仪容，文雅的语言谈吐，得体的行为举止等。饭店服务员直接面对客人进行服务的特点使得礼节礼貌在饭店管理中备受重视，因为它直接关系到宾客满意度，是饭店提供优质服务的基本点。

资料链接　　微笑的艺术

笑，乃是人的天性使然，人皆会之。微笑服务，是一个人内心真诚的外露，它具有难以估量的社会价值，它可以创造难以估量的财富。正如一位哲人所说："微笑，它不花费什么，但却创造了许多成果。它丰富了那些接受的人，而又不使给予的人变得贫瘠。他在一刹那间产生，却给人留下永恒的记忆"。

微笑服务是一种力量，它不但可以产生良好的经济效益，赢得高朋满座，生意兴

隆,而且还可以创造无价的社会效益,使饭店口碑良好,声誉俱佳。在服务市场竞争激烈,强手林立的情况下,要想使自己占有一席之地,优质服务是至关重要的。而发自内心的微笑,又是其中的关键。事实上,微笑服务是后勤管理、服务和保障工作中一项投资最少,收效最大,事半功倍的措施,是为各个服务行业和服务单位所重视,所提倡,所应用的。谈到微笑服务促进服务事业的发展,没有比美国的希尔顿饭店更为成功的了。当年轻气盛的康纳·希尔顿已经拥有5 100万美元的时候,他得意地向他的母亲报捷,老太太对儿子的现有成绩不以为然,但却语重心长地提出了一条建议:“事实上你必须把握住比5 100万美元更值钱的东西。除了对顾客诚实以外,还要想办法使每一个住进希尔顿饭店的人住过了还想再来。你要想出一种简单、容易、不花本钱而行之久远的办法去吸引顾客,这样你的饭店才有前途。”希尔顿冥思苦想了很久,才终于悟出了母亲所指的那种办法是什么,那就是微笑服务。从此以后,“希尔顿饭店服务员脸上的微笑永远是属于旅客的阳光。”在这条高于一切的经营方针指引下,希尔顿饭店在不到 90 年的时间里,从一家饭店扩展到目前的 210 多家,遍布世界五大洲的各大城市,年利润高达数亿美元。资金则由起家时的5 000美元发展到几百亿美元。老希尔顿生前最快乐的事情莫过于乘飞机到世界各国的希尔顿连锁饭店视察工作。但是所有的雇员都知道,他问讯你的第一句话总是那句名言:“你今天对客人微笑了没有?”

资料来源:汪洋,《一切从微笑开始》,陕西师范大学出版社 2009 年版。

2. 职业道德

职业道德是人们在一定的职业活动范围内所遵守的行为规范的总和。在饭店服务过程中,许多服务是否到位实际上取决于员工的事业心和责任感,因此遵守职业道德也是饭店服务质量的最基本构成之一,它无可避免地影响着饭店的服务质量。作为饭店员工,应遵循“热情友好,真诚公道;信誉第一,文明礼貌;不卑不亢,一视同仁;团结协作,顾全大局;遵纪守法,廉洁奉公;钻研业务,提高技能”的旅游职业道德规范,真正做到敬业、乐业和勤业。

3. 服务态度

服务态度是指饭店服务人员在对客服务中所体现出来的主观意向和心理状态,其好坏是由员工的主动性、创造性、积极性、责任感和素质高低决定的,因而饭店要求服务人员应具有“宾客至上”的服务意识并能够主动、热情、耐心、周到地为宾客提供服务。饭店员工服务态度的好坏是很多宾客关注的焦点,尤其当出现问题之时,服务态度常常成为解决问题的关键，宾客可以原谅饭店的许多过错，但往往不能忍受饭店服务人员恶劣的服务态度，因此，服务态度是无形产品质量的关键所在，直接影响饭店服务质量。

资料链接　卫生间的马桶水成为清洁员的饮用水

野田圣子

现年 37 岁的邮政大臣野田圣子，既是日本前内阁中最年轻的阁员，也是唯一一位女性大臣，然而有谁想象得到，她的事业起点却是从喝厕水开始的呢。野田圣子的第一份工作是在帝国饭店当白领丽人，在受训期间负责清洁厕所，每天都要把马桶抹得光洁如新才算合格。可是自从出娘胎以来，她从未做过如此粗重的工作，因此第一天伸手触及马桶的一刻，几乎呕吐，甚至在上班不到一个月便开始讨厌这份工作。

有一天，一名与圣子一起工作的前辈在抹完马桶后居然伸手盛了一杯厕所水，并在她面前一饮而尽，理由是向她证明经他清洁过的马桶干净得连水都可以喝。此时，野田圣子才发现自己的工作态度有问题，根本没资格在社会上肩负起任何责任，于是对自己说："就算一生要洗厕所，也要做个洗厕所最出色的人。"结果在训练课程的最后一天，当她抹完马桶之后，也毅然喝下了一杯厕所水，并且这次经历成为她日后为人处事的精神力量的源泉。

资料来源：http://www.lz13.cn/lizhigushi/200901229638.html，励志一生网站。

4. 服务技能

服务技能是饭店提高服务质量的技术保证，是指饭店服务人员在不同场合、不同时间，对不同宾客提供服务时，能适应具体情况而灵活恰当地运用其操作方法和作业技能以取得最佳的服务效果，从而所显现出的技巧和能力。服务技能的高低取决于服务人员的专业知识和操作技术，要求其掌握丰富的专业知识，具备娴熟的操作技术，并能根据具体情况灵活多变的运用，从而达到具有艺术性给客人以美感的服务效果。也只有掌握好服务技能，也才能使饭店服务达到标准，保证饭店服务质量。

5. 服务效率

服务效率是指员工在其服务过程中对时间概念和工作节奏的把握。它应根据宾客的实际需要灵活掌握，要求员工在宾客最需要某项服务时及时提供。因此，服务效率并非仅指速度,还强调适时服务。饭店服务效率有三类:其一,用工时定额来表示的固定服务效率,如清扫一间走客房用 30 分钟,夜床服务 5 分钟,宴会摆台用 5 分钟等;其二,用时限来表示服务效率,如总台入住登记每位宾客不超过 3 分钟,办理结账离店手续不超过 3 分钟,租借物品服务要求服务人员 5 分钟内送至客人房间,接近电话不超过三声等;其三,是指有时间概念,但没有明确的时限规定,是靠宾客的感觉来衡量的服务效率,如餐厅点菜后多长时间上菜,代购物品何时完成等,这类服务效率问题在饭店中大量存在着,若客人等候时间过长,很容易让客人产生烦躁心理,并会引起不安定感,进而直接影响着客人对饭店的印象和对服务质量的评价。

6. 安全卫生

饭店安全状况是宾客外出旅游时考虑的首要问题,因此,饭店必须保障宾客、员工及饭店本身的安全。饭店在环境气氛上要制造出一种安全的气氛,给宾客心理上的安全感,但不是戒备森严,否则,更会令宾客感到不安。

资料链接　　如家酒店严格的开业验收标准

开业工程质量验收标准:

(1)工程整体竣工,系统投入正常使用,如装修施工结束并开业验收合格;冷热水供应、电力供应、电梯、空调、有线电视、电话、宽带、消防系统、监控系统、PMS 系统、电话自动计费系统、制卡系统等,必须投入正常使用,身份扫描与传输系统,设备须到位。

(2)少量工程维修,以不影响宾客入住为原则(没有噪音、气味、灰尘、不影响整体环境),否则不能开业。

(3)验收中发现的问题,需开出清单, 限期整改。

开业准备验收标准:

(1)清洁卫生符合运营检查标准,物品准备符合如家规范,员工培训经过考试合格，现场管理达到有效控制，服务质量符合规范要求，如家 VI 标识齐全标准，符合上述验收标准，才能批准开业。

(2)酒店开业，区域总经理和营运总监要亲临酒店进行把关，检查人员出具报告。验收的标准是以符合宾客的需求，和品牌的质量形象为原则，以如家的服务手册和运营检查标准为依据，如基本条件具备，由区域总经理宣布开业。

(3)开业检查中发现的未完工作，在不影响整体的情况下，经批准，可以边试营业，边限期整改。

资料来源：http://blog.163.com/hbb_1220/blog/static/976099492010690135160 7/。

饭店清洁卫生主要包括：饭店各区域的清洁卫生、食品饮料卫生、用品卫生、个人卫生等。饭店清洁卫生直接影响宾客身心健康，是优质服务的基本要求，所以也必须加强管理。

劳务服务质量除上述内容外，还包括员工的劳动纪律、服务的方式方法、服务的规范化和程序化等内容，同样应为饭店管理者所关注。

上述有形产品质量和无形劳务质量的最终结果是宾客满意程度。宾客满意程度是指宾客享受饭店服务后得到的感受、印象和评价。它是饭店服务质量的最终体现，因而也是饭店服务质量管理努力的目标。宾客满意程度主要取决于饭店服务的内容是否适合和满足宾客的需要，是否为宾客带来享受感，饭店管理者重视宾客满意度自然也就必须重视饭店服务质量构成的所有内容。

三、饭店服务质量的特点

饭店服务所需要的人与人、面对面，随时随地提供服务的特点以及饭店服务质量特殊的构成内容使其质量内涵与其他企业有着极大的差异。为了更好地实施带队饭店服务质量的管理，管理者必须正确掌握饭店服务质量的特点。

(一)饭店服务质量构成的综合性

饭店服务质量的构成内容既包括有形的设施设备质量、服务环境质量、实物产品质量，又包括无形的劳务服务质量等多种因素，且每一因素又有许多具体内容构成，贯穿于饭店服务的全过程。其中，设施设备、实物产品是饭店服务质量的基础，服务环境、劳务服务是表现形式，而宾客满意程度则是所有服务质量优劣的最终体现。它既涵盖了衣食住行等人们日常生活的基本内容，也包括办公、通讯、娱乐、休闲等更高层面的活动，因此，人们常用“一个独立的小社会”来说明饭店服务质量的构成具有的极强的综合性。

饭店服务质量构成的综合性的特点要求饭店管理者树立系统的观念，把饭店服务质量管理作为一项系统工程来抓，多方面搜集饭店服务质量信息，分析影响质量的各种因素，特别是可控因素，既要抓好有形产品的质量，又要抓好无形服务的质量，不仅做好自己的本职工作，还要顾及饭店其他部门或其他服务环节，更好地督导员工严格遵守各种服务或操作规程，从而提高饭店的整体服务质量。正如人们平时所说的"木桶理论"，一只由长短不一的木条拼装而成的木桶，它的盛水量取决于最短的那根木条的长度。由此饭店服务质量应该有自己的强项和特色，但不能有明显的弱项和不足，否则就要影响服务质量的整体水平。

（二）饭店服务质量评价的主观性

尽管饭店自身的服务质量水平基本上是一个客观的存在，但由于饭店服务质量的评价是由宾客享受服务后根据其物质和心理满足程度进行的，因而带有很强的个人主观性。宾客的满足程度越高，他对服务质量的评价也就越高，反之亦然。饭店管理者不能无视客人对饭店服务质量的评价，否则，将失去客源，失去生存的基础。饭店也没有理由要求客人必须对饭店服务质量作出与饭店的认识相一致的评价，实际上这也是无法办到的，更不应指责客人对饭店服务质量的评价存在偏见，尽管有时确是一种偏见，但偏见恰恰反映了宾客的某种需求。因此，饭店员工应在服务过程中通过细心观察，了解并掌握宾客的物质和心理需要，不断改善对客服务，为客人提供有针对性的个性化服务，并注重服务中的每一个细节，重视每次服务的效果，用符合客人需要的服务来提高宾客的满意程度，达到个人提高时间时饭店服务质量。正如一些饭店管理者所说，我们无法改变客人，那么就根据客人需求改变自己。

（三）饭店服务质量显现的短暂性

饭店服务质量是由一次一次的内容不同的具体服务组成的，而每一次具体服务的使用价值均只有短暂的显现时间，即使用价值的一次性，如微笑问好、介绍点菜等。这类具体服务不能储存，一结束，就失去了其使用价值，留下的也是宾客的感受。因此，饭店服务质量的显现是短暂的，不像实物产品大都可以返工、返修或退换，如要进行服务后调整，也只能是另一次的具体服务。也就是说，即使宾客对某一服务感到非常满意，评价较高，但不能保证下一次服务也能获得好评。因此，饭店管理者应督导员工做好每一次服务工作，争取每一次服务都能让宾客感到非常满意，从而提高饭店整体服务质量。

（四）饭店服务质量内容的关联性

客人对饭店服务质量的印象，是通过他进入饭店直至他离开饭店的全过程而形成的。在此过程中，客人得到的是各部门员工提供的多次具体的服务活动，但这些具体的服务活动不是孤立的，而是有着密切的关联，因为在连锁式的服务过程中，只要有一个环节的服务质量有问题，就会破坏客人对饭店的整体形象，进而影响其对整个饭店服务质量的评价。因此，在饭店服务质量管理中有一流行公式：100－1＜

0,即100次服务中只要有1次服务不能令宾客满意,宾客就会全盘否定以前的99次优质服务,还会影响饭店的声誉。这就要求饭店各部门、各服务过程、各服务环节之间协作配合,并做好充分的服务准备,确保每项服务的优质、高效,确保饭店服务全过程和全方位的“零缺点”。

(五)饭店服务质量对员工素质的依赖性

饭店产品生产、销售、消费同时性的特点决定了饭店服务质量与饭店员工的表现有直接关联性。饭店服务质量是在有形产品的基础上通过员工的劳务服务创造并表现出来的。这种创造和表现能满足宾客需要的程度取决于服务人员的素质高低和管理者的管理水平高低。所以,饭店服务质量对员工素质有较强的依赖性。

因为饭店服务质量的优劣在很大程度上取决于员工的表现,而这种表现又很容易受到员工个人素质和情绪的影响,具有很大的不稳定性。所以要求饭店管理者应合理配备、培训、激励员工,努力提高他们的素质,发挥他们的服务主动性、积极性和创造性,同时提高自身素质及管理能力,从而创造出满意的员工,而满意的员工是满意的客人的基础,是不断地提高饭店服务质量的前提。

(六)饭店服务质量的情感性

饭店服务质量还取决于宾客与饭店之间的关系,关系融洽,宾客就比较容易谅解饭店的难处和过错,而关系不和谐,则很容易致使客人的小题大做或借题发挥。因此,饭店与宾客间关系的融洽程度直接影响着客人对饭店服务质量的评价,这就是饭店服务质量的情感性特点。

资料链接　　把服务当做亲情的传递

亲情是人类情感中最温馨的一种感情,它拉近了人与人之间的距离,也最容易使人感动。对现代酒店来讲,融进亲情的服务,会使宾客时刻处在诚意和爱心中,从而更充分地享受到贴心、到位的服务。在郑州中都饭店里,客人就能够享受到这样的服务。

某日午后,服务员小崔接到客房中心通知8017房进住,不一会,一个熟悉的身影映进眼帘,这不是上月曾进住酒店的来自广东做鞋业生意的张先生吗。小崔赶忙上前向张先生问好,确认张先生登记进住是8017,就连忙为张先生开房,沏茶,然后退出房间,回到了工作间,小崔马上翻看起之前造访客人的具体信息资料,查知张先生喜欢白被罩,窗户透开,喜欢吃梨等。趁张先生晚饭时就按他的喜好布置整理好房间,还用精美图卡告知当天本地天气和广东天气,并特地寻觅了一些本地鞋类市场的资料摆配在桌上。用餐后返回房间的张先生发现客房居然是按自己的个性喜好布设的,颇感意外和欣喜,对酒店的服务大加赞美,连称:“服务真是到位呀,对我的喜好还记得这么清楚，很是难得。还为我找了这些生意资料，真是有心啊，就冲这贴心的服务，我也要告知朋友们，来郑州就首选这里。”在接下来的两天服务中，小崔还利用在广东实习时曾学过的粤语，主动向张先生问候，让身为异乡客的张先生听着乡音很是亲切，颇为爱好和激动。对在本地办事碰到的一些事宜也很信任地向小崔问讯求助，小崔均一丝不苟地给予详实回答和帮助，这也极大提高了张先生的办事效率，促使其以愉快的心情顺利完成了此行的商务。

一天，牡丹园厅18号台来了一桌客人，从他们谈话中服务员小董得知是全兴酒业的经销商。凉菜上齐时，主客孙总才到场，大家都很兴奋地用着餐。在服务中，小董发现孙总气色不正，似乎身体不舒服，连忙让厨房熬了一碗姜汤。在敬酒时便机巧地对孙总说：“喝全兴，万事兴，家兴业兴万事兴，人旺财旺全兴旺。”说得大家都兴趣很高，孙总喝完后说：“谢谢你，我今天感冒了，不能再喝了。”正说着，小董把已做好的姜汤端到了孙总旁边，说：“孙总，这碗姜汤就是我们特地为您上的，您先喝些，驱驱寒，也很养胃的，待会就会好些了。”喝着姜汤，感受着这细致周到的服务，孙总心里暖乎乎的，同桌的宾客都赞叹着说这里的服务有水平，以后有宴请、会议就全放这里。

下午孙总在房间休息时，热情的小董又利用放工时间往医务室拿了感冒药，专门送到孙总房间。晚上7点钟，小董仍惦记着孙总的病情，打电话征询孙总的胃口如何，一刻钟后，又和领班一起把两份清淡的炒菜、香汤和面条、水果等送到孙总房间。感受着这近似亲情、无微不至的关怀，孙总激动得连连致谢。

把服务当作亲情的传递进程，融“亲情”于服务，让客人感受亲情，感受愉悦和欣喜。这些平凡而生动的服务案例在中都饭店的各个班组就常常被演绎着。让宾客虽身在外地却犹如在家里般的便捷舒心，更在无所不至的服务中得到了及时的帮助，带来欣喜和愉悦。面对现代社会日渐冷淡的人性情感，最近几年来，“金钥匙酒店”郑州中都饭店通过积极推行“亲情服务”展现服务特点，展现对宾客的体贴关爱，并唤起了人们对亲情的眷恋。以亲情为纽带，让宾客在服务中亲身体验着最大的便捷和满意。

饭店通过“人人争当金钥匙”“我为金钥匙添光彩”“亲情铸就出色”等系列主题服务的展开，使“亲情服务”理念已逐步变为成员共鸣的自觉实践，极大地提升了饭店的服务水准。员工们在对客服务中，做到时刻关注细节，体现着对宾客的尊重、热忱和责任。以亲人的心理想客人所想、急客人所急、帮客人所需。因此真正做到热忱尽心、细致周到，创造出满意和欣喜的服务效果。只有这样才能以发自内心的亲情服务赢得宾客们的广泛赞誉。

资料来源：《饭店管理案例分析》，MBA智库文档。

事实上，无论饭店如何努力，饭店服务质量问题还是会出现在饭店的任何时间和空间。所不同的是存在问题的数量和层次，这是一个无可回避的客观现实。作为饭店管理者所应做的是积极地采取妥当的措施，将出现的服务质量问题的后果对客人的影响降至最小，避免矛盾的扩大化，其中最为有效的办法，就是通过一些真诚为客人考虑的服务赢得客人的青睐，在日常工作中与客人建立起良好和谐的关系，使客人最终能够谅解饭店的一些无意的过失。

第二节　饭店服务质量管理

一、制订饭店服务规程

在饭店服务质量管理过程中，通常是通过对服务标准和规程的制定和实施，以及各种管理原则和方法的运用，实现服务质量标准化、服务形式规范化、服务过程程序化，最终以优质服务赢得客人。饭店服务规程就是饭店进行质量管理的依据和标准，是饭店根据各自的等级制定出的适合本饭店实际情况的管理制度和作业标准。

（一）饭店服务规程的含义

饭店服务规程是指以描述性语言对饭店某一特定的服务过程所包含的作业内容和顺序的规定，及该服务过程应达到的某种规格和标准所做的详细而具体的规定。简单地说，它是指某一特定服务过程的规范化程序和标准。

饭店服务规程通常包含四个要点：

1. 服务规程的对象和范围

服务规程是以饭店某一特定的服务过程、服务内容为对象，只要饭店有一个服务过程，那么必定有一套与之相适应的服务规程。通常把某一特定的服务内容从开始到结束称为一个服务过程。既然服务规程是以服务过程为依据，就对服务规程的范围作了限定。

2. 服务规程的内容和程序

服务规程要规定每个服务过程应包括的内容和作业程序。服务内容应包括其业务内容的本身，如总台入住登记的基本内容就包括接受订房、登记、排房、收取押金等。服务规程还要具体规定内容细节，如动作、语言、姿态、手势、信息传递、用品、权限、时限、例外处理等。服务程序是指前后的顺序。服务程序的规定要符合服务过程的规律，同时要考虑减轻员工的劳动程度，减少物资消耗。

3. 服务的规格和标准

不同星级不同档次的饭店有不同的规格，不管哪一规格的服务都有标准。服务规程要规定服务的规格和标准，按照服务质量的具体构成内容确定具体标准。

4. 服务规程的衔接和系统性

每套服务规程的首尾都要有与其他规程互相衔接、互相连贯的内容，如前台部门报维修的规程与工程部的维修规程的衔接，客人离店客房查房的规程和总台收银结账规程的衔接，餐厅值台和跑菜规程的衔接。规程间的相互衔接和连贯，形成了服务的系统性。

饭店服务规程可以让每位员工都明确其服务工作目标，也使饭店管理者有了检查和监控服务质量的依据，从而使饭店服务工作达到规范化、程序化和标准化的要求。

(二)饭店服务规程的制定

1. 饭店服务规程制定的依据

饭店服务规程直接影响、决定着饭店服务质量的优劣，所以必须建立在科学合理的基础上，能够真正符合宾客的需要。制定饭店服务规程必须考虑以下因素：

(1)星级评定标准是各星级饭店制定饭店服务规程的基础，它提出了饭店服务的基本原则和基本要求，并规定了星级饭店的服务质量保证体系，即适应本饭店运行的、有效的整套管理制度和作业标准。为提高星级饭店的服务质量，星级评定标准还专门建立了一套“五星级饭店宾客感知服务质量评价系统”，以全面、客观、准确地反映饭店的服务质量。

(2)客源市场需求。只有提供宾客需要的服务才有可能让客人满意。饭店服务规程的制定也应以宾客需求为依据，应能够适应本饭店特定客源市场的要求。因此，饭店在制定规程前，必须对市场需求进行详细的调查和分析，了解客人真正需要的服务和要求，使所制定的饭店服务规程真正成为饭店服务质量的保证。

(3)饭店服务规程的制定还要结合本饭店特点，如客源特点、饭店组织的特点、业务特点、员工素质特点以及周围环境特点等，扬长避短，最终要能够突出本饭店的特色。饭店特色也是赢得客人忠诚的重要因素之一。

(4)饭店应了解国内外饭店管理的最新信息。制定饭店服务规程时，要在力所能及的范围内，结合国内外饭店业的现状和趋势，在力求使规程更加合理和符合客人的需求的同时，突出时代感。

(5)在制定饭店服务规程前，还应对每个作业过程进行过程分析和动作分析，在分析的基础上制定规程，使其更具科学性和可行性。

2. 饭店服务规程的制定

饭店服务规程的制定有两种方法：一种是由集体讨论，一人执笔编制成文；另一种是由一人或数人编出规程草案呈交相关人员讨论定稿。不管采用哪种形式，其原则和编制过程都基本相同。

(1)提出目标和要求。由饭店决策层管理人员根据饭店高级经理人的分析研究后，提出本饭店服务规程应达到的目标和具体要求，并将其布置落实到饭店每一相关部门。

(2)编制服务规程草案。各部门管理者召集下属主管、领班和资深服务人员讨论确定本部门的所有服务内容和服务过程，并制定出每一服务过程的规程草案。具体内容应包括：确定该服务过程的主要环节；提出每一环节的具体要求，如仪表仪容、站立姿势、行走路线、语言谈吐、操作内容、顺序及应达到的规格标准等具体细节；规定每一环节之间的衔接内容，以免脱节而造成质量问题等。

(3)修改服务规程草案。草案出台后，首先应交该服务过程所在班组的全体员工进行讨论，修改其中不合理、不可行、不必要或不符合标准和要求的部分，使其更具可操作性。其次将规程草案在小范围内试行，在实践中进行修改，删除不现实的部分，补充应做的内容，使其更具可行性。最后将规程草案交饭店决策层审订。饭店决策层应对照目标和要求，由店务会议或由聘请的饭店管理专家、学者对每一服务规程进行评审。将审订通过的服务规程，作为规章制度予以颁布实施。

(4)完善服务规程。随着饭店等级的提高、宾客需求的变化及饭店业的发展，饭店服务规程相应地会变得陈旧老化。所以，饭店应随时调整服务规程，并定期修订，使之更趋实用和完美。

(三)饭店服务规程的实施

制定科学合理的饭店服务规程非常重要，更为重要的是饭店服务规程的实施。只有切实地实施服务规程，才能保证并不断提高饭店服务质量，否则，服务规程不过是一纸空文。饭店服务规程的实施过程通常包括：

1. 服务质量意识教育

通过质量教育，树立员工的服务质量意识，使员工认识到服务质量对饭店及员工个人的重要性，明确提高服务质量与执行服务规程之间的紧密联系，从而增强饭店员工执行服务规程的主动性和自觉性。

2. 服务规程作业培训

让员工自觉执行服务规程，首先要让员工掌握规程。通过服务规程的作业培训，可以使员工了解服务规程的对象和适用范围，熟练掌握服务规程的内容和要求，从而提高员工执行服务规程的规范性和准确性，提高饭店服务质量。

服务规程作业培训可以分期分批地进行，但必须保证饭店所有员工都经过培训，而且培训后必须进行考核，考核合格者才能上岗。对不合格者可限期提高、待岗或调离岗位，以维护服务规程的严肃性和服务质量的稳定性。

3. 服务规程执行过程的督导

饭店各级管理者应对所管辖范围员工的服务规程执行情况进行认真、严格的监督、检查和指导。主要可以通过服务质量信息系统和原始记录了解规程执行情况，也可以通过现场巡视检查及时发现存在的质量问题并作及时的纠正，培养员工实施服务规程的良好意识和习惯。同时，饭店管理者还应经常进行服务质量的对比与评价，并根据实际情况制定出有效的奖惩措施，从而调动员工执行服务规程的积极性。

另外，饭店还应制定内容明确的设施设备质量标准、服务环境质量标准、菜点酒水标准、客用品质量标准、人员素质标准、语言动作标准等，并要求饭店员工不折不扣地执行，使之成为饭店服务质量控制的依据。

二、构建饭店服务质量管理体系

饭店服务质量与各个部门的工作质量以及服务过程中每一环节的服务质量紧密地联系在一起，因此，要提供优质服务就要求饭店内每位员工树立质量意识，关注宾客的需求，并努力提高各自的工作质量，以给宾客带来满足感。饭店服务质量管理体系正是饭店为提高其服务质量而建立的、由质量管理各要素组成的一个管理系统。

其内容主要包括：

1. 建立服务质量管理机构

有效的管理机构是提高饭店服务质量的组织保证。饭店应建立以总经理为首的服务质量管理机构和网络，全面负责饭店的服务质量管理工作。即饭店各级管理者应在总经理的直接领导下，根据本部门工作的实际情况，组建以各级管理者为首的服务质量管理小组，全面控制本部门或班组的服务质量，形成遍布饭店的服务质量管理网络。管理网络的形成可以使饭店管理者及时发现并解决问题，把饭店质量差降到最低限度。

2. 进行权责分工

权责分工可以使所有的管理者和员工各司其职，有效地避免推卸责任，并使饭店服务质量管理的每一项规定和措施都能得到不折不扣的执行。所以，在饭店服务质量管理过程中，应明确规定饭店总经理、质管部等业务部门和职能部门、各班组及岗位员工服务的责任和权限，做到权责统一。

3. 制定和实施饭店服务规程和服务质量管理制度

制定和实施饭店服务规程是提高饭店服务质量的关键，也是饭店服务质量管理体系的中心内容。服务质量管理制度的内容主要有服务质量标准及其实施工作程序、服务质量检查制度、信息管理制度、投诉处理程序以及服务质量考核(奖惩)制度等。饭店服务质量管理制度应详尽具体，但内容不宜过多，而且应避免因重复交叉或自相矛盾而使员工无所适从。服务质量管理制度是贯彻执行饭店服务规程、满足宾客需要的前提和保证。

4. 重视质量信息管理

服务质量信息是饭店进行服务质量决策的基础与前提，是计划、组织服务质量管理活动的依据，更是质量控制的有效工具，因而也是饭店服务质量管理体系的组成部分。所以饭店管理者必须高度重视质量信息的管理。

饭店应注意收集各种质量信息，并汇总到质管部，质管部应将收集到的各种各样的信息进行汇总、归类，并加以分析，进而加工整理出有利用价值的内容，并迅速传递至相关部门或管理人员，为其进行质量管理提供充分可靠的依据，以便加工和充分利用。这些信息既可以用来总结服务质量管理经验，分析质量管理成果，又有利于饭店决策层总体把握信息和进行饭店质量管理的决策，从而不断提高饭店服务质量。

5. 处理服务质量投诉

相对于感到不满而不投诉的宾客，宾客对饭店服务不满而提出投诉是一件好事。曾有统计资料表明，投诉客人的大多数会成为饭店的回头客，因为这些客人认为饭店服务有不足，但他对饭店有信心，相信饭店会改进服务；而绝大多数感到不满而没有投诉的客人往往不会再光临这家饭店。所以，饭店管理者应正确认识和妥善处理投诉，把宾客投诉视为发现问题、改善服务质量的机会和动力。处理好宾客投诉，不但可以消除宾客的不满，而且本身也是饭店服务质量管理的重要内容。

饭店处理客人投诉的原则通常有：不争论原则，即使客人是错的，也抱着宽容的态度，不与客人争辩；隐蔽性原则，即处理投诉时应尽可能减少对其他客人的影响；及时性原则，即投诉的处理应以第一时间处理为好；补偿性原则，即给予客人适当的情感补偿和实物补偿。在处理客人投诉之后，管理者还应及时对所发生的问题进行深入调查，以找出问题的关键成因，并采取措施，如修改质量标准、工作程序、进行培训等，以防止同类问题再出现，最终使饭店服务质量趋于“零缺点”。

资料链接　　投诉变商机的六大策略

投诉能否变成商机，关键在于对投诉的处理。如何处理客人投诉，服务界有一个共通的“3W4R8F”原则。

“3W”是指在任何一次客人投诉中，处理人员需要尽快知道的三件事：

* 我们知道了什么？

What did we know ?

* 我们什么时候知道的？

When did we know about it ?

* 我们对此做了什么？

What did we do about it ?

"4R"是指对待客人投诉的态度:

* 遗憾(Regret);
* 改错(Reform);
* 赔偿(Restitntion);
* 纠正(恢复)(Recovery)。

"8F"是指应该遵循的八大原则:

* 事实(Factual)——承认事实真相;
* 第一(First)——率先对问题做出反应;
* 迅速(Fast)——处理时要果断迅速;
* 坦率(Frank)——不要躲闪要坦诚;
* 感觉(Feeling)——与客人分享你的感受;
* 论坛(Forum)——与客人建立信息传递;
* 灵活性(Flexibility)——对外沟通的内容也应关注事态的变化;
* 反馈(Feedback)——对外界变化及时作出反馈。

资料链接:http://www.hotelbuy.cn/,饭店采购网。

6. 进行饭店服务质量教育

饭店服务质量教育的内容应包括:上岗前的教育,包括饭店员工手册、礼貌礼节、职业道德、语言艺术、宾客习俗等;质量意识教育,包括服务观念、标准观念、全面质量管理观念等;质量标准教育,包括服务规程、设施设备标准、服务环境标准、实物产品标准、劳务服务标准、质量等级标准等;服务技能培训,包括饭店前后台各部门、各服务岗位所需的所有技能操作训练;质量方法教育,包括全面质量管理、质量问题分析、零缺陷质量管理、服务质量控制等以及投诉处理教育,包括服务质量投诉的原因、投诉处理的原则和程序等内容。

饭店服务质量教育可更新员工的质量观念,树立质量意识,提高员工整体素质,从而提高饭店服务质量,是非常有效的一种质量管理手段。

三、采取有效的饭店服务质量管理方法

只有采取有效的服务质量管理方法,才能真正提高饭店服务质量,为宾客提供令其满意的服务,使饭店取得良好的经济效益。目前,饭店中通常采用的服务质量管理方法主要有:

(一)饭店全面质量管理

全面质量管理起源于20世纪60年代的美国,首先在工业企业中应用,后又推广到服务性行业,取得了良好的效果。它是把经营管理、专业技术、数据统计和思想

教育结合起来,形成从市场调查、产品设计、制造直至使用服务的一个完整的质量体系,使企业质量管理进一步科学化、标准化。日本在推行全面质量管理的过程中取得了卓越的成果,并使之又有了很大发展。我国在 1978 年引入目标管理等的同时引入了全面质量管理的方法,并开始在工业企业中推行,后又将其引入商业、饭店业等服务性行业,现已在各行业得到广泛的应用,并取得了一定成效。

1. 饭店全面质量管理的含义

饭店全面质量管理是指饭店为保证和提高服务质量,组织饭店全体员工共同参与,综合运用现代管理科学,控制影响服务质量的全过程和各因素,全面满足宾客需求的系统管理活动。它要求以系统观念为出发点,通过提供全过程的优质服务,达到提高服务质量的目的。

2. 饭店全面质量管理的特点

饭店全面质量管理的特点可归纳为以下四个方面:

(1)全方位的管理。如前所述,饭店服务质量不仅包括有形产品质量,还包括无形产品质量,既有前台服务质量,又有后台工作质量。所以,饭店服务质量包括饭店工作的各个方面。全面质量管理就是要针对饭店服务质量全面性的特点,对所有服务质量的内容进行管理,即全方位的管理,而不是只关注局部的质量管理。

(2)全过程的管理。因为饭店服务质量构成内容的全面性,且饭店服务质量是以服务效果为最终评价的,所以,影响服务质量的因素是全方位的,既有服务前的组织准备,又有服务中的对客服务,还有服务后的善后处理,这三者构成一个不可分割的完整的过程。饭店服务质量管理正是基于对此全过程的管理,形成了全面质量管理有别于传统质量管理的两个观念:其一是预防为主,防患于未然,服务质量管理的重点从"事后把关"转变为更重事先预防,事实上,饭店服务如果出现问题,事后弥补是非常困难的;其二是要求饭店内部树立"你如果不直接为客人服务,那么,你就应该为客人服务的人服务"的观念,即强调工作的下一个环节就是你的客人,就是你服务的对象,你必须负责让其满意,最终使得饭店服务过程中的每一个环节都符合饭店管理的要求,即进行全过程管理。

(3)全员参与的管理。饭店服务基本上是通过员工的手工劳动来完成的,因此,饭店中的每位员工及其工作都与服务质量密切相关。饭店所提供的优质服务不仅仅是饭店前台人员努力的结果,同时也需要后台员工通力配合才有保障。所以,全面质量管理要求全体员工都参加质量管理工作,并把每位员工的工作有机地结合起来,从而保证饭店的服务质量。所以说,饭店服务质量管理是全员性的管理。

(4)方法多种多样的管理。饭店服务质量的构成丰富,且影响质量的因素复杂,既有人的因素,又有物的因素,既有客观因素,又有社会、心理因素,既有内部因素,又有外部因素。要全面系统地控制这些因素,就必须针对具体情况采取灵活不同的管理方法，才能使宾客全面满意。因此，全面质量管理要求饭店管理者能够灵活运用各种现代管理方法，从而提供更好的服务。

综上所述，全面质量管理是饭店以宾客需求为依据，以宾客满意为标准，以全过程管理为核心，以全员参与为保证，以科学方法为手段，运用全面质量管理的思想和观念推行的服务质量管理，它是达到饭店预期的服务质量效果的一种有效的管理方法。

（二）PDCA 管理循环

PDCA 管理循环是由美国管理专家戴明首先提出的，所以又称“戴明环”。它体现了全面质量管理的思想方法和工作步骤。PDCA 循环代表计划（plan）、实施（do）、检查（check）、处理（action）的循环（见图 6—1）。这是管理的逻辑程序，现已成为国际上公认的科学管理方法。

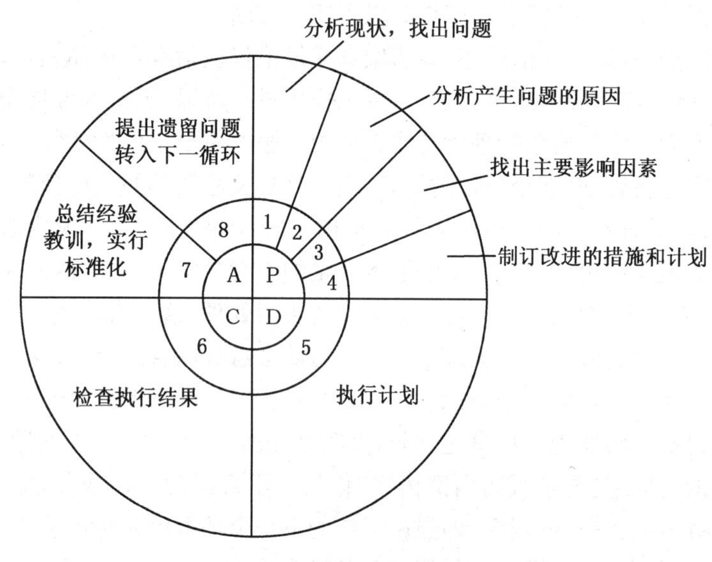

图 6—1 PDCA 管理循环

PDCA 管理循环的工作程序分四个阶段：

1. 计划阶段

PDCA 管理循环的计划阶段内容包括：分析服务质量现状，找出存在的质量问题，找出影响质量问题的主要原因，最后，提出解决质量问题的质量管理计划，即应达到的目标及实现目标的措施方法。

2. 实施阶段

饭店管理者组织有关部门、班组以及员工具体地实施质量管理计划所规定的目标。

3. 检查阶段

饭店管理者应认真、仔细地检查计划的实施效果，并与计划目标进行对比分析，看是否存在质量差异，是正偏差还是负偏差。

4. 处理阶段

总结成功的管理经验，使之标准化，或编入服务规程，或形成管理制度加以推广应用。同时，吸取失败的教训，提出本轮 PDCA 循环悬而未决的问题，自动转入下一循环的第一步，并开始新一轮的 PDCA 管理循环。

PDCA 管理循环的四个阶段缺一不可。只有计划而没有实施，计划就是一纸空文，有计划，也有实施，但没有检查，就无法得知实施的结果与计划是否存在差距和有多大差距，若计划、实施、检查俱全，但没有处理，则不但已取得的成果不能巩固，失败的教训不能吸取，而且发生的问题还会再次重复，如此，服务质量就难以提高。因此，只有 PDCA 四个阶段都完成且不断地循环下去，才会使饭店服务质量问题越来越少，饭店服务质量不断提高并最终趋向于零缺陷。

(三)零缺点质量管理

零缺点(zero defects，ZD)是美国克劳斯比(Philip B.Crosby)于 20 世纪 60 年代提出的一种管理观念，主要用于控制企业的产品质量。他认为，低质量产品需要花费大量的人、财、物力，增加企业的经营费用，并导致消费者不满，其成本远远大于保证一次性完成的优质产品的投入。因此，企业必须以零缺点的要求来控制产品质量，追求完美。饭店服务不可弥补性的特点，使得开展零缺点质量管理成为饭店服务质量管理的一种重要的管理方法。零缺点质量管理应做好以下几点：

1. 建立饭店服务质量管理检查制度

饭店质量管理具有显现的短暂性特点，且饭店服务工作大多由员工手工劳动完成。因此饭店服务质量管理必须坚持“预防为主”的原则，通过全国检查的方式，确保各岗位员工在进行正式服务前就已做好充分的准备，防患于未然。为此，饭店应建立服务质量检查制度，如有的饭店根据其自身特点，建立了自查、互查、专查、抽查和暗查等五级质量检查制度，督促员工执行质量标准，预防问题的出现。

2. 开展“零缺点”竞赛

通常，缺乏知识和态度不佳是造成饭店服务质量问题的两类主要因素，通过培训可以帮助员工掌握饭店服务所需知识；但态度上的问题则只有通过个人觉悟才能改进。因此，为帮助员工端正服务态度，有些饭店开展“零缺点工作日”竞赛，效果较好，它促使员工养成好的工作习惯，并以服务的零缺点为目标。在“零缺点工作日”的基础上，饭店还可推行零缺点工作周、工作月、工作年，使每位员工的服务达到更好的程度，最终提高整个饭店服务质量。

(四)现场巡视管理

饭店员工手工劳动的特点以及宾客需求的不断变化，使饭店服务质量管理的难度增加。不同的饭店员工或同一员工在同一时间、不同场合的手工劳动或多或少存在差异;宾客自身的差异造成的需求变化也要求员工在短时间内适应并给予满足,但由于员工差异造成的不同处理,使宾客满意程度上也存在差异。这就形成饭店服务质量不稳定和难以控制的特点。而饭店管理者通过现场巡视管理,可以检查员工准备工作;监督指导对宾客服务(或后台供应)质量标准的执行情况;指导和激励下属员工的工作;事先消除质量问题隐患,预防质量问题的发生,并及时处理质量问题,最终使饭店质量相对稳定。

通常,不同的饭店管理者各有其不同的巡视管理范围。管理者在现场巡视中,应随时倾听宾客的意见和要求,并给予反馈;并注意听取员工的意见和建议。现场巡视过程中如果发现员工工作不符合质量要求时,如违反服务规程,应及时指出并纠正,但应注意方式方法。最后,管理者在巡视中执行服务质量管理标准一定要严格。管理者应善于挑剔,追求服务质量的完美。

资料链接　　饭店服务现场监控存在的问题

1. 忘记了自己的首要任务:解决好顾客的问题,让客人满意。

无论哪一级的管理人员,置身服务现场,发现了服务中存在的问题,都应拾遗补阙,协调各方,妥善处理现场的问题,让客人满意,但有些管理人员并不是这样。

如某饭店接待一个大型会议,总台服务员忙着接待客人,连嗓子都哑了,当终于有机会舒舒气时,总经理出现了,他要这位服务员在过失单上签字。因为这个服务员在一连接待了几位客人以后,文明用语少了,一直挂在脸上的微笑也不见了。虽然今天客人多,来得集中,也不能原谅。服务员虽觉委屈,但也不得不在过失单上签名。饭店应该严格管理,坚持质量标准,但其时总经理首先应该做的是:通知有关人员采取措施,或增加接待人手,减少顾客等候的时间,或抚慰等候的顾客,以减轻客人等候中的焦躁;提醒服务员使用敬语,微笑待客,总之,首先要保证顾客获得高质量的接待服务。然而这位总经理却在总台旁观了近半小时,直到客人走了,才要服务员签字,这样的做法不甚恰当。

2. 管而不严,缺乏维护质量标准的强烈意愿。

维护饭店的质量标准,按设计的服务程序提供服务,防止偏差,这是服务现场监督的主要职责之一。而监督的效果如何,与管理人员有无维护饭店质量标准的强烈意愿有很大关系。事实上,管理者责任心不强,是导致许多质量事故的直接原因。

某地有一五星级饭店,客人在吃面包时,发现里面有一枚戒指,于是向饭店投诉。饭店按戒指上刻的名字,很快找到了这位女面包师。最后,解雇了她。这位面包师带着戒指和面,致使戒指掉进面里,确实有过错。但包饼房的厨师长如果认真履行自己职责，每天上班前严格检查员工的仪容仪表，这样的事会发生吗？

3. 督而不导，忘记了持续改进的原则。

饭店质量管理应贯彻持续改进的原则。管理人员在现场，既要对员工的工作进行有效的监督，更要给予下属改进工作的切实指导。许多管理人员也常在服务现场巡视，但久在芝兰之室不闻其香，久处鲍鱼之肆不闻其臭，他们已失去敏锐，变得迟钝了。

4. 就事论事地处理问题，缺乏系统思维。

服务现场许多具体问题需要立即处理。这些问题处理得怎么样，对员工的工作质量影响甚大。任何事情都不是孤立存在的，而是和其他一些事情息息相关，这就要求管理人员具备系统思考的能力。如果背离系统的原则，就事论事地处理面临的问题，其结果往往不是解决了问题，而只是推迟或转移了问题。

例如某饭店有两名客房服务员，小卢和小郑。这天，小卢负责的客房客人刚走，新入住的客人就来了，小郑见小卢忙不过来，就先去帮小卢“抢房”。这时她负责的客房，有客挂牌要求清扫，见20分钟都没有人来，便向饭店投诉。领班查原委，把小郑训斥了一顿：“记着，以后没有命令，不要去帮别人，先管好自己的事。”第二天，情况刚好相反，小郑忙得不可开交，小卢想去帮忙又不敢去，当班的则是另一位领班，要求小卢帮小郑“抢房”，并训斥小卢道：“记着，以后遇到这样的事，不用问，马上去帮忙。”这两位领班都以为自己对问题的处理是正确的，但他们都没有把现场发生的问题放在客房管理系统中分析、处理。这种只见其一，不见其二，就事论事处理问题的做法，只是转移了问题，造成了现场工作的混乱。饭店现场管理中，这种现象并不鲜见。

5. 只当法官，缺乏对自身角色的全面设计。

饭店管理中强调走动式的管理，但更应该研究的是如何走动。有些管理者，置身现场，只是挑下属的毛病，训斥、处罚部属，只是在充当法官的角色。发现问题，处罚违纪的人员，这是必要的，是现场管理的重要内容。但如果认为这是现场管理的全部内容就未必恰当。任何一级的管理者，都是一位领导者。领导者的职责在于引领、指导、推动，让下属把工作做好。管理就是让别人把工作做好的工作。因此，管理者置身现场，发现英雄与英雄故事，及时肯定、表扬，至少与发现问题是同样重要的。即使下属做错了事，作为主管，也首先应扮演教练员的角色，帮助下属找到失误的原因，纠正失误，吸取教训，不再重犯，而不是一罚了事。当然这不是说不要惩罚，必要的时候，也要敢于当法官，以维护法纪的严肃。总之，一个管理者要全面设计与扮演好自己的角色，这对于现场管理的好坏，也是很重要的。

6. 监控随意，缺乏对监控规范的认真设计与执行。

认真设计监控规范，严格按设计的规范对服务现场进行监控，是提高现场监控质量的基本方法。

对过程质量的控制可分三个阶段进行:第一阶段是对过程的设计,解决好影响过程质量的人、设备、材料、方法与环境等问题。而过程设计中的一个重要方面是对过程监控规范的设计,要确定监控点、监控的方法、质量记录要求等。第二个阶段是在产品提供过程中按设计的规范对过程进行监控,并做好质量记录。第三个阶段是对各种质量信息进行分析统计,为过程的改进提供依据。监控规范设计的好坏,执行严格与否,对于服务现场质量监控的有效性关系重大,应成为提高现场监控质量必须解决好的问题。

(五)优质服务竞赛和质量评比

饭店还可定期组织和开展优质服务竞赛和质量评比等活动,以使饭店全体员工树立质量意识,提高执行饭店服务质量标准的主动性和积极性,并形成“比、学、赶、帮、超”,努力提高饭店服务质量的水平。

1. 定期组织,形式多样

饭店应定期组织和开展丰富多样的优质服务竞赛和质量评比等质量管理活动,如“零缺点工作周”、每月“服务明星”或“微笑大使”、各部门的“技术比武”等等。要求做到明确范围和意义、确定参与对象及要求、制定评比标准与方法,能够激发广大员工的参与愿望。

2. 奖优罚劣,措施分明

这类活动的开展有利于饭店提高服务质量、经济效益和管理水平,所以还应制定出具体的奖罚措施,一般应遵循“奖优罚劣、以奖为主”的奖惩原则。如给优胜者发奖金、授予荣誉称号、以 VIP 身份免费入住饭店一天、去国外或外地考察旅游等等。

3. 总结分析,不断提高

每次活动结束后,所有质量管理人员都应认真总结与分析,总结经验加以推广应用,提出不足,以便改进提高,从而不断改善饭店服务质量。

(六)服务质量控制

上述饭店质量管理的目的都是为了有效地控制饭店服务质量,确保质量标准。一般来说,服务质量的控制主要是以下三方面的内容:

1. 事前质量控制

随着全面质量管理和零缺点管理的推广,事前质量控制日益受到饭店管理者的重视。事前质量控制要求饭店根据服务质量管理标准,贯彻“预防为主”的方针,做好有形产品和无形劳务两大方面的充分准备,以确保在宾客到来之前有备无患。

2. 服务过程质量控制

服务过程质量控制是根据饭店服务质量管理体系的要求,通过各级管理者的现场巡视管理和严格执行服务规程，确保宾客满意程度的提高。

3. 事后质量控制

事后质量控制应根据饭店服务质量信息，即服务质量管理的结果，对照饭店服务质量标准，找出质量差异及其产生的原因，提出有效的改进措施，避免过错的再次出现，确保饭店服务质量管理工作的良性循环。

本章小结

本章介绍了饭店服务质量概述，包括饭店服务质量的含义、内容和特点。在此基础上，进一步阐述了饭店服务质量管理的内容，包括制定饭店服务规程、建立饭店服务质量管理体系、采取有效的服务质量管理方法等方面。

知识结构图

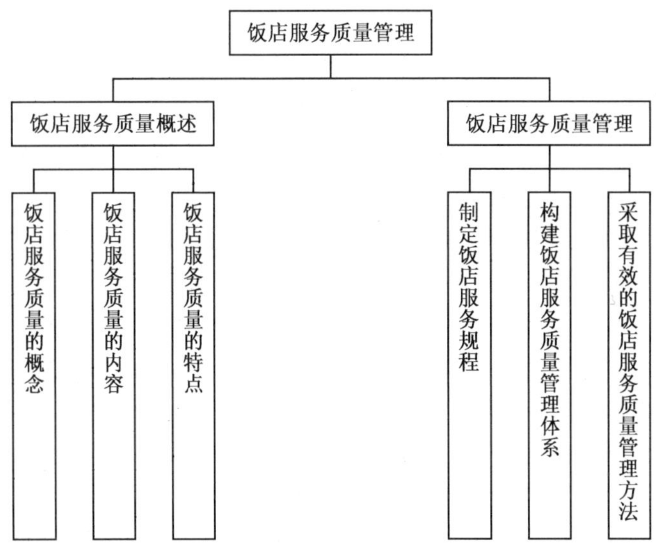

案例研究

案例一

行李员也能提高餐厅的服务质量

一位在某家五星级商务饭店入住数日的客人，偶尔在电梯里碰到进店时送他进房间的行李员小李。小李问他这几天对饭店的服务是否满意，客人直率地表示，饭店各部门的服务比较好，只是对中餐厅的某道菜不太满意。

当晚这位客人再来中餐厅时，中餐厅经理专门准备了这道菜请客人免费品尝。原来，客人说者无心，但行李员小田听者有意，客人离开后，他马上用电话将此事告知了中餐厅经理，经理表示一定要使客人满意。当客人明白了事情的原委后真诚地说："这件小事充分体现出贵饭店员工的素质及对客人负责的程度。"几天后，这位客人的秘书打来预订电话，将下半年该公司即将召开的三天研讨会及100多间客房的生意均放在了该饭店。

问题：本案例中体现了饭店质量管理的哪些基本原理和意识？对你有何启示？

案例二

完美的服务让总统像回家一样

美国总统布什是在美国遭受"9·11"事件后，于2001年来上海参加APEC会议的。布什下榻于上海波特曼丽嘉饭店，这家饭店接待过美国前总统克林顿。饭店一个很重要的准则，就是为每一个客人提供个性化的体贴入微的服务，当然包括布什总统这样的一位特殊的客人，使他感到在中国很安全，饭店就像他的家一样温馨。

由于种种原因，这一次，布什总统没有携带夫人一起来，但饭店知道他们是一对很恩爱的夫妇，于是，就从美国找来一批放大的照片，其中有他夫人和女儿的照片，还有他两条爱犬的照片，准备悬挂在总统客房的最显眼处，让他一走电梯就可以看到。可是由于安全原因，布什上楼的路线一改再改，所有照片也只得一移再移。最后在18日晚上，布什终于来到了总统套房的楼层。当他一眼看到自己夫人的照片时，顿时非常感动地问饭店管家："你们是怎么找到这些照片的？"管家告诉他："这是一个秘密，我们只希望能给您带来一些家的感觉。"他笑眯眯地说："我已经有这个感觉了。"

布什总统有早锻炼的习惯，而且特别喜欢跑步。饭店特意为他准备了一个放满各种跑步用品的包，里面有镶着他名字的运动衫、短裤、袜子、毛巾，甚至连鞋子上也有他的名字。他很喜欢这份特殊的礼物。他的管家在第二天早上告诉饭店，总统收到礼物的当天晚上，就穿着运动服在房间里跑来跑去。

丽嘉饭店的服务颇具个性化，对客人的爱好了如指掌，细微之处令人惊叹。美国第一夫人最大的爱好是阅读，她在大学里学的是图书管理。饭店考虑到布什在上海时间紧，没有机会买东西送给夫人，于是就买了一套英文版的《红楼梦》，并在外面用绸缎做了一个精美的盒子，作为礼物送给第一夫人。更有趣的是，布什总统十分疼爱他的两条狗，以前去哪里都带着它们。饭店想方设法为两条狗专门做了两件中国绸缎的衣服，上面还绣了狗的名字。结果布什对这些特殊的礼物爱不释手。

布什总统是得克萨斯州人，他身边很多工作人员都是他以前做州长时的老部下。除了布什总统外，怎样才能让他的工作人员在上海有宾至如归的感觉呢？送他们每人一枝黄玫瑰，因为黄玫瑰是得克萨斯州的州花，送黄玫瑰就是欢迎归来的意思。于是饭店在半年前就订了6 000多朵玫瑰，一方面采用黄玫瑰来做大堂中间的巨型盆花，另外包括记者在内的所有客人进入大堂时，都会献上一朵黄玫瑰。这个效果出奇地好，当客人看到黄玫瑰时，万分惊喜。后来，布什总统的公关顾问回美后，给丽嘉饭店总经理寄来一张卡片。她告诉总经理，当她的美国朋友听到布什在上海时住的是波特曼丽嘉饭店时，很多人马上说："哦，这是一个美国饭店集团。"但她马上纠正他们："这个饭店比美国饭店还要好。"

布什总统离开的那天，当他再次经过饭店后台时，突然在洗衣房门口停了下来。他不顾外面 60 多辆车子都在等他，走进洗衣房与员工一一握手，而且主动提出要与员工合影留念。这是很少见的，难怪白宫工作人员后来评价饭店的工作几乎接近完美的境界。

问题：这是一个非常成功而有启发性的案例。通过个性化、情感化的服务，体现了中国人民热情好客的优良传统和美德。布什总统是一国元首，这次接待也是一种荣耀。请您思考，对于一般的外国 VIP 客人，可以通过哪些个性化途径体现我们的热情好客？

实训练习

为本地某家星级饭店设计顾客满意度调查表，并对顾客进行问卷调查，分析该饭店存在的服务质量问题，寻求改进方案。

目的：使学生学会问卷设计和问卷调查，并通过数据分析寻找质量管理的方法。

要求：问卷设计应符合饭店实际，问题要针对饭店质量问题而提出，具有代表性，并在实践中能分组进行。

复习思考

1. 饭店服务有哪些特点？
2. 如何进行饭店服务项目设计？
3. 饭店服务质量的内容有哪些？
4. 饭店服务质量有哪些特点？
5. 如何制定饭店服务规程？
6. 如何构建饭店服务质量管理体系？
7. 饭店服务质量管理的方法主要有哪些？
8. 什么是全面质量管理？

第七章

饭店的设备、物资管理

能力目标

- 具有对饭店设备综合管理的能力；
- 具有对饭店物资进行定额、采购、仓储和发放管理的能力。

知识目标

- 了解饭店的设备管理职能与组织机构；
- 熟悉饭店设备系统；
- 了解饭店物资管理概况。

课程导入

一起电梯“关人”事件

晚饭时分，日本客人山本次郎乘车回到下榻的上海某饭店，这是他在上海旅行的最后一天。美丽的上海给他留下了深刻的印象，然而几天的旅行也使他感到有几分疲惫。在回饭店的路上，他就想好回房后痛痛快快地洗个澡，再美美地品尝一顿中国佳肴，为他在上海的旅行画上一个完满的句号。

山本兴冲冲地乘上饭店的 3 号客梯回房。同往常一样，他按了标有 30 层的键，电梯迅速上升。当电梯运行到一半时，意外发生了，电梯停在 15 楼处不动了。山本一愣，他再按 30 键，没反应，山本被“关”在电梯里了。无奈，山本只得按警铃求援。1 分钟、2 分钟……10 分钟过去了，电梯仍然一动不动。山本有点不耐烦了，再按警铃，仍没得到任何回答。无助的山本显得十分紧张，先前的兴致全没了，疲劳感和饥饿感一阵阵袭来，继而又都转化为怒气。大概又过了 10 多分钟，电梯动了一下，门在 15 楼打开了，山本走了出来。这时的山本心中十分不满，在被关的 20 多分钟里，他没有得到店方的任何解释和安慰，出了电梯又无人应接，山本此时愤愤然再乘电梯下楼直奔大堂，在大堂副经理处投诉……

其实，当电梯发生故障后，饭店很快就采取了抢修措施，一刻也没怠慢。电梯值班员工小恽得知客人被“关”后，放下刚刚端起的饭碗，马上赶到楼顶电梯机房排除故障，但电梯控制闸失灵，无法操作。小恽赶紧将电梯控制闸由“自动状态”转换到“手动状态”，自己就赶到 15 楼。拉开外门一看，发现电梯却停在 15 楼和 16 楼之间，内门无法打开。为了使客人尽快出来，小恽带上工具，爬到电梯轿厢顶上，用手动操作将故障电梯迫降到位，终于将门打开，放出客人。

从发生故障到客人走出电梯共 23 分钟。23 分钟对维修工来说，可能已经是竭尽全力，以最快的速度排除故障所能达到的最短时间，而对客人来说，这 23 分钟则是难熬而漫长的。

资料来源：http://bbs.163ktv.com/，卜算子，“服务案例”。

第一节　饭店的设备管理

一、饭店设备

设备在饭店中以两种运动形态出现，一种是它的物质运动形态，包括设备的订货、采购、验收、安装、调试、使用、维修、报废的整个过程；另一种是设备的价值运动形态，包括设备最初的投资、维修费用的支出、折旧费用的提取、更新改造费用的筹措等。饭店设备管理应包括上述两种运动形态的管理。但在实际工作中，对设备的物质运动形态的管理称为设备的技术管理，由饭店的工程部承担；对设备的价值运动的管理称为设备的经济管理，由饭店的财务部承担。本章所述内容，是指由工程部承担的对饭店设备的技术管理。

饭店的设备较之其他行业有其自己的特点。一是种类多，但同类设备并不多；二是设备需要不断维护和更新；三是使用者多，管理有较多困难，必须有独特的分类和管理方法。

饭店的设备可分为以下几类：

（一）供水系统

饭店的供水系统包括整个饭店的冷、热供水和废水排泄系统，如整个饭店饮用冷热水的供给、卫生间的冷热水供给、采暖区域的循环管网、局部降温和空调的冷冻水管道、厨房、洗衣房的冷热水供给、游泳池和美化环境用水、消防用水的保证等。

饭店用水量的估算法为：饭店每日用水量＝1 立方米/床位×床位总数。

资料链接　　威斯汀大酒店打造“节水客房”

在北京金融街威斯汀大酒店工程部办公区的墙上，有不断更新的节水宣传材料，每位员工路过都会看上几眼。随着南水北调的实施，墙上的“每日能源消耗表”更引起人们的关注。看看这张表，不仅能了解酒店今天用水多少，还能看出今天的用水量比去年当天是多了还是少了。

说起节水，工程部总监宛华涛表示，酒店工会经常搞“比节约”活动。“由于经常搞比赛，在项目上我们就想有点创新。2010 年 10 月，我们工程部把低碳节水纳入比赛范围，并试着把节能减排纳入‘绿色客房’建设的范畴。”宛华涛说。

“任何事情都是想着容易，做起来难。想启动客房节水吧，可又不知道从哪里下手，更没有可供参考的数据与方案。”宛华涛说：“我们把所有员工集中到一起商量。商量来商量去，水工组提出了比较切合实际的方案，那就是对马桶和水龙头进行改造。”

“方案报酒店通过后，我们立即行动。先把原有的普通水龙头更换成低流量节水龙头过滤芯，再把房间里水龙头的出水量从原来的 10～12 升降低到 6～8 升，平均每间客房的水龙头节水 4 升。”宛华涛说：“与此同时，我们利用酒店中水系统，回收面盆与浴缸的用水，经过中水系统处理后再次给马桶冲水使用，达到了变废为宝的目的。”

为了节水，酒店工程部还更换了员工更衣室和客房淋浴花洒。这样一来，平均每天可分别节水 8 吨和 28 吨。此外，酒店还拓宽了中水使用范围，将喷泉用水由生活水换成了中水。中水蓄水池的蓄水时间也进一步延长，使用效率进一步提高。据统计，整个酒店今年以来的用水量比 2013 年同期节约 2%。

资料来源：http://www.hotel.hc360.com，凤凰网，2014 年 09 月 22 日。

(二)供电系统

饭店的供电系统是指电能从电网上的高压线输入饭店，经过变压器再到各用电单位所经过的全部路径。整个系统可分为三级：一级是饭店级，二是用电单位级，三是设备单元级，如洗衣房就是一个用电单位，洗衣机就是一个设备单体。客房供电通常是以一个楼层为一个用电单位，一个客房为一个用电单元。

如按饭店建筑面积来估算用电量，参考数据为80～90瓦/平方米，那么：

饭店总用电量=90瓦/平方米×客房总面积

（三）空调系统

空调系统的种类很多，基本上可分为三类：

1. 集中式空调

集中式空调系统是采用一条送风管道向需要空调的房间供应空调空气。其系统主要由集中式空气处理设备、风道、送风口和回风口组成。夏天室外新风与回风混合后，经过滤器、冷却器处理，由风道送入室内；冬天，新风与回风混合后，经过滤器、加热器、加湿器处理送入室内。室内温度可用室内温度自动调节器、控制冷却器或加热器的阀门来调节。

集中式空调一般用在饭店的门厅、餐厅、宴会厅等大房间。

集中式空调的优点是空气集中处理，便于维修、管理、消声、防震，一次性投资较低。缺点是很难同时满足不同送风温度房间的需要，机房面积较大。

2. 局部式空调

局部式空调系统是将空气处理设备、风机、冷冻机和自动控制装置等组合起来，装置在需要空调的房间，就地处理空气，就地使用。如窗式、柜式空调器。

窗式空调器习惯上设置在窗的开口部，这样的空调器在送调空气的同时，还可以从墙孔吸入新风送到室内，它一般采用风冷方式进行冷却，可以提高冷冻机的效率。

柜式空调比窗式空调供应的风量大，可用于50平方米的大房间，往往采用水冷的方式冷却。

局部空调的优点是安装方便，使用灵活，能单独运行；缺点是噪音大，耗能量大，不便于统一维护。

3. 混合式空调

这种系统除设置集中空调机房外，同时在需要空调的房间内安装二次空气处理设备，如风机盘管机组。风机盘管机组由低噪音风机与冷热水盘管及自控调节阀等组成。冷热水管分别设置的称为四管制风机盘管，其优点是可以满足客人对室内空气温度的各种要求，特别是在春秋两季既可供冷，也可供暖。冷热水管合用两根管子的，称两管制风机盘管，其优点是管线综合利用，缺点是在某一季节只能供冷气或暖气。无论是二管制还是四管制，风机盘管机组内均另有一根凝缩水管。

风机盘管机组，分立式和卧式两种。立式一般安装在窗下，但会造成与窗帘的矛盾，卧式风机盘管一般安装在客房的走廊上部，其缺点是冬天客房温度不够均匀。

（四）采暖与制冷系统

饭店所需暖气、蒸汽均由锅炉房提供。

锅炉设备是将燃料的化学能转化为热能，并将热能传递给水，从而产生一定的温度与压力的蒸汽或热水的设备。前者为蒸汽锅炉，后者为热水锅炉。

热交换器是蒸汽与水转换热能的设备，它有水包汽与汽包水两类。

容积式水加热器是水包汽类加热器，它具有存水和加热的双重作用；快速蒸汽水加热器是汽包水类加热器，用这种热交换器在很短时间内就可将水烧开。

开水炉有蒸汽间歇式开水炉、火烧连续式开水炉和电热开水炉等多种。

制冷设备有压缩式制冷机与吸收式制冷机等几类，因用于空调的冷冻水一般为5～9T，所以一般采用压缩式制冷机。

(五)电梯系统

电梯是饭店的垂直运输设备，对高层饭店尤为重要。

电梯的数量与饭店的性质、电梯时速、载客能力均有关系，一般的估算方法为：

电梯数量＝2＋(客房数/100)

常见的电梯速度有1.5米/秒、2.7米/秒、3.5米/秒、5米/秒。电梯速度快并不一定体现最高的工作效率，因为它还与停站多少有关。高层饭店分为高低两个区，以确保电梯的工作效率。

现在饭店多采用自动电梯，控制方式如下：

1. 按钮控制

操纵层门外侧按钮或轿厢内按钮均可发出指令，使轿厢停靠楼层。

2. 并联控制

两三台集中排列的电梯，共用层门外召唤信号，按规定顺序自动调度，确定其运行状态。

3. 群控

对集中排列的多台电梯，共用层门外按钮，按规定程序指令，最靠近停站层的电梯去该层接客。

饭店中常见的电梯类型有服务电梯、消防电梯、自动扶梯、观光电梯等。

(六)音像系统

1. 客房内的音乐广播

各客房内通常都有可供选择的音乐节目与当地调幅、调频广播。在控制室的中央控制台上应有调幅、调频收音及卡式录音等设备，客房内设扬声器、节目选择开关、音量控制开关等。

2. 背景音乐

在公众活动场所，如大厅、电梯、走廊等处常可听到响度很低的音乐，这种音乐对客人的交谈并无妨碍，却能让只身行走或候客的客人感觉到，这就是背景音乐。背景音乐一般选用古典音乐，旋律优美、格调高雅，以创造一种柔和亲切的气氛。

资料链接 饭店背景音乐的播放技术

背景音乐一般采用中央音乐控制系统管理与操作，要求整套播音系统设备要精良、高品质、安装合理。要求操作人员具有娴熟操作的技能，同时播放时不宜使用过多的混响，造成声音的浑浊不清，听着不舒服，形成声音污染，破坏环境。音量以不被客人明显感觉，不打扰客人谈话为佳。

北京京都信苑饭店大堂

随着科技的发展，背景音乐的形式不断完善，客人的满意度越来越高，客人对背景音乐的操纵心理也越来越强。如北京京都信苑饭店的客人现在整日都可以在大堂聆听到肖邦、李斯特等音乐家的钢琴曲。饭店采用电脑输入的方式，让一首又一首的乐曲自动“弹奏”出来，既可以省去请钢琴师的费用，又可以让琴声整日不绝于耳。总之，背景音乐是饭店管理重要组成部分，运用得好，可以巧妙地安抚客人的情绪，满足客人的身心需要，也加强饭店同客人感情交流，提高住宿率，赢得客人满意；而忽视背景音乐，易使饭店在客人心目中的地位下降，饭店形象受到影响。

资料来源：www.9dyl.com，饭店娱乐人才网。

3. 紧急广播

当饭店有紧急事故发生时，可通过音响广播紧急通知，指挥救灾和引导客人疏散。

4. 电视系统

城市内的饭店都在屋顶设有共用天线，接收到电视信号后，经前置放大器和分配器分配到客房内的电视信号插座和电视接收机。

客房内的电视还可收看饭店自己播放的电影及特别节目的录像带，如果饭店设置卫星转播接收天线，经过放大调制设备调制，还能看到世界各国的电视节目。

从20世纪80年代起，CATV双向电视系统也在饭店应用，该系统可与客人“对话”，解答有关饭店服务的问题，如某餐厅的菜单、商务中心的服务项目等等。

（七）通信设施

1. 电话通信系统

电话通信系统设备由交换机、配线架、电话机和中继线组成。

电话交换机容量按饭店的规模选定。选定的原则是:交换机的实际装接电话机的容量一般是设备总容量的70%左右,由此可确定电话交换机的总容量。

客房内用的电话机最好用16个键的按键式饭店专用电话机,生产厂家已将单键拨号的种种标志印在电话机上,使客人方便使用。

中继线。贯通交换设备之间的话务负荷接线称为中继线。中继线有内部通话中继线、直拨中继线、国际交换网中继线等。

通过电话通信系统,饭店能为客人提供国际国内电话服务、叫早服务、免干扰服务等。

2. 电报、电传与图文传真系统

3. 内部通信系统

(八)娱乐与健身设备

饭店的娱乐与健身设备包括舞厅、健身房、按摩室、桑拿房、游泳池、美容室、高尔夫球场、保龄球室、台球室、棋牌室和乒乓球室等各个部分所使用的设备

(九)办公设备

办公设备是指商务中心为客人提供的各种办公服务设备,如复印机、电脑、装订机以及电报、电传和传真设备。

(十)安全设备

安全设备是指防盗、防窃、防爆、安全保卫和报警等安全设施。包括电视摄像机、电视监视器、手动报警系统和门锁监视系统等。

二、饭店设备管理

饭店设备管理的任务,总体来说是通过技术、经济和管理措施,对饭店主要设备进行综合管理,做到全面规划、合理配置、择优选购、正确使用、精心维护、科学检修、适时改造和更新,使设备处于良好的技术状态,达到设备生命周期费用最经济、综合效能最高。具体有以下几个方面:

(一)设备的选择和评价

根据技术上先进、经济上合理、经营上可行的原则,正确地选择和购置设备,同时进行技术、经济评价,为选择最优方案提供条件。有关部门要掌握国内外技术发展现状和动向,便于选择合理的设备。

(二)设备的日常管理

设备的日常管理包括设备的分类、登记、编号、调拨、故障、报废等。

(三)设备的使用

设备的使用包括针对设备的特点,合理安排工作任务,制定有关规章制度,并用各种形式把操作人员组织到设备管理工作中来,使设备管理建立在广泛的群众基础上。

（四）设备的检查、维修与保养

设备的检查、维修与保养是目前饭店设备管理中最大的组成部分，它包括规定检查、维护保养、修理周期，编制定期检查、维护保养和修理计划及计划的组织实施，组织备品配件的供应和储存等。

（五）设备的改造和更新

设备的改造和更新包括编制设备改造与更新规划、进行设备改造和更新设备的技术经济论证，筹措改造资金，合理处理老设备等。

资料链接 酒店设备节能方案

（一）热回收

冷水机组冷凝器增加热回收装置，在制冷的同时免费制取热水。

（二）锅炉烟气热回收余热利用

为蒸汽锅炉安装烟气热回收装置，通过回收的热量加热进入锅炉的冷水对其进行预热，既可减少锅炉原来用于加热冷水的蒸汽用量，又可以减少蒸汽锅炉的蒸汽发生量，达到节约燃气的目的。

（三）洗衣房平烫机排气余热回收利用

洗衣房内蒸汽与衣物间接接触加热，有冷凝水产生并可回收，（烘干机、热槽式熨烫机、干洗机等），随着冷凝水压力降低会产生二次蒸汽，如不加以利用，二次闪蒸汽将于凝结水回收系统通大气处排出，浪费大量的二次蒸汽潜热及冷凝水显热。

（四）风机盘管冷凝水回收

夏季酒店客房内风机盘管的冷凝水都是直接排放掉，既浪费了大量的水，又浪费了大量的冷量。将这部分冷凝水进行回收，用于冷却塔的补水，既可以减少冷却塔的补水量，又可以充分利用冷凝水的冷量，达到节水、节能的目的。

（五）照明控制系统升级

将现有的照明控制模块更换为新的控制模块，使其满足 LED 调节需求。提供便于操作的新的照明控制界面及操作平台，通过运行管理措施实现照明系统的节能运行。

资料来源：http://www.abi.com.cn/news/htmfiles/2015—4/156893.shtml。

三、饭店设备的使用、维修与保养

（一）设备的合理使用

正确、合理地使用设备，能使设备减轻磨损，保持良好的工作性能，更好地发挥设备的效能。合理使用设备应做好以下几方面的工作：

1. 完善饭店设备使用规章制度

饭店应制定设备使用的规章制度，包括设备运行操作规程、设备维护规程、操作人员岗位责任制、交接班制度和运行巡检制度等。各项规程要落实到班组和个人，要做到定机、定人、定职责。要使全体员工在规章制度的约束下，按规程操作，管好、用好、养好设备，完成工作任务。具体如下：

其一，建立设备安全操作规程。

内容如下：

(1)了解设备的主要性能和最大负荷；

(2)掌握正确操作方法和要领，如启动和停止的操作顺序及注意事项；

(3)进行设备的清扫、润滑、维护保养、检查；

(4)牢记设备与人身安全注意事项以及紧急情况的处理步骤。

其二，实行岗位责任制。

岗位责任制是本着谁使用、谁管理、谁负责的原则，定机、定人、定职责，做到使用、维护、保管全面负责。

要做好设备的运转记录和值班运行记录。对关键设备如锅炉、空调、供电、电梯、消防设备要做好运转记录，做好交接班手续，以便互相检查、明确责任。

2. 加强对运行操作人员的规范化管理

首先要对员工进行文化技术培训，严格考核制度，不断提高员工的操作技术水平。合格的操作人员必须做到"四懂四会"，即懂性能、懂结构、懂原理、懂用途，会使用、会维修保养、会检查、会排除故障。特殊岗位的工人要持证上岗。前台部门的员工也要进行培训，掌握设备操作的一般知识，以便向客人介绍设备的使用方法。以下是我国的工业企业根据多年使用和维护设备的经验，总结出了设备操作人员要做到"三好"、"四会"，达到"四项要求"，遵守"五项纪律"，各饭店可参照采用。

"三好"的内容：

(1)管好。包括：操作人员对设备负有责任，不经领导同意，不准别人乱动设备，操作人员应保持设备及仪表、附件、安全防护装置等完好无损，设备开动后，操作人员不准擅自离开工作岗位，有事必须停车、断电，设备发生事故后，要立即停车，保持现场，如实将事故情节报告上级领导。

(2)用好。包括：严格执行操作规程，禁止超压、超负荷使用设备；操作人员不准脚踏设备表面，不准用脚踢操纵把和电动开关，设备上不准放工具、工件等。

(3)修好。包括：操作人员应保持设备外观和传动部分在新安装时或大修后的良好状态；操作人员应经常保持设备性能良好，定型设备应达到国家标准，一般设备能满足工艺要求；操作人员应保持设备没有较大的缺陷，仪器仪表和润滑系统灵活可靠。

“四会”的内容：

(1)会使用。包括：操作人员应严格遵守操作规程，变速、挂轮时必须停车；要熟悉设备结构、性能、传动原理和加工范围，并能适当选用车速。

(2)会保修。包括：操作人员要保持设备内外清洁，做到班前润滑、班中、班后及时清扫；操作人员应保持设备各滑动面无油垢、无碰伤、无锈蚀、无四漏(漏油、漏水、漏气、漏电)；操作人员应按设备润滑图加油，做到四定：定质、定量、定时、定点，保持油路畅通。

(3)会检查。包括：设备开动前，必须检查设备各操纵机构、限位器等是否灵敏可靠，各运转滑动部位润滑是否良好，确认一切正常后再开车；接班时，发现上班事故或部位故障，要立即报告，修好后再开车；设备开动时，应随时观察各部位运转情况，细听设备运转声音，如有异音，应立即查找原因，直到查明为止。

(4)会排故障。包括：操作人员发现电器短路、断路如保险丝烧断、电线接地、接触不良等，应协助电工排除；操作人员发现油路系统发生故障时，应及时排除；操作人员发现各种螺丝、斜铁、离合器、皮带等松动，应会排除；发现加工件因非设备原因出现缺陷时，应及时修整。

“四项要求”的内容：

(1)整齐。工具、工件等要放置整齐、安全防护装置要齐全，线路管道要完整。

(2)清洁。设备内外应清洁，各滑动表面，齿轮、齿条等处应无油垢、无碰伤、切屑垃圾应清扫干净。

(3)润滑。按时加油换油，加油和装油用具要保持清洁，油标、油线要清晰。

(4)安全不出事故。

“五项纪律”的内容：

(1)凭操作证使用设备，遵守安全操作规程。

(2)经常保持设备清洁，按时加油。

(3)遵守交接班制度。

(4)保管好工具附件，不得遗失。

(5)发现故障及时停车，本人如不能处理应立即通知相关部门进行检查。

3. 合理安排任务和工作量

各种设备是根据不同的科学技术原理设计制造的。因此，要根据设备的性能、结构、使用范围、工作条件和能力来安排相应的工作任务和合理的工作量。如电梯要按定员开梯，严禁超负荷运转，避免意外事故，确保安全。

4. 为设备提供良好的工作条件

良好的工作环境是保证设备正常、安全运转的重要条件，除了整齐、干净的环境外，还要做到：

(1)安装必要的防护、保安、防潮、防腐、保暖、降温装置；

(2)配备必要的测量、控制和保险用的仪器、仪表装置；

(3)对精密的机器设备，要求设立单独的工作室。工作室的温度、湿度、防尘、防震等工作环境，应有严格的要求。

(4)正确合理地使用设备可以减少磨损，保持设备良好的性能和工作精度，充分发挥设备的功效，延长设备的使用寿命，为饭店的优质服务创造条件，同时为饭店创造良好的经济和社会效益。

(二)设备的维护保养

饭店要经常保持设备的完好状态，除了正确使用设备之外，还要做好维护保养工作。

1. 设备维护保养的内容和要求

由于各种设备结构、性能和使用方法不同，设备维护保养工作的具体内容也不完全一致。它的基本内容是：清洁、安全、整齐、润滑、防腐。具体内容如下：

(1)清洁

各种设备要保持清洁，尤其是客房设备内外要清洁，做到无灰、无尘、无虫害，保证良好的工作环境。

(2)安全

设备的各种保护装置要齐全，各种安全防护装置要定期进行检查，保证安全，不出事故。

(3)整齐

各种工具、工件和附件放置要整齐，线路管道要完整，各种标志醒目美观。

(4)润滑

有些设备主要是后台设备，必须定时、定点、定量加油，以保证润滑面润滑，保证运转顺畅。

(5)防腐

饭店设备不但要防腐，还要保新，这个问题关系到饭店的等级，务必引起注意。对于设备的维护保养，工程部要制订维护保养计划，定期进行保养，要填写保养记录卡，谁保养，谁记录。

2. 设备维护保养的方式

饭店的设备维修保养，主要有计划内维修和计划外维修，要突出以计划内维修(预防性维修)为主的思想。

计划内维修是对设备进行有计划的维护、检查和修理，以保证设备长期处于完好状态。计划内维修最基本的特点在于它的预修制，它是设备管理的一项基本制度和措施。要制订不同时期的设备维修保养计划和严格的保养标准，使保养维修工作达到标准化和制度化。设备的计划内维修制度，不仅能达到防患于未然、减少计划外维修的工作量，使设备经常处于良好的工作状态，而且该制度以检修的时间、内容、标准等为具体要求是工时定额、检修保养的质量评比、检修工考核、岗位责任制的实施依据。计划内维修包括日常维护保养和定期检修，以及设备的点检等。

计划外维修主要是指设备由于外界原因使设备发生意外事故或损坏时需要进行的紧急维修。完全排除计划外维修是不可能的，因为外界因素总会造成一些意料之外的损坏。因此，应加强对设备计划内维修和保养，以减少设备的意外事故和损坏。下面主要介绍计划内维修的基本内容：

1. 设备的日常维护和报修

设备的日常维护是全部维护工作的基础，它的特点是经常化、制度化。一般日常维护包括班前维护、运行中维护、班后维护。

设备的日常报修是工程部进行维修工作的依据，其运行程序是：使用部门填写报修单，报修单一式三联，第一联由报修部门留存备查，第二联由工程部留存备查，第三联分配给维修班组，各维修班组在接到报修单后、应根据报修内容和重要程度，填写开工日期和估计工时，分派检修工人检修，并得到报修部门签字认可。

班组在收到检修工人送回的报修单后，核实耗用材料和实用工时，并将报修单汇总后呈交工程部。

工程部在接到各班组交回的第三联报修单后，应和第二联核实，对存入员工完工档案，作为每月评奖的依据。

在核对报修单时，如发现缺漏，应查明原因，凡因各种原因一时不能完成的项目，应通知使用部门预计完成时间。在发生使用部门对工程部的投诉时，可以报修单为依据。

对于搁置率有多少，要有统计，可以发现日常维修中存在的问题。工程部应安排一名主管和若干检修工人负责夜间紧急检修值班。在接到报修电话后，对一般故障，应及时排查；对一时难以修复的，应在值班日记中记录报修时间及修理内容，第二天由总调度安排班组检修，在必须夜间紧急检修而人力不足时，可向住店经理汇报，采取应急措施，组织人力进行抢修。

2. 设备的点检

设备点检是一种现代先进的设备维护管理方法，是对影响设备正常运行的一些关键部位进行经常性检查和重点控制的方法。

点：是指预先设定的设备关键部位。

检：是指通过人的五官和运用现代检测手段进行调查，及时准确地获取设备部位的技术状况或劣化的信息，及早预防维修。

点检的目的:是为了及时掌握故障隐患并及时消除,从而提高设备完好率和利用率。提高设备维修工作质量和节省各种费用,提高总体效益。

点检又分为:

①日常点检。每日通过感官检查设备运行中的关键部位的声响、振动温度、油压等,并将检查记录在点检卡中。

②定期点检。按时间周期长短和设备具体情况划分,有一周、半月、一月、数月不等。定期点检在运用感官的基础上使用专用仪表工具。

③专项点检。专项点检是使用专用仪器工具,在设备运行中有针对性地对设备某特定项目进行检测。

点检方法有:运行中检查和停机检查、停机解体检查和停机不解体检查、凭感官、经验检查和使用仪表仪器等等。确定后的检查方法不能随意改变。

点检人员对检查信息记录要准确、简明、全面、规范,要定期进行整理归档保存。

3. 公共部位巡查检修

对处于几个部门共同使用而又较难确定由谁负责的公共部位设备设施,由工程部派人进行巡查检修。一般故障均由巡查员现场修复,较大故障由巡查员汇报后安排检修。巡查员必须按巡查表格进行逐项巡查并填写巡查表。

4. 客房巡查检修

客房的巡查检修工作一般由万能工来负责。国外饭店的万能工每天要巡查检修四间客房,每间客房要做80项内容(包括空调、灯、门、开关、窗户、地毯、电话、家具、卫生间等,如热水温度要达到50℃左右,地漏要没气味,墙纸要没有明显接缝、漏缝,水龙头关闭后滴水不超过三滴等)。万能工掌握的技术应比较全面,如强、弱电知识、清洗空调过滤网、油漆技术等。万能工责任心强,工资也高,一般应在领班之上。客人一般对万能工比较信赖。万能工每日要将完成房数报到经理处,主管要对万能工的工作进行抽查,检查客房合格率。对于300间客房,有2名万能工就足够了,这样每年可做四次,周而复始地循环检修,不仅能提高客房设施的完好率,而且大大减轻工程部日常检修人员的工作量。

5. 定期检修

当设备经过一段时间的运行后,为了保持设备的良好技术性能,使之恢复基本功能,按计划规定的时间,由专业维修工人负责,操作工人参与检查,全面地检查设备的性能及实际磨损程度,以便准确地确定修理时间和修理种类。

修理种类,一般可分为大修、中修、小修。大修是指工作量较大的全面修理,它要把设备全部拆开,更换全部磨损零件,以恢复设备的原有性能;中修是指更换和修复设备的主要零件,以及数量较多的其他磨损零件,需要对设备进行部分解体,并要使设备能使用到下一次修理;小修是指工作量较小的局部修理,主要涉及零部件或元器件的更换和修复。

6. 异常时期的检修

当异常时期来临时(如雷雨季节),对火灾灭火系统要多加保养。每周应做一次消防探头起动,并做测试记录。做好消防培训。还要对灭火设施做定期检查,所有这些检查都要有记录和报告。

7. 机房的管理

饭店的锅炉房、空调冷冻机房、变配电所、水泵房等,是工程部重要场所,也是最容易出重大事故的地方,因此,机房内的操作人员,必须持有劳动部门颁发的操作证。工程部应加强对各机房的管理,建立、健全严格的岗位责任制和设备操作规则,并要求操作人员对设备运行情况进行详细记录,执行严格的交接班制度,以确保设备的安全和正常运行。

设备的维修保养主要由工程部负责,但其他各部门(如:客房、餐饮等),也要配备设备管理员,加强对设备的维护、检查和监督。

资料链接　　饭店设备管理的特殊性

1. 面客设备设施的美观性、便捷性、适用性

与工厂设备的管理要求不同,饭店客人使用及视觉所及的设备设施不但内在质量、功能要保持完好,还要方便使用,外观整洁漂亮,在第一时间要给人一种“高档次”的感觉。如灯具的安装要横平竖直、不锈钢器具不得有水渍污渍、壁纸平整无皱等,如为体现便捷性,客房内的床头柜应尽可能选择简单的形式,冷热水要有标识等。

2. 设备计划检修及处理临修时的不可扰客性

工厂的设备检修按计划执行即可,但饭店执行设备检修计划时还必须将客人的因素考虑在内。“一切围绕客人转”是饭店运营管理的最高准则,设备的检修操作亦不例外,最好在客人的不知不觉中进行。经常因设备故障不得不临修而影响客人的做法是不可取的,因此应大力减少对客人有影响的临修数量。

3. 设备计划检修、临修任务完成的时效性

工厂的设备计划检修一般按网络图进行,完成计划节点。饭店的设备计划检修除了按此进行外,还要遵循“不能影响客人”的原则。例如,若热水系统出现故障,最晚也得在大多数客人习惯用热水的时间以前完成故障处理,计划检修也是如此。万一不能做到这点则应有补救措施,而这又会对饭店的收益产生影响,因此应尽可能避免这种情况发生。由此也可看出这里所说的“时效性”实际也就是客人的“时效性”。

4. 设备设施使用者的特殊性

饭店的许多设备设施的使用者是来店的客人(尤其指客房),因此这部分设备设施的故障损坏率较高,这也是造成临修多的主要因素。根据调查,这主要是因为某些客人对他所使用的设备设施不了解、使用不当所致。如有的客人误将房间内中央空调开关当照明开关使用,拍打感应水龙头,不会使用混水龙头等。

基于饭店设备管理上的这些特殊性,对于如何做好饭店的设备管理,就应该有一个适合饭店实际情况的认识和思路。

资料来源:邓鲁民、王勇,《浅谈饭店设备管理的几点认识》,北极星电力论坛。

四、饭店设备的更新与改造管理

设备在运行一段时期以后,由于损耗或某些系统和设备配置不合理,无法满足客人的需要。为了维护饭店的形象,必须对设备进行更新改造。

设备的更新改造属于设备的后期管理。

设备的更新和改造是两个不同的概念。设备的更新是指以经济效果上优化的、技术上先进可靠的新设备替换原来在技术上和经济上没有使用价值的老设备。改造是指通过采用国内外先进的科学技术成果改变现有设备相对落后的技术性能,提高节能效果,改善安全和环保性能,提高经济效益的技术措施。

(一)设备更新改造的种类

饭店设备更新改造的种类有三种:

1. 全面更新改造

由于各种原因,饭店原有的设备不能满足要求,要对其进行全面更新改造。全面更新改造一般是在基本保留原有建筑结构的基础上对饭店的设备系统,特别是主要大型设备进行更新或改造,以提高饭店设备的现代化水平,达到旅游服务标准的要求。这类项目常常需要和土建、环保等工程项目配合进行。

2. 系统设备更新改造

这是针对饭店的某一具有特定功能的系统设备,当其性能下降、效率低下、能耗太高或环保特性差等具体问题产生时采取的更新改造技术措施。例如,饭店的空调系统设备等。

3. 单机设备更新改造

这是对单机设备所采取的技术措施，例如，对洗衣房烫平机的改造。这种更新改造在工程上是相对独立的。

(二)设备更新改造时机的选择

更新改造时机的选择，就是决定何时进行更新改造。设备的更新改造的客观依据是设备的寿命。设备的寿命分为自然寿命、技术寿命和经济寿命。

自然寿命是指设备从投入使用到自然报废所经历的整个时期。它是由设备在使用过程中的物质磨损形成的。其更新的时间长短往往依据设备的性能、结构、使用的频繁程度而变化，一般用于生产设备的更新往往以此为主要依据。

技术寿命是指设备从投入使用到因无形磨损而被淘汰所经历的时间。它有科学技术和客人的需要两个方面的原因。

从前者来看，由于科学技术的进步，饭店行业出现了技术上更先进，经济上更合理，外观上更好看的设备，从而造成原有设备的贬值。从后者来看，部分设备虽然性能没有多大改变，使用价值仍然存在，但客人已感到陈旧落后或使用不便。在饭店设备的更新改造项目中，由于技术寿命引起的更新改造占较大比重，如客房、前厅、餐厅等设施的改造，电话交换机的更新，电梯的更新等。技术寿命的长短往往是客用设备更新改造的重要依据。

经济寿命是指设备投入使用后，由于设备老化、维修费用增加，如继续使用则经济上不合算而需要更新改造所经历的时间。它是根据设备使用过程中维持费用(维修费用和人员工资)的多少来决定的。

一般来讲，由于科学技术和经济的飞跃发展，设备的经济和技术寿命大大短于自然寿命。另外，设备更新改造的时间，尽量选择在淡季进行。

(三)更新改造方案的决策

确定更新改造的时机后，如何进行改造，这就是更新改造方案的决策。

设备的更新方案，实际上就是设备购置的决策，一般要考虑两个问题：一是购置何类设备，包括设备的型号、规格、技术要求等；二是从何地采购，是进口还是国产，是本地还是外地等。总之，饭店购置设备的标准和要求是：技术上先进，经济上合理，符合饭店实际，适应消费者需要，有利于提高工作效率和服务质量。

饭店设备的改造主要集中在前厅、客房、餐厅等部门。改造方案的决策主要应考虑以下几点：

(1)准备改造哪些项目？时间如何安排？是否突击改造？

(2)设备改造后达到何种等级规格？是否和饭店的目标相适应？是否有利于提高设备利用率，增加经济收入？

(3)设备改造需要多少投资？资金如何筹措？投资回收期、投资利润率的要求如何？

(4)在改造过程中，内装修的质量要求是什么？需要配备哪些新设备？新设备的质量要求是什么？

(5)如何公开招标？中标单位的基本要求是什么？怎样验收？

资料链接　　利用地热　饭店空调耗电减半

节能减排是眼下全社会共同动员的一项大事。昨天在浙江省举行饭店节能大会上推出了《饭店低碳运营100条》，其中规定各饭店要严格自律，室温控制在17℃～28℃。

今年年底消费者入住杭州的一些饭店，或许会有不一样的体验：游泳池的水温恒定而不需要往池内不停地注入热水。一些新型的节能环保型空调先后在浙江的饭店落户，包括地源热泵节能空调等。

利用地热，饭店空调越来越节能

会上，一种新的节能空调引起了杭州饭店业关注，它就是大型地源热泵技术。“这项技术能为饭店综合节能50%～70%”，昨天，带来此项技术的挪宝新能源集团副总裁陈涛向记者介绍。

地面土层15米以下终年温度保持在10%～15℃。地源热泵技术就是这么做的：把管道安放在地下数十米处，当冬天天冷时，比如把地表5℃的水，通过封闭管道输送到室地下热交换管网，水再抽到地表时，就被升温到约10度，再通过一些加热处理达到18℃。利用了地下热量，用于空调系统、游泳池等的加热，低能耗从而实现对水的加热。反之，在夏天也可以利用“冷交换”。

此项技术源于挪威丹麦等北欧地区，当地主要用于个人别墅，近年引至中国，用于宾馆、精装修公寓、写字楼等。在浙江的宁波等地，之前有用于别墅等的小型地源热泵技术，而大型地源热泵技术则是首次来到杭州的宾馆饭店系统。“目前我们在与杭州的四五家大饭店洽谈，预计今年年内将入驻杭州的饭店。

此外，杭州一些饭店已经在使用节能空调，比如杭州香格里拉饭店于四五年前，从美国引进了“冰蓄冷空调”，能够节约高达90%峰电的用量。

在香格里拉的空调机房，那儿可以看到6个高达2米、长5米的金属“大冰箱”，这就是蓄冰槽。晚间10点至次日早上7点的用电低谷时，冰蓄冷空调开始制冰，一个晚上所储存的冰量，可供次日8个小时的制冷，可以满足用电高峰期间的制冷，并通过原有的空调管道送到饭店的各处。

据介绍，冰蓄冷空调制冰时所使用的电量，仅仅是普通空调开启时的1/10，相当于节约了90%的峰电用量。昨天记者从香格里拉饭店了解到，冰蓄冷空调使用至今,为饭店节约了许多能耗。

资料来源:《制冷快报》,2010 年 9 月 7 日。

第二节 饭店的物资管理

一、饭店的物资管理概述

(一)饭店物资管理的基本目标

饭店物资管理由饭店物资定额管理、饭店物资采购管理、饭店物资仓储和发放管理组成。物资管理的目标是物尽其用、降低损耗、减少浪费、降低成本。具体而言,物资管理工作应达到以下目的:

(1)适时:指在饭店业务最需要之时或在市场状况最有利于饭店之时采购和供应饭店业务所需的各种物资。

(2)适量:指本着“保证经营,节约至上”的原则,采购、储备适量的物资,既保证经营活动的正常运转,又最大限度地减少物资的积压。

(3)优质:指保证饭店所需物资在质量上的可靠度和可信度。

(4)优价:指在保证质量的前提下,提高资金的投入产出率,以最少的资金购买最大量的物资。

(5)善藏:指用科学的方法安全保管、储藏暂未投入使用的物资,做到无遗失,无损毁,无变质。

(6)高效:指规范各种物资的使用方法和使用过程,在保证饭店服务等级、服务规格和服务质量的前提下,尽量降低物耗,降低企业成本,使每一分物资耗用都能取得最好的经济回报。

(二)饭店物资管理的特点

(1)客人需求的多样性影响饭店物资管理的规定性。

(2)饭店营销的不稳定性影响饭店物资管理的计划性。

(3)饭店物资的丰富性影响物资管理技巧的多样性。

(4)饭店部分物资的相对不可储存性影响物资管理的时效性。

(三)饭店物资分类、分析

1. 饭店物资分类

按物资的价值分为:低值易耗品、物料用品、大件物资。

按物资的自然属性分为:棉织品、装饰用品、清洁用品、服务用品、玻璃用品、食品原料、餐具茶具、办公用品、燃料、印刷品及文具、维修材料及用具、消防用品等。

按物资的使用方向分为:客用物资、食品原料、办公用品、清洁和服务用品、基建、维修用料、安全、保卫用品、后勤用品等。

按物资所处不同阶段分为：在用物资、在库物资、在途物资。

2. 物资分析

物资分析建立在物资标准化的基础上。物资标准化即把物资统一、归类，要求同类物资在大小、形状、颜色、质量、价格等方面都基本相同或是变化幅度锁定在一定的范围内。

物资的标准化有利于物资的统一管理，其优点是能加快采购速度、提高仓储效率、降低管理成本。在物流管理领域，目前较常用的物资分析法是 ABC 分析法，即按物资的品种和占用资金的多少把饭店所有物资划分为 ABC 三大类（见表 7—1）。

表 7—1　　物资 ABC 分类表

物质分类	占全部品种的百分比（%）	占全部资金的百分比（%）
A	10～15	70～80
B	20～30	20～25
C	60～65	5～10

A 类物资占用资金最多，故该类物资是物资管理的重点，储备量必须严加控制，并尽量缩短采购周期，增加采购次数，以加快资金周转。

B 类物资占用资金较 A 类少，但比 C 类多，故要适量控制，也就是要根据供应情况适当地延长采购周期或减少采购次数。

C 类物资品种繁多，但占用资金很少，对这类物资可适当放宽控制，采购周期长一些也不会影响饭店资金的使用效果，并可以节省因频繁采购而花去的大量采购费用。

资料链接　酒店一次性用品环保之路

柴静的雾霾调查《穹顶之下》再次把全民舆论推向高潮，也再度唤醒了大家长久以来不够强烈的环保意识。随着环境问题的恶化，可持续的绿色消费将成为发展的趋势，低碳环保产品将成为最受消费者欢迎的产品。

不仅仅是全球开始刮起低碳风，早在多年以前，中国的酒店行业，就已经开始倡导绿色、环保，尝试尽量降低能耗，实现低碳经营。比如上海的碳中和酒店艾本酒店（URBN），北京的嘉里中心，等等。而在减少碳排放的具体细节上，最受关注的莫过于取消酒店六小件。

一般来说，宾馆酒店是否提供六小件，六小件的质量水平直接体现酒店的档次。但是，很多人却不知道重量不到150克的六小件造成的资源浪费是如何的惊人。据统计，全国星级酒店有1万多家，每天单单消耗的一次性洗漱用品120万套，仅星级酒店的消耗就高达22亿元。而且，由于六小件多为塑料制品，难降解、难回收，方便了顾客的同时却是更为突出的环保、高碳问题。

2002年，中国饭店业协会正式出台《绿色饭店标准》提出撤销六小件，同年上海首提倡议，到2007年北京号召用大包装容器代替小瓶装，再到2009年长沙的“不主动提供”、2012年广州开始规定酒店无偿提供一次性用品最高罚1万元……十多年间，全国许多酒店都曾尝试撤除或减少提供“六小件”，最后却纷纷颓然放弃，恢复供应……由于多年养成的习惯，国人对一次性日用品的依赖程度使得取消六小件成为一件“看起来很美，做起来不易”的事情。

六小件的取消需要一个逐步让人接受的过程，以绿色的名义简单粗暴地取消六小件是不可取的。其实，六小件的浪费与其制品的低劣有很大的关系。少而精的优质产品才能真正地体现绿色与环保的内涵。而六小件生产企业要想获得长足发展，还需更加努力，真正了解到消费者的诉求，将“环保”理念深入产品设计，为消费者提供实实在在的环保酒店产品。

竞争使消费者本身对酒店的选择的肯定性降低，怎样做到既符合环保又保障客人的需求？酒店如何在一次性用品上寻找突破，找到一种低碳经济的发展模式，并充分利用需求弹性大的特点，有效地刺激需求将是酒店在发展低碳经济的浪潮下思考的首要问题。

资料来源：http://www.hotel.hc360.com，网易新闻，2015年4月2日。

二、饭店的物资管理系统

(一)饭店物资定额管理

饭店物资定额管理包括物资消耗定额和仓储定额。

1. 饭店物资定额管理原则

立足实际、统筹兼顾、动态管理、小处着手、全面管理、依法管理

2. 饭店物资消耗定额

确定饭店物资消耗定额的工作程序:

(1)饭店将物资消耗定额的任务下达到各个部门,并详细说明物资消耗定额的意义及各部门进行物资消耗定额的工作要求和确定物资消耗定额的标准。

(2)各部门根据自己的特点详细制定单位产品或单位接待能力所需的物资配备表,注意区别一次性消耗物品和多次性消耗物品。

(3)确定客用一次性消耗物品单位时间或单位产品的消耗定额。

(4)确定客用多次性消耗物品在寿命期内的损耗率或一段时间的更新率。

(5)综合汇总。

通常可以通过以下方法确定饭店物资消耗定额:

经验估算法——用于确定某些受主观因素影响而消耗量变动较大的物资消耗定额。这种方法虽然简单、方便,但易受估算人主观因素的影响而缺乏一定的精确性和可靠性。

统计分析法——将一定时期内实际消耗物资的统计数字进行加工、整理、分析、计算后,根据它所反映的物资消耗规律而制定物资消耗定额。适用于确定多次性消耗物品的消耗定额。

实物实验法——按照饭店生产经营的客观条件,通过反复地实地操作、考察,经过对实际消耗物资的分析汇总,确定物资的消耗定额。一般适用于饭店的燃料动力的消耗定额的计算。

3. 饭店物资仓储定额

饭店物资仓储定额可分成不同的种类。各类仓储定额的确定方法如下:

经常仓储定额:为满足饭店日常业务需要而建立的物资储备量。

经常仓储定额=物资日消耗定额×两次进货间隔天数

保险仓储定额:是为了防止某些物资因运送受阻、交货误期、规格品种不符合要求等原因造成的供需脱节而建立的物资仓储定额。

保险仓储定额=物资的日消耗定额×保险储备天数

季节仓储定额:为了克服某些物资因季节变动导致物资供需脱节而建立的物资储备定额。

季节仓储定额＝平均每天需要量×中断天数

订货点库存定额：为了保证饭店业务不间断地顺利进行，饭店不能等到库存量下降到保险定额再订货，而应该在经常储备中确定一个物资储备点，当某物资的库存量降至这个点时，就必须订货。这个点就是订货点库存定额。

订货点库存定额＝备运时间＋物资日消耗定额＋保险仓储量

经济仓储定额：通过计算经济合理的订货批量，确定仓储管理总成本最低时的仓储数量。

（二）饭店物资采购管理

饭店物资采购是物资管理的第一个环节，对采购管理的主要有以下几个方面：

认真分析饭店所有业务活动的物资需要，依据市场情况，科学合理地确定采购物资的种类与数量。

根据饭店各业务部门对物资质量与价格的要求，选择最为合适的供货商，并及时订货或直接采购。

控制采购活动全过程，修补每个环节中可能存在的管理漏洞，使物资采购按质、按价、按时到位。

制定采购各种物资的严密程序、手续和制度，使控制工作环环有效。同时，建立科学的采购表单体系，为每一环节的工作流程留下可供查询的原始凭证，并以制度保证所有原始凭证得到妥善的收集、整理和保存，为饭店结付货款及物资管理的其他环节提供可靠的依据。

制作并妥善保管与供货商之间的交易合同，保证合同合法有效并对饭店有利。

协助财务部门做好饭店对供货商的货款清算工作。

进行采购管理的目的主要是争取以最小的投入、最理想的物资质量、最低的净料成本保障饭店的供给，并在与供货商交往过程中确立最有利的竞争地位。

资料链接　饭店采购的基本程序和方法

1. 基本程序

(1)各物资使用部门或仓库管理人员根据经营需要填写请购单；

(2)仓库定期核算各类物资的库存量，若库存降至规定的订货点，仓库向采购部送请购单，申请订购；

(3)由采购经理通盘考虑，对采购申请给予批准或部分批准；

(4)采购部根据已审核的采购申请向供货商订货，并给验收部、财务部各送一份订货单，以便收货和付款；

(5)供货商向仓库发送所需物资，并附上物资发货单；

(6)仓库经检验,将合格的物资送到仓库,并将相关的票单(检收单、发货单)转到采购部;

(7)采购部将原始票据送到财务部,由财务部向供货商付款。

2. 采购方法

市场直接采购、预先订货、"一次停靠"采购法、集中采购。

资料来源:张利民、王素珍,《饭店管理概论》,中国林业出版社 2008 年版。

(三)饭店物资验收管理

物资验收管理包括检验和收货两项内容。检验具体指的是:(1)凭证检验;(2)时间检验;(3)数量核查;(4)质量核查;(5)价格核查。收货指验收合格的物资。验收员要作详细记录,填写验收清单及进货日报表,并将这些物资分类后及时入库或发放给相关的使用部门。

有时候也需要拒收,但要认识到这只是交易过程中常见的问题,而不是供购双方的纠纷。故饭店应在坚持原则的前提下尽量保持与供货商及送货者之间的良好关系,以良好的态度向送货人耐心解释拒收的原因,为可能给他们带来的额外工作负担表示歉意。拒收时在退货通知单上要详尽写明退货的原因,并请送货人签字证明,为与供货商的进一步交涉留下原始凭证。同时尽快告知饭店的采购部门和相关的物资使用部门,敦促他们及时寻找替代品。

(四)饭店物资仓储和发放管理

1. 仓储管理对象

仓储管理的对象是所有购入后未马上投入使用的在库物资及与其相关的凭据和信息资料。不经过仓库直接进入使用部门的物资不属于仓储管理的对象,这些物资一般包括:

(1)饭店所需的鲜活类物资,可直接由供货商送到使用部门,以保证物资的鲜活度。

(2)饭店每日所需但需求量无法准确估计的新鲜食品,如面包、牛奶等。

(3)业务部门在经营过程中随市场新形势而产生的新的物资需求,由于不知销售效果如何,只能少量购进试销,因此不必储存。

(4)供应暂时间断对经营活动的正常进行影响不大而货源又不十分难寻的物资,如操作工具。

2. 仓储管理工作内容

广义的仓储管理是指物资从入库到出库之间的完整的管理和控制过程,它从验收物资开始,将各类物资合理储藏,保障库存物资的数量安全与质量安全,并进行物资出库控制。

在保管物资时，应该做到“五保三化”，即保量、保质、保安全、保成本、保急用；仓库规范化、存放系列化、保养经常化，这样才能使物资仓储管理科学化。

3. 饭店物资发放管理

饭店物资发放应遵循以下基本要求：

准确：物资管理人员在向各个部门发放物资时必须做到单货一致，即发放凭证上应明确标明物资的名称、编号、规格、等级、单位、数量等，并在交接物资时通过各种特定的程序保证所发物资的各个方面都与凭单内容相符，无论单据和实物都不出差错。

及时：为了不影响各项经营活动的顺利进行，物资发放工作人员必须提高效率，在接到领料单据以后，以最快的速度组织发货、保证前台业务活动所需的物资全部及时到位。

安全：物资发放人员在发放物资时不仅要认真清点物资的数量，还必须严格检查物品的质量，保证出库物资的质量完全符合使用要求，不过期、不失效、无残损、无变质，并注意物品清点时的安全操作，防止物品震坏、摔伤、破损，并在必要时改换物品包装以避免搬运过程中的损坏。

物资发放的原则：先进先出原则、保证经营原则、补料审批制度、退库核错制度、以旧换新制度。

资料链接　　饭店物资的发放程序

发放物资注意依照程序进行。一般需要有以下几个步骤：

1. 点交。部门在领取物资时必须填写请领单。

2. 清理。物资点交工作结束之后，仓储人员需进行内部清理(账面上的清理、地面的清理、物资管理)。

3. 复核。为防止物资发放过程中出现差错，仓库发货人员必须对物资发放作业过程中的每一个环节仔细地进行自查、复查，层层复核。

4. 原料计价。仓库在发放各类物资时，应在物资请领单上填写各类物资的购入单价，并计算出所领物资的总价，以便成本核算。

资料来源：张利民、王素珍，《饭店管理概论》，中国林业出版社 2008 年版。

本章小结

饭店设备管理就是以创造最佳的服务质量和最高的经济效益为目的，以最经济的设备生命周期费用和最好的设备综合效能为目标，运用现代的科学管理方法，对现代饭店的设备进行综合管理。具体地说，就是对各种设备从选购、验收、安装开始，经过使用、维修、保养、改造直到报废的全过程系列管理活动。目前，很多饭店已把物资管理作为企业增加效益的“第三利润源泉”。物资在整个饭店的生产、经营、管理中的流动，就形成物流，物流是否合理、是否畅通，对饭店的生产经营活动有着直接影响。饭店应建立物流管理程序，通过对物资的申请、计划、采购、运输、仓储、保管、领用等步骤制订规范制度，合理管理饭店物资。

知识结构图

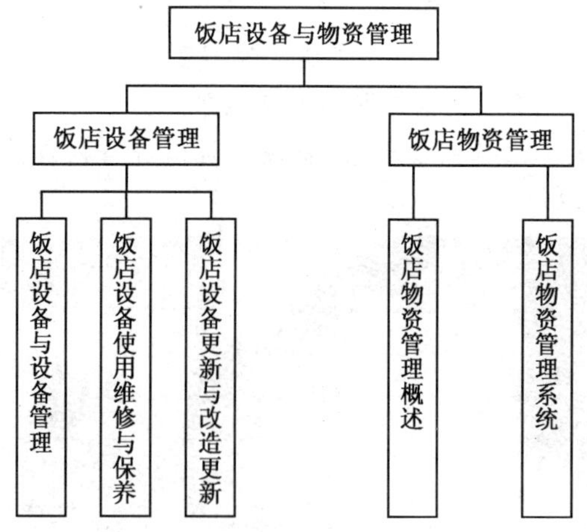

案例研究

案例一

“雨”中一景

程先生跑了一天的业务，又累又脏，回到饭店房间后立即冲进卫生间，想痛痛快快地淋个“雨”(淋浴)。没想到刚抹完沐浴液正要冲淋时，原先还哗哗出水的喷淋头竟然停水了。程先生心想：我刚才是拔出那个出水开关下边的小开关(转换开关)后喷淋头才喷出水的，那么喷淋头不出水是否与这小开关有关呢？估计是吧。他检查后认定自己的判断是对的，原来那个小开关把“头”又缩回去啦。于是他又拔出那个小开关的“头”。呵，喷淋头又出水了。程先生欣赏自己还算聪明，高兴地继续他的“雨”中享受。然而，程先生似乎高兴得有点太早，那喷淋头突然又“罢工”了。而这时的程先生全身上下的淋浴液并未冲洗干净，还是油腻滑溜的。怎么办呢？这时叫维修工来处理肯定是不合适的。身上的泡沫总要洗干净吧，不知他是急中生智呢，还是迫于无奈，只好身体下蹲，一手拔着那个小开关的“头”，另一手上下紧张地在身上操作，直到洗净为止。程先生为刚才自己这副滑稽模样感到好笑，自嘲此乃“雨”中一景也。

当他正想上床睡觉时，忽然发现床头柜上端端正正摆放着一张纸片，上方一行眉头写着“宾客报修单”，下面的文字是：“尊敬的宾客，欢迎您下榻本饭店！您在住宿期间若发现客房设备出现故障，请您立即拨打××××号电话，我们将随时予以处理。也可以请您在下表栏内填写，以便您外出时我们派人维修。给您带来不便之处，敬请原谅。”接下来是一个表格，左边项目是“设备名称”，右边项目是“故障情况”，落款是工程维修部。程先生找来笔就在表格里填写了有关内容，然后上床休息了。他想：明天晚上回来该不会再出现今天这幅“雨”中一景了吧，他哑然失笑。

问题：在此案例中，该饭店在设备管理方面值得肯定的做法是什么？

案例二

健身房的安全管理

在某会员制俱乐部健身房的各种康体设施旁边都标识有英文说明。

审核员问健身房主管：“这些英文说明是什么内容？”

主管回答：“都是关于如何使用设施的安全注意事项等。”

审核员问：“到这里健身的都是外国人吗？”

主管说：“也不都是，尤其近年来国内有钱的人多了，来的很多都是中国人。”

审核员：“他们懂英文吗？”

主管："不知道。"

问题：此案例中健身房的标识应怎样改进？

实训练习

组织学生到本地的一家星级饭店工程部实践或调查，了解本饭店的设备设施、物资种类及管理模式、维修保养情况。

目的：了解星级饭店或经济型饭店的设施设备基本状况，掌握星级饭店设施设备配备标准，了解饭店设施设备管理方法和手段。

要求：自由组合形成调研小组，总结各饭店的设施设备使用情况，完成一份饭店设施设备书面考察报告。

复习思考

1. 饭店设备的特点是什么？
2. 饭店设备管理的作用是什么？
3. 合理使用设备应做好哪几方面的工作？
4. 饭店设备维护保养的基本内容是什么？
5. 饭店物资管理的基本目标是什么？有何特点？
6. 在确定物资消耗定额和仓储定额时，应将重点放在哪几方面？为什么？
7. 在采购过程中，饭店怎样实现"开源节流"目的？
8. 饭店物资验收主要是核查数量和质量，对吗？为什么？
9. 解释如下概念：物资标准化、消耗定额、仓储定额、仓储、制冷、设备动态管理、设备前期管理。

第八章

饭店安全管理

能力目标

- 熟悉饭店安全管理系统；
- 具有安全意识以及预防饭店安全事故的能力；
- 增强安全事故处理中的应变能力。

知识目标

- 了解饭店安全管理的概念和范围；
- 掌握相关安全常识；
- 了解饭店安全管理的构成。

课程导入

酒店中的多角色诈骗

一天傍晚，北京某饭店服务总台的电话铃响了，服务员小姐马上接听，对方自称是住店的一位美籍华人的朋友，要求查询这位美籍华人。小姚迅速查阅了住房登记中的有关资料，向他报了几个姓名，对方确认其中一位就是他找的人。小姚未思索，就把这位美籍华人的所住房间的号码818告诉了他。

过了一会儿，饭店总服务台又接到一个电话，打电话者自称是818房的"美籍华人"，说他有一位谢姓侄子要来看他，此时他正在谈一笔生意，不能马上回来，请服务员把他房间的钥匙交给其侄子，让他在房间等候。接电话的小姚满口答应。

又过了一会儿，一位西装笔挺的男青年来到服务台前，自称小谢，要取钥匙。小姚见了，以为不错信息无误，就毫无顾虑地把818房钥匙交给了那男青年。晚上，当那位真正的美籍华人回房时，发现一只高级密码箱不见了，其中包括一份护照、几千美元现金和若干首饰。

以上即是由一个犯罪青年分别扮演“美籍华人的朋友”“美籍华人”和“美籍华人的侄子”，而演出的一出诈骗饭店的丑剧。

几天后，当这位神秘的男青年又出现在另一家饭店用同样的手法搞诈骗活动时，被具有高度警惕性，严格按饭店规章制度、服务规程办事的总台服务员和总台保安员识破，当场被抓获。

请思考：在本案例中，前台服务人员应该怎样防止类似安全事件的发生？

第一节　饭店安全管理概述

安全是旅游业发展的最基本保障，没有安全就没有旅游业的发展，也就没有饭店今日的繁荣局面。现代饭店是一个大型的综合性企业，机构庞大，人员集中，业务范围极其广泛。饭店的安全管理，要充分依靠和发挥饭店全体职工的共同努力。饭店安全管理工作，不仅直接影响饭店的正常经营，而且还直接影响饭店的经济效益，影响饭店的声誉和形象。

一、饭店安全管理的概念和范围

安全是指没有危险，不受威胁，不出事故。饭店安全，一般是指饭店以及来店客人、本店员工的人身和财产在饭店所控制的范围内，没有危险，也没有导致危险的因素。

饭店安全管理的范围广泛，按其内容和性质的不同，可以分为生产安全、交通安全、食品卫生安全、社会治安安全等等；按对饭店安全重要程度不同，可以分为要害部位安全和非要害部位安全。

资料链接　　安全管理新观念

1. 不安全的饭店是没有竞争力的饭店；

2. 安全管理是一门科学，而不是一般常识（关于监控方面的安全、器材使用以及常识）；

3. 要抓本质安全和细节管理；

4. 管理好的饭店必定重视安全；

5. 安全就是效益。

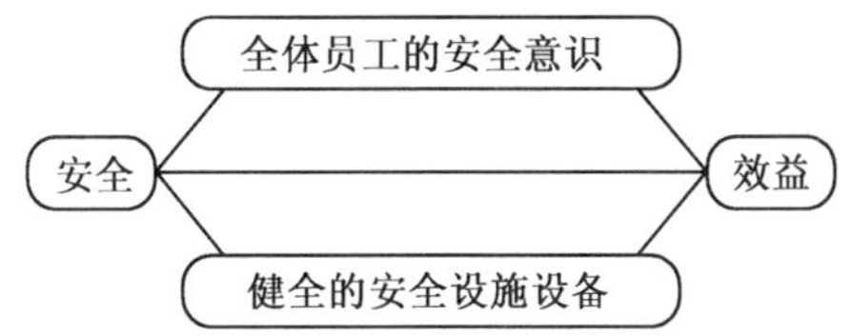

资料来源：百度文库。

二、影响饭店安全的因素

影响饭店安全的因素，种类多，范围广，变化快，按照侵害因素产生的原因可以分为人为因素和自然因素两大类：

(一)人为因素

由于人们的行为而产生的，侵害饭店安全的因素均为人为侵害因素。它又包括违法犯罪行为和非违法犯罪行为两种。

1. 违法犯罪行为

这种行为是指人们违反了法律规定，从而侵害饭店安全的行为。其特征是：

(1)行为者违反法律规定，产生法律所禁止的行为。

(2)行为者都是以饭店和客人的人、财、物作为侵害目标，作案地点大多在饭店之内。

(3)行为者的心理状态大多为明知故犯。此外，也有一些是过失行为引起的违法犯罪活动，如失火、过失伤害等。

(4)违法犯罪的手法比较隐蔽。违法犯罪分子往往伪装成住店客人的模样，混入饭店之中，伺机作案。

因此，饭店安全保卫人员必须随时保持高度警觉，采取切实可行的措施，预防和制止违法犯罪行为的发生。这是饭店安全部门的主要任务之一。

2. 非违法犯罪行为

这种行为多数属于在道德上、思想上和习惯上有问题。它并没有违反法律规定，但确实影响了饭店安全。如由于不同地区、不同民族客人之间的风俗习惯不同，他们的某些行为习惯影响了饭店安全，对于这些问题的处理，更须谨慎，更须注意解决问题的方法。再如由于有关人员过失所造成的事故；施工人员违反操作规定引起的火灾；餐厅人员违反食品消毒规则而引起大范围的客人中毒等。

资料链接 北京凯迪克大饭店火灾事故案例分析

案例背景：

2002 年 7 月 13 日 23 时左右，北京凯迪克大饭店 1020 房间发生火灾，造成住在 1022 房间两名赴京旅游的中国香港女学生死亡，住在 1021 房间的一名韩国女学生受伤。

据调查，住在 1020 房间的中国香港男学生邓某(12 岁)和李某(14 岁)承认，7 月 13 日 22 时 40 分左右，在 1020 房间内划火柴玩，然后离开房间。经专家调查，鉴定这起火灾的起火原因是人为明火所致。由此，警方认定火灾由邓某、李某玩火造成。

案例分析：

凯迪克大饭店发生火灾以后，一些宾馆饭店汲取事故教训，要求客房不为客人提供火柴，未成年人入住必须有监护人陪同并负责其安全行为等。但是，宾馆饭店的消防安全管理，不能头痛医头、脚痛医脚，必须认识到消防安全的重要性，加强消防安全管理，努力消除各种消防安全隐患。

一、宾馆饭店消防安全的主要隐患

(一)违规装修施工。

(二)电气设备老化。

(三)厨房违规操作。

(四)住店客人安全意识不强。

(五)施救设施设备不全或失效。

此外，消防安全制度不健全，责任制落实不到位等，也是引发宾馆饭店火灾发生的原因。

二、加强宾馆饭店消防安全的措施

(一)按有关规定建设完善消防设施。

(二)建立健全消防安全制度。

(三)强化对重点区域的检查和监控。

(四)加强对员工的消防安全教育。

(五)加大消防监管力度。

(六)强化客人消防安全意识。

资料来源：中国旅游报。

(二)自然因素

由于自然作用而直接影响饭店安全的因素，均是自然侵害因素。自然侵害因素具有很大的危险性，会给饭店和客人造成严重损失。按人们对自然侵害因素的认识程度又可分为下列两种：

1. 人们可以预料并能预防的自然侵害因素

如房屋年久失修，因自然风化作用造成屋顶泥灰脱落而砸伤客人，大风刮倒了门窗，自动电梯被卡，电源线老化而引起火灾，冰箱食物贮藏过久而引起食物中毒等等。虽然这些自然侵害因素是可以预料并能够预防，但由于它们普遍存在，往往不被重视而经常发生，因此要引起安全部门和饭店各有关部门的注意，尽可能减少和消除这种自然侵害。

2. 人们难以预料或不可抗拒的自然灾害

如台风、洪水、雷击、地震等。人们对这些灾害的认识虽然已不是一无所知，但其发生的准确时间、地点、途径和危害程度，是难以预料的，人的力量很难以与之有效地抗衡。这些自然灾害给饭店造成的损失往往十分惨重，因此饭店要加倍警惕，千方百计采取科学手段和切实可行的措施，尽量减少损失。

饭店的安全管理，就是同这两类侵害因素做斗争，既要预防自然因素对饭店的侵害，又要预防人为因素对饭店的侵害，但就其主要职责而言，应更多地注意同各种人为侵害因素做斗争。

三、饭店安全管理的内容

饭店的安全管理主要是：保障客人的安全、保障员工的安全和保障饭店的安全。

（一）保障客人的安全，是饭店安全管理的主要任务

要保障客人的安全，首先必须对客人的安全有一个全面的认识。一般来说，保障客人的安全主要体现在以下三个方面：

1. 保障客人的人身安全

保障客人的人身安全，就是保障客人的人身不受伤害。这是客人最基本的心理要求。造成客人人身伤害事故的因素主要有社会时局、自然灾害、公共治安、饭店设备设施安装不当，以及火灾、食物中毒等。

2. 保障客人的财产安全

财产安全是指客人入住饭店后，随身所带的一切财物的安全，以及委托饭店代为托运、保管的财物安全。客人的财产损失一般来自火灾事故、盗窃案件和饭店工作中的差错。

资料链接　贵重物品究竟是指什么物品

某日，从南昌来郑州做房地产生意的高先生，搬出了大学路桃源路交叉口的学府宾馆，原因是3天前，高先生的两部手机和1 000多元现金在宾馆住宿时不翼而

飞。高先生要求宾馆方对自己在住店期间丢失的财物给予赔偿，遭到了拒绝。派出所建议高先生求助消费者协会，市消费者协会表示，由于此事已立案，消费者协会无法介入，只有等待公安机关破案。

“6月3日我住进了位于大学路和桃源路交叉口的学府宾馆，11日早晨醒来后发现放在电视机旁边的包不见了，房门没有撬过的痕迹。包里有一部诺基亚手机和一部小灵通，另有1 080元现金及身份证、合同书等。宾馆应该赔偿我的全部损失。”南昌的高明根先生说。学府宾馆的负责人梁高潮称，在酒店丢了东西，酒店愿意拿出700元作为补偿，免收这两天的房费，需签下互不追究的协议。因无法认定客人是否真的丢了东西，所以不能全部赔偿。市消费者协会一位负责同志表示，消费者协会在处理这些事上感到棘手，一是像高先生这样的情况，他已经向公安机关报案，根据《消费者权益保护法》规定，刑事案件超过消费者协会受理权限。而在更大程度上，旅客没有证据说明利益受损，也增加了消费者协会调解难度。对此消费者协会也只能尽量调解，但结果可能不一定会让双方都满意。

高先生的情况，说明了酒店在管理上存在漏洞，酒店所说贵重物品要登记，可贵重物品究竟是指什么物品，酒店并没有表明。客人一般都有防范心理，所以有一些物品带在身边是可以理解的。酒店不能说因为朱先生没有登记，就完全没有责任。因此，作为酒店应考虑采取更灵活的处理方式，既“保护”自己，也不能让消费者吃“哑巴亏”。

资料来源：职业餐饮网。

3. 保障客人心理上的安全感

客人心理上的安全，实际就是客人入住后对环境、设施、服务的一种信任感，虽然客人的人身并未受到伤害，财产也未损失，但客人却时时感到有不安全的威胁存在，产生一种恐慌心理。主要表现在：一是设施、设备安装不合理或不牢固，如冷热水龙头装反，电器设备漏电，空调噪声过大，餐厅地砖不防滑等。二是收费不合理，价格不公道，使客人有被“敲竹杠”之感。三是服务人员服务不当，如不敲门进房、随便翻动客人的东西，不恰当的询问，不科学的会客服务方式，不负责的查房等等。四是饭店气氛过于紧张，如禁止通行、闲人免进、此路不通的标牌随处可见，保安人员表情严肃、态度生硬。五是饭店缺乏必要的防盗和消防设施。所以心理上的安全感从某种意义上说，比前两项更为重要，但也最容易被忽视。

(二)保障员工的安全，是饭店业务活动顺利进行并取得良好效益的基本保证

保障饭店员工安全的内容主要包括：

1. 保障员工的人身安全

保障员工的人身安全，就是保障员工的身体健康，使员工的人身不受伤害。一

般说来，影响员工身体健康，造成人身伤亡事故的因素主要有三个：一是由于设备维护或操作不当造成的工伤事故，如跌伤、扭伤、割破、烧伤、烫伤、触电等。二是由于劳动保护措施不当引起的各种疾病。三是客人中的个别不法分子无理取闹殴打员工致伤。

2. 保障员工的合法权益

饭店为了正常运转，提高服务质量和经济效益，必须制定严格具体的规章制度。如有的饭店规定在任何情况下都不能和客人争吵。因此，员工在工作中难免会受到各种委屈和侮辱。所以作为饭店的管理者和安全部门必须坚持依法办事，主持公道，保障员工人身权利不受侵犯、人格不受侮辱。

3. 保障员工的道德情操

涉外饭店是以接待外国人、外籍华人、华侨、港澳台同胞等为主要对象的饭店。随着这些客人的到来，一些西方社会中存在的不良的思想、道德、习惯等不可避免地会对饭店员工的思想和行为产生影响。如不加管理，就可能造成严重的后果；如员工出卖国格、人格等行为。所以，如何采取有效措施，防止员工道德情操扭曲，也是员工安全管理的重要任务。

资料链接

用心营造健康快乐——圣廷苑饭店员工职业健康安全工作纪实

今年7月，深圳圣廷苑饭店荣获“2004年度深圳市工伤预防先进单位”称号，受到深圳市劳动和社会保障局的联合表彰；9月饭店捧回了深圳市市长质量奖的奖杯，其“以人为本”的经营理念成为各行业的学习典范；11月饭店总经理辛杰当选“深圳市十大杰出青年”，接受采访时他那句谦逊而诚恳的“我只是一个站在饭店众员工肩膀上的小矮人”，让在场之人无不动容。作为劳动密集型企业，饭店对于员工的保护与关怀为何能够做到如此深入呢？带着这样的好奇心，我们走进了圣廷苑饭店。

12月1日上午，圣廷苑饭店的员工培训教室内座无虚席，这里正在进行一次全员滚动的职业健康安全培训，有流感的预防、工作和生活中的安全防范，还有缓解工作疲劳的简单体操。培训教室的旁边刚好是医务室，一位年轻的护士和一位中年的医生接待了我们。小小的医务室内常用的药品及救护设备一应俱全。饭店为每位员工建立医疗档案，安排每年3次不同层次的全员体检，在疾病多发季节为员工注射疫苗、准备防病的凉茶等。在后厨参观时，一位清洁工大姐在认真地擦地板。大姐告诉我们，如果地面有水其他同事经过时很容易滑倒，这也是一个危险源。这是我们在圣廷苑饭店第一次听到“危险源”这个词，尔后在与管理人员的接触和对话

中，我们又更多了解到什么是“危险源”，什么是“虚惊事件”。

圣廷苑饭店自开业以来，便以高度的社会责任心将绿色环保作为自己的产品定位，为顾客也为员工提供了健康、安全的绿色环境。如今，饭店又进一步将员工的职业健康与安全提到了新的高度。饭店成立了专门的职业健康安全工作小组，小组由安全总监及各个部门的骨干人员组成。他们还有一个重要的任务，就是搜集饭店各个部门发生的可能导致人员伤害或财物损失的事件——虚惊事件，并发现饭店各个区域各个工作流程中的潜在的不安全因素——危险源。这些危险源和虚惊事件将由安全总监汇集成册，并按照不同的部门、可能导致后果的严重程度和发生的可能性等分门别类予以辨识，然后建立预案，进行系统防范。迄今为止，安全小组已经收集了千余个危险源，大到台风、火灾、犯罪事件，小到清洁器具和办公室的文具，甚至宿舍的蚊虫、员工上下班途中的安全都被考虑在其中。饭店正在准备向员工发放一套涵盖工作、居家、外出等方面的安全防范与急救手册。

访问快结束时饭店安全总监对我们说：“所有的安全事故都可以归因于管理中的漏洞，而所有的事故都直接关系到员工的利益甚至生命，所以我们的责任才如此重大。”因为饭店所营造的健康安全的环境能够让员工满意放心，也因为饭店对员工的责任心让员工懂得对自己和对他人负责。而员工的满意与责任心恰恰是企业最大的收益。

资料来源：《深圳商报》，2005 年 12 月 21 日。

（三）保障饭店的安全

表现在为了维护饭店的形象不受破坏而进行的一系列工作。如有的客人在公共场所酗酒、大声吵闹、衣冠不整等不雅行为举止影响饭店的格调，损害饭店的形象，对此饭店的保安人员必须及时加以阻止。其次表现为保障饭店的财产不受损失。如讨偿欠款，防止和追查漏账、逃账，预防和打击内偷外盗行为等。

四、饭店安全管理的基本原则

根据上述内容，饭店的安全管理工作必须坚持以下基本原则：

（一）“宾客至上，安全第一”的原则

“宾客至上”是饭店一切工作的基本指导思想和宗旨，也是安全保卫工作的根本出发点。要做到这一点，就必须全心全意地为客人服务，关心客人，方便客人。做到文明接待，文明执勤，文明处事，文明宣传，提高安全保卫工作质量、“安全第一”是指饭店安全工作是他一切工作的前提。如果没有安全作保障，饭店其他工作就无法顺利进行。所以，安全工作是饭店第一位的工作。

（二）预防为主的原则

所谓预防为主，就是集中主要精力做好安全防范工作，防止治安案件、刑事案件和治安灾害等的发生。预防为主，一是要加强防范，堵塞各种空隙漏洞，不给任何违法犯罪分子以可乘之机；二是要定期进行安全检查，及时发现并消除各种不安全因素和事故苗头，把各类事故消灭在萌芽状态。

（三）外松内紧的原则

外松内紧是指涉外保卫工作，包括饭店保卫工作的一条通用原则。所谓外松，是指安全工作在形式上要自然和谐，气氛要和缓轻松。所谓内紧，是指安全保卫人员要有高度警觉，要做好严密的防范工作，要随时注意不安全因素和各种违法犯罪的苗头和线索，保证安全。外松是形式，内紧是实质。外松和内紧是不可分离的统一体。一方面要使客人感到舒适、方便、宁静、安逸；另一方面要有高度警惕性，防止各种安全侵害因素的产生。

（四）群防群治的原则

群防群治，就是依靠广大员工做好饭店的安全工作和内部治安管理工作。饭店员工是饭店的主人，最熟悉饭店的内部情况，深知饭店的不安全因素和保卫工作的薄弱环节，只有依靠他们，才能采取切实可行的措施，去消除那些不安全因素。另外，饭店客人与饭店的安全工作也有着直接的利害关系，要发动并依靠客人共同做好安全保卫工作。

（五）落实管理责任的原则

其基本精神是分清层次，各司其职。饭店的安全工作，总经理是总负责，各部门经理也要各负其责。安全部的主要职责是，在总经理的领导下，主管饭店安全保卫，并督促、检查、指导饭店各部门的安全保卫工作，依照法定的职责对各类违法犯罪行为和各类事故进行调查和处理，并根据存在的问题提出整改建议，改进安全保卫工作。安全工作是一项复杂的、综合性很强的工作，各部门必须共同努力，才能把饭店安全工作做好。

第二节　饭店安全管理系统

饭店安全管理工作意义大，范围广，要求高，要做好这项工作，必须进行系统性全面管理。一般来说，饭店安全管理系统主要由下面几个方面构成。

一、饭店的消防管理

饭店的消防管理工作主要包括火灾的预防和火警、火灾事故的处理。因为火灾是饭店安全的最大灾难，由于火灾而造成饭店重大损失和人员伤亡的事件时有发生。现代化饭店内部设施完善，建筑费用高，装饰豪华；流动资金和各类高档消耗品储存较多，一旦发生火灾，其直接经济损失非常巨大。火灾发生不仅给人民的生命财产带来了损害，还会在国内外造成不良的社会政治影响。所以饭店火灾危害极大，饭店消防管理工作十分重要。

（一）消防的基本知识

1. 火灾分类

根据燃烧性质不同，将火灾分为普通火灾、油火灾、电器火灾和特殊火灾四种：

（1）普通火灾是指纸类、木材、纤维等一般可燃物燃烧的火灾，是最普通和常见的火灾，城乡建筑物火灾多属普通火灾。水或含水溶液的冷却作用对普通火灾的抑制效果最佳。

（2）油火灾是指液体及固体油脂类易燃物燃烧发生的火灾。石油制品、易燃性油脂、液体油漆的火灾都属这一类，对待这类火灾，窒息作用最为有效。

（3）电器火灾是指通电中的电器设备发生的火灾。对于这类火灾的最有效措施是使用电器绝缘性灭火剂。

（4）特殊火灾可分为金属火灾及瓦斯火灾。金属火灾是指钢、钾、镁等活性金属发生的火灾，形成高温，不能用一般的灭火剂，选择特殊的灭火剂才能奏效。瓦斯火灾是指瓦斯燃烧发生的火灾，瓦斯火灾与油火灾相似。

2. 常见的灭火器

（1）酸碱灭火器。它适用于一般固体物质的火灾，但不可用来扑救油类及带电的电气设备火灾。使用时，只需把桶身颠倒过来，上下摇晃几下，桶内液体就会喷出。

（2）泡沫灭火器。它适用于油类火灾和一般固体火灾及可燃液体火灾，但不适用于忌水物质火灾和带电的电气设备火灾。在扑火时，要让泡沫覆盖到火焰上。

（3）二氧化碳灭火器。它是一种适应性强的灭火器，凡是酸碱、泡沫灭火器能灭的火灾都适用，而且还适用于带电的低压电气设备火灾，但它不适用于钾、钠、镁、铝等金属火灾。

（4）干粉灭火器。适用范围与二氧化碳灭火器相仿。

（5）卤代烷灭火器。灭火效力高，约为二氧化碳灭火器的五倍。

上述的几种灭火器能灭的火灾都可用卤代烷，特别适用精密仪器、电气设备、文件档案资料的火灾。

3. 防火灭火的方法

防火灭火的主要措施是把燃烧三要素(可燃物质、助燃物质和着火源)分隔开来。

(1)防火办法。减少可燃物物质,指室内装修,应当采用非燃或难燃材料,尽可能减少使用可燃材料;预防着火源,指严格控制明火的使用,维修、施工动用火,需经有关领导批准,并在防火员监督下进行;建立防火分隔,即饭店在建筑时就要按规定,将建筑物按防火要求用防火墙及防火门等隔开,将建筑物分隔成若干防火防烟分区,每层楼之间也要有防火防烟分隔设施,万一发生火灾,便于控制,防止蔓延。

(2)灭火办法。冷却灭火,指将燃烧物的温度降到燃点以下,使燃烧停止;窒息灭火,指采取隔绝空气的办法来阻止燃烧;隔离灭火,指把正在燃烧的物质同未燃烧的物质隔离开来,使燃烧停止;抑制灭火,指用有抑制作用的化学灭火剂喷射到燃烧物上而停止燃烧。

饭店火灾往往发生在夜深人静的时候,此时客人已入睡,值班人员较少,等到发现时,往往火势蔓延,不可收拾,造成的财物损失和人员伤亡也更为严重。饭店中常见的失火部位为客房、餐厅、酒吧等,失火原因大多是因用火不慎,余烬未灭而引起。

饭店一旦发生火灾,值班人员要及时报警。报告消防部门和饭店安全部,同时将客梯降到底层,开通消防电梯,电工切断火警地的电线,打开正压风机和水泵等,经领导批准后,向客人通报情况并保证把客人疏散到安全地带。

资料链接　火灾逃生知识

1. 如何穿过火焰区?

答:逃生前最好用水将衣服浇湿、用湿毯子裹住全身或用湿衣服包住头部等裸露部位。这样穿过着火区域时,身上的衣服不易着火,身体裸露部位不致被烧伤。万一衣服着火,可就地打滚压灭火苗,不宜带火奔跑,以免加快空气的相对流动,致使火势增强。

2. 如果火灾不在自己楼层,该往哪儿逃?

答:如果着火点位于自己所处位置的上层,此时应向楼下逃去,直至到达安全地点;如果着火点位于自己所处位置的下层,且火和烟雾已封锁向下逃生的通道,应尽快往楼上逃生,楼顶平台是一个比较安全的场所,如楼顶有水箱,可用水浇湿自己的衣服,以抵御火焰的高温熏烤;如果在向楼顶平台逃生的过程中,发现自己被火、烟追赶上且又封锁了向上的道路,此时应果断地改选横向逃生路线，从另一层楼的走廊通道逃生，或退守到该层有利于逃避的房间内，寻求其他的自救方法。

3. 如果所有安全通道均被切断该怎么办?

答：这时唯一的选择是退到相对较安全的卫生间内作短暂避难。被困者进入卫生间后应将门窗关紧，缝隙堵严，拧开所有的水龙头放水。特别是浴缸中应不断放水，始终保持较高的水位，一方面便于取水泼浇门窗降温，另一方面火势发展到卫生间时，人还可以躺在浴缸中暂时躲避一下。

资料来源：百度文库。

(二)消防管理

做好饭店的消防管理工作，必须做到计划落实、组织落实、措施落实。要切实落实消防安全责任制，制定防火工作措施，并要配备必要的完好的消防设施，群策群力，共同做好消防管理工作。

1. 落实消防安全责任制

根据《中华人民共和国消防条例》的规定，饭店应建立饭店、部门、班组三级防火组织，并确定相应的防火负责人。通常一级防火负责人由饭店总经理担任，二级防火负责人由各部门经理担任，三级防火负责人则由各班组领班担任。

各级防火负责人的基本职责是：认真执行消防法规，领导饭店、部门、班组的消防安全工作；组织制定和贯彻执行消防规章制度及灭火方案；组织实施防火责任制和岗位防火责任制；立足自防自救，对员工进行防火安全教育，组织义务消防队或所属员工进行消防演练；布置、检查、总结消防工作，定期向公安消防监督机关或上级部门报告工作情况；组织防火安全检查，督促消除火险隐患，组织扑救火灾演习。

2. 制定防火工作措施

饭店引起火灾的原因较多，但以吸烟、使用明火不当、电器设备故障、厨房起火居多。所以，饭店要做好消防工作，必须制定严格的防火措施。其中包括使用明火规定，煤气运输、贮存、使用规定，电器设备的安装、检修规定，客房安全管理制度，厨房防火制度等等，以确保消防工作有标准，有依据。

3. 配备完善的消防设施

为有效地做好防火工作，饭店消防设备具有必须现代化标准。目前我国星级饭店的楼高大多在10层以上(超过74米)，有的已高达四五十层(超过150米)，一旦发生火灾，靠楼外的给水不切实际，必须建立自身的消防供水系统。

饭店还必须建设安全疏散通道。安全疏散通道要保证畅通，而且必须有足够的数量，每个安全门要能够保证一定的人数通过，同时标明出口通向外面的最短线路，并要设有照明装置。每个防火分区的安全出口应不少于两个。

在高层建筑的饭店中，电梯是至关重要的输送工具，在发生火灾时，电梯千万不能使用。因为发生火灾时，电梯的升降机井就像毒烟毒气的烟囱，电梯内部温度极高，浓烟弥漫，电梯控制器失灵，致使电梯突然停止行驶，导致客人遇难。为避免这种情况发生，电梯内应有防火控制的装置，一旦发生火灾，防火系统将电梯送到安全地带。另外，饭店还需配备消防电梯，消防电梯由饭店安全消防部门控制，既可疏散客人，又可运送消防队员、灭火器材等。

报警通信系统要符合现代化的要求，应有消防控制中心和报警系统。要配备排烟装置、烟感报警装置、自动喷淋装置等消防设施和器材，并要进行定期检查并使用，保证设施、器材的完好率。

4. 发动群众，及时消除火灾隐患

饭店发生火灾，往往由于没有及时发现、及时排除事故隐患而发生，这些隐患大多发生在客房、餐饮、工程等区域，因此，只要全体员工提高警惕，及时发现和处理各种隐患，就能预防火灾事故的发生。

饭店不仅要对员工进行防火安全教育，还要对客人进行宣传，普及防火知识，掌握灭火器的性能和使用方法，要制定客人防火安全须知，使客人了解客房和楼面的防火报警设施，安全出口的位置，如何报警，如何进行安全自救等，万一出现火灾，能把火灾损失减少到最低。

二、饭店治安管理

治安管理是指饭店为防盗、防破坏、防流氓活动、防治安灾害事故而进行的一系列管理活动。其目的是为了保障客人、饭店和员工的财产不受损失，客人及员工的人身不受伤害。饭店的治安管理，既要参照国外先进饭店的管理经验，遵循国际惯例，又不能违反我国的治安管理条例。要真正把治安管理和优质服务有机地结合起来，达到内紧外松、确保安全的目的。

(一)饭店常见的违反治安管理行为及处罚

饭店常见的违反治安管理行为有：扰乱公共秩序的行为，侵犯公私财物的行为，卖淫和嫖宿暗娼行为、制作、贩卖和传播淫秽物品的行为等。

对于上述行为之一，根据情节轻重，给予刑事处罚。对尚不够刑事处罚的，要处拘留、罚款或依照规定实行劳动教养。

(二)饭店常见的犯罪行为及处罚

饭店常见的犯罪行为有危害公共安全罪、侵犯财产罪和妨碍社会管理秩序罪等。

(1)危害公共安全罪指故意或者过失实施危害多数人的人身和公私财产安全的行为。种类有：放火罪、失火罪、爆炸罪、投毒罪等。对于这类犯罪分子，要依照我国刑法进行处罚。

(2)侵犯财产罪指以非法占有为目的,攫取公私财物或者故意毁坏公私财物的行为。其种类有:抢劫罪、盗窃罪、贪污罪等。这类犯罪分子,也要依照国家法律予以惩处。

(3)妨碍社会管理秩序罪指故意妨碍国家机关对社会的管理活动,扰乱社会正常秩序,情节特别严重的行为。种类有:妨碍公务罪、流氓罪、赌博罪、贩卖毒品罪等。对这类犯罪分子的处理,要依照国家刑法的规定,予以严惩。

(三)加强饭店的安全管理

为了防止违法犯罪活动的发生,饭店必须加强防范,必须制定各项管理制度,配备必要的安全设施。搞好安全管理,需要做好以下几项工作:

1. 加强对客人的管理

饭店作为公共场所,人员流动量大,结构复杂,往往是犯罪分子作案的理想目标和隐藏匿居的地点。所以,必须加强对客人的治安管理,具体如下:

(1)制定科学、具体的宾客须知,如住宿须知、舞厅须知等,明确告知客人注意事项。

(2)加强入住登记工作,严格执行公安部门凭有效身份证件登记入住的规定,并切实做好验证工作并制定客人领取钥匙的规定。

(3)建立和健全来访客人的管理制度。应明确规定接待来访客人的程序、手续及来访客人离店时间,严格控制无关人员进入楼内。限制进入,可以给罪犯造成一种心理上的压力,同时也是一种无声的警告,让外来者知道本店已采取了安全防范措施。

(4)加强巡逻检查,发现可疑和异常情况应及时处理。

2. 配备必要的设备

为了有效防止失窃、凶杀等案件的发生,饭店除了增强全员安全意识外,首先要注意配备必要的防盗、防暴设备,如闭门器、门窥镜、防盗扣(链)、防盗报警装置、闭路电视监控系统等。有可能的情况下,最好配备双向电子锁系统。其次,明亮的灯光对罪犯造成心理上的威慑,因此,要注意夜间公共区域灯光是否明亮,并对其进行定期检查。最后,停车场必须加以监控,要提供足够的照明设备和闭路电视进行监控。

3. 健全员工的管理制度

对员工的管理,关键是要制订明确的岗位责任制和行为准则,并加强对员工服务过程的管理。主要有:员工出入饭店大门及携带物品的规定,员工更衣室的管理制度,员工进入客房及在房内服务的规定,员工领用钥匙的程序和手续等。此外,还必须加强对外来施工人员的管理。如审批手续、凭证出入、规定行走路线和活动地点，进行安全教育等。

4. 建立财物管理制度

为了使客人和饭店的财物不受损失，饭店必须建立和健全以下管理制度：贵重物品保管及保险箱的管理制度，行李寄存及行李房管理制度，拾遗物品的管理制度，要害部门的管理制度，各种物品存放和领用制度，现金管理制度和对超限额消费及欠账客人的管理办法等。

5. 突发事件的处理

饭店纵然防范很严，但也难免会发生一些诸如打架、卖淫、盗窃等违法犯罪活动。所以，饭店除加强预防外，还必须制定处理突发事件的有关规定。如有关报警、现场保护、急救、事故档案等的规定，以便把损失降到最低程度，并为破案创造有利的条件。

三、饭店安全监控中心的设置与管理

现代饭店是接待国内外客人并为其提供各项服务的场所，人、财、物比较集中，它不仅为国内的违法犯罪分子所觊觎，而且国外的间谍特务和黑社会势力都想插足，进行多种阴谋活动或制造事端，以此造成国际影响，损害我国的对外形象。而且这类犯罪活动正朝着智能化、科技化、集团化的方向发展。不法分子又都善于伪装，犯罪计划周密，手段极其狡猾且方法隐蔽。对于这样一些违法犯罪活动，使用传统的手段已经难以发现和控制，只有使用更加先进的技术装备，采用先进的技术手段，才能更加有效地发现、控制和打击犯罪活动。目前，我国很多现代化饭店，在安全硬件建设上，已设置了安全监控中心，即安全指示系统工程，它由以下五个系统并联组成。

（一）消防控制系统

即在饭店的客房、机房等要害部位装置烟感器、温感器等报警器材，由消防控制中心管理。这些地方一旦发生火警警报，消防控制系统就会显示火警方位，控制室值班人员即可采取紧急救援措施。消防控制中心的功能是：接受火灾报警，发出火灾信号和安全疏散指令以及直通地区消防队的通信设施；控制消防水泵，固定灭火装置，设有通风空气调节系统和电动防火门、防火卷帘、防烟排烟设施等装置；能操纵饭店电梯控制装置，使电梯到达指定位置并保证消防电梯的运行。这个系统是星级饭店必备设施，否则公安机关的消防部门不予通过建筑验收。

（二）电视监控系统

它由多台电视屏幕、摄像机、自动或手动图像切换机及录像机组成。摄像机的镜头主要分布在前厅、客梯、财物集聚部门、公共娱乐场所等处，安全人员可通过屏幕控制各要害部位的情况。

(三)防盗报警系统

饭店财物相对集中的部位和需要保护人身财产安全的地方,饭店都要装置报警器。报警信号显示于安全监控中心室。

(四)通信联络和广播系统

饭店安全人员上岗时持有无线对讲机,安全监控中心可随时保持与安全人员的通信联络,指挥和调动安全人员开展工作。如需向客人介绍和说明情况时,可通过安全监控中心的广播设备通告客人。

资料链接 饭店背景音乐及火灾应急广播系统的设计

为节省投资,避免重复投资,同时也能满足消防及广播功能要求,可以将消防应急广播和背景音乐、客房床头柜音响集合为一体,即共用一个负载网络,平时播放背景音乐;发生火灾时,则兼作事故广播,指挥疏散。消防广播在系统中具有优先权。为体现以人为本,公共场所播放背景音乐的音源由广播主机统一控制选择。客房内的床头广播内容由客人自己控制选择,并自由调节音量、开启或关闭。所有这些,均不妨碍消防广播信号的强制切入。整个系统的负载根据所在建筑构造或营业要求实行分区控制,本系统按楼层分区。火灾时不仅本层能强制切入消防紧急信号,而且根据消防规范,其相邻区域(或上下两层)也能自动识别并切入消防紧急广播信号。消防紧急广播信号接通时,能自动录音,提供现场实况记录,以备事故调查。

资料来源:中国安全信息网。

(五)巡逻打卡系统和其他控制系统

饭店在各巡逻线上分段装置打卡系统,安全巡逻人员每到一个打卡点要打时间卡,并要在安全监控中心反映出来。安全监控中心必须全天候开机,工作人员必须有高度责任心,昼夜分班值勤。工作中,要注意发现危害饭店安全的可疑对象,捕捉违法犯罪分子,消除灾害事故的隐患或不安全的苗头,确保饭店的安全。工作人员要有过硬的思想作风、高度的组织纪律性、较强的业务能力,在值班时发现异常情况要果断处理。

四、饭店卫生防疫

从饭店的现实情况看,卫生防疫工作并不属于安全管理的范畴,但从保障客人和员工的人身安全角度出发,同样不能排除在安全管理之外,通常只是由餐饮、客房部门来承担这项任务。卫生防疫工作,主要是预防食物中毒和疾病传染。食物中毒是指客人吃了有害物质(如食品、饮料)而引起的一种疾病现象。疾病传染的范围则更广泛，包括不洁食品和不洁用品引起的感染，如皮肤病、肺结核等。饭店要做好卫生防疫工作，关键是要严格执行食品卫生法和公共场所卫生管理条例。

五、饭店劳动保护

劳动保护，就是为了保护员工在劳动过程中的安全与健康所采取的各种技术和措施的总称。搞好劳动保护，关键应抓好以下四项工作。

（一）坚持安全生产，防止工伤事故

人们往往认为在饭店工作是安全的，但事实并非如此。有关调查证明，在饭店事故原因中，绝大部分工伤事故是人为因素造成的。所以，要防止工伤事故，必须坚持安全生产。具体要求如下：

(1)设施设备安装要合理完善，如设置防护、保险、信号、危险牌示、识别标志等安全装置，配备现代化的劳动工具。同时要加强对设备和工具的检修保养，严禁带"病"操作。

(2)制定必要的规章制度，如高空作业安全规定，厨房安全管理制度，锅炉操作规程等，并要严格按规程办事。

(3)加强安全检查，对违反安全条例者，应按章处罚。

（二）改善劳动环境，预防员工疾病发生

饭店劳动环境的好坏，不仅影响到员工的工作热情和工作效率，而且也关系到员工的身心健康。如果员工长期在嘈杂、阴暗、潮湿、高温等环境下工作，会导致一些职业病的发生。尽管饭店的劳动环境一般优于其他行业，但如锅炉房、厨房、洗衣房等场地的环境也是不容乐观的。另外，还要注意对员工定期进行健康检查，建立健康档案。

（三）实现劳逸结合

实现劳逸结合，就是员工既要为饭店多做贡献，又要保证其休息娱乐。为此，饭店必须合理组织劳动，科学安排员工的工作时间，尽量避免加班加点，保证员工有足够的休息时间。同时，还要注意组织各种文体活动，增强员工的体质。

（四）注意保护和保障女工的健康

女员工由于生理特点(如经、孕、产、哺)，她们比男员工更易疲劳和患病。所以，为了保护女工和下一代的健康，饭店必须对女员工实行必要的特殊政策。

资料链接　醉酒客人骚扰女服务员事件

晚上7点多，一名客人摇摇晃晃地走到总台，当班服务员小雯赶紧上前询问："先生，有什么需要帮忙的吗？"谁知道客人盯着小雯看了一会儿，说道："小姐，我喝

多了，你能不能送我去房间？”小雯一听，立即微笑着说：“先生，很抱歉，我正在值班，不能离岗。你等一下，我叫一下我们安保，他们会送您上去。”客人听完愣了一下，又接着问道：“小姐，你贵姓啊，你的服务好，能不能留个电话，我要请你吃饭。”小雯听完，大方地说：“先生，我叫王雯，工号 017，是这里的前厅接待，谢谢您的夸奖，这都是我应该做的。”客人借着酒劲不依不饶，继续说道：“王小姐，今天你一定要留个电话，我要和你交个朋友。”

面对客人不断挑衅的话语，眼看前台已有客人围观，王雯依然不慌不忙，非常镇定地笑着说：“先生，您刚才说自己喝多了，现在肯定需要休息，我们安保已经到了，你就先上楼吧，如果您还需要什么服务，随时可以打总台电话找我，只要直接拨打分号‘0’就可以……”

点评：在酒店前台，客人，特别是酒醉客人，用语言甚至行为骚扰女性服务员的事情经常发生，有的客人赤裸裸地询问她们的隐私，有的客人直截了当地用钱财施以诱惑，在这些情况下，大多数服务员要么是羞红了脸不知所措，要么是怒目相向针锋相对，在酒店，这些都是不可取的。本文的案例中，服务员的表现有礼有节，不卑不亢，言语行为都非常得体，不仅体现了她在服务过程中的灵巧和智慧，避免和客人直接针锋相对，也体现出了酒店对醉酒客人的关怀，在大众场合给足了客人脸面，这也会让一些客人在酒醒之后心存感激。

另外，本例中，万一客人到了房间还是打总机骚扰王雯，酒店也可以有两个方法来选择应对，一个是借口王雯已经下班或者在忙别的事情，让其他的当班服务员来接这个电话；另外一个就是在迫不得已的情况下，借口电话听不清楚而当机挂断。

资料来源：酒店使用案例分析。

本章小结

饭店安全工作，是一项十分重要的工作，必须有专门的力量来负责饭店安全。我国多数饭店设有专门负责安全的安全部(保安部)。饭店安全部由饭店总经理领导，并在上级公安机关的指导下，具体负责饭店的安全保卫工作，维护饭店内部治安秩序，预防各种侵害因素，保障饭店及其人员的财产和人身安全。饭店的全体员工和客人也是维护饭店安全的基础力量，应配合安全部，做好安全防范工作，共同为保障饭店安全贡献力量。同时，饭店各项安全防范管理制度，包括门卫制度、巡逻制度、客人住宿验证登记制度、房门钥匙管理制度、总台安全防范制度、财物保管制度、防火安全制度、访客制度、情况报告制度、通缉协查核对制度、交接班制度等的顺利实施，也保障了饭店安全工作的顺利进行。

知识结构图

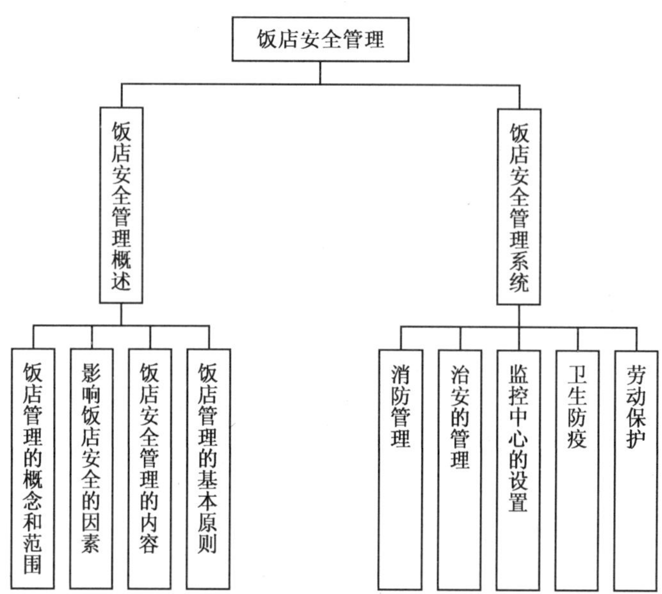

案例研究

为客人的安全负责

夏日的一个上午，某大饭店客房部小郑和往日一样，整理完工作车，便开始了一天的工作。

小郑根据房间来到408房间打扫卫生，做床的时候，听到走廊内有人叫服务员，她便立即放下手中的工作，快步走出房间。

409房门口站着一位先生，手里拎着很多东西。小郑微笑着迎上去问候客人并询问有什么事需要帮忙。站在409房门口的先生说，他的一位朋友住在409，早上他打电话给我，让我把东西送过来，并在这里等他回来。

“先生，请问你的朋友贵姓?”小郑微笑着问客人。“怎么，不相信我?”客人用质疑的语气反问小郑，并把手里提的东西往地毯上一放，从上衣口袋里掏出他的证件，伸到小郑面前，是警官证。

小郑明白客人误解了自己的意思，但还是有礼貌地对客人笑着说:“先生，您误会了，首先，我对您是肯定的信任，但是您的朋友住在我们饭店，这个房间目前的所有权归他，如果不经他本人同意，我们是无权为任何人开门的。您想，如果这个房间是您的，而在您不在的情况下，我们服务员……”

客人听完小郑的一席话后，脸上露出了温和的笑容。他拿手机拨通了朋友的电话，讲明情况后，客人把电话递给了小郑。客人在电话里说：“小姐，谢谢你，我是409房间的客人，叫××，麻烦你把房间门打开，让我的朋友进去，我马上就回来。谢谢。”

挂断电话后，小郑对访客说：“先生，对不起，请稍等，我去拿钥匙。”小郑借机打电话到总台，对409房间的情况再次进行了确认，并在最短的时间内来到了客人面前打开房门，帮客人把东西提进房间。

放好东西后，小郑礼貌地为客人沏了一杯茶。放到客人面前。来访的先生微笑着对她说：“姑娘，你这样对工作认真负责的态度，我的朋友在这里住，还有什么不放心、不满意的，谢谢你。”小郑听到客人的赞赏，心里感到十分高兴，并对客人说：“应该谢的是您，谢谢您对我们工作的支持和理解，耽误了您这么长的时间，实在抱歉，您先休息一下，喝点茶水，如有什么事情，可以拨打电话26，我们随时为您提供服务。”说完之后，小郑便退出房间，并帮客人带好房门，继续干自己的工作。

问题：

1. 服务员小郑在哪些方面做到了为客人的安全负责？
2. 在接待访客过程中怎样才能做到确保安全又不失礼貌？

实训练习

1. 组织学生对本地的一家星级饭店进行饭店安全保卫工作的调查，了解饭店在安全保卫工作方面现状，找出其工作中存在的问题，并提出解决的方案。

目的：使学生能对饭店安保系统有更深的认识和了解。

要求：分组进行，书写调查报告进行交流。

2. 饭店消防演练

目的：掌握饭店有关消防工作的流程，掌握便携式消防灭火器的使用方法、消防栓的使用、突发消防事件的处理流程。

要求：学生进行实际消防演练，考察在消防演练中的实际表现，根据本次实训的质量、实训表现和实训纪律及态度综合评定每位学生的实训成绩。

复习思考

1. 饭店安全管理的对象主要是哪些？
2. 简述饭店安全管理的基本原则。
3. 饭店应从哪些方面做好安全工作？

第九章

饭店信息与计算机系统管理

能力目标

- 能够熟练掌握饭店办公自动化系统;
- 能熟练使用饭店计算机预订系统进行客房预订;
- 能够熟悉并熟练使用饭店餐饮管理软件。

知识目标

- 了解饭店信息的内容与作用;
- 掌握饭店管理信息系统的构成及功能;
- 了解信息系统在饭店中的其他应用。

课程导入

世界著名饭店经典管理案例二则

假日旅馆系统的经营之道(二):不断完善自己的计算机预订与信息系统

最初,每当假日旅馆为住在自己饭店的客人代打电话预订下一站的假日旅馆时,长途电话费由客人自己支付。1965 年假日旅馆系统建立了自己独立的计算机预订系统 Holidex Ⅰ,到 20 世纪 70 年代又建立了更加先进的 Holidex Ⅱ系统。通过 Holidex Ⅱ系统,在每一个假日旅馆里都可以随时预订任何一个地方的假日旅馆,在几秒钟之内就能得到确认,而且这一切都是免费的。

希尔顿饭店发展成功的主要经验(七):希尔顿饭店之间的相互订房

随着希尔顿系统饭店数量的增加,饭店之间的订房越来越成为有利的手段。希尔顿系统每个月要为3 500名饭店的顾客预订其他城市的希尔顿饭店。为此,希尔顿饭店预订系统早就实现了全球计算机联网。位于纽约市的斯塔特勒希尔顿饭店是这一系统的心脏,一个计算机控制的预订网络把希尔顿总部与其他饭店联系在一起。

资料来源:http://ts.ctbu.edu.cn,著名饭店管理案例。

第一节 饭店信息

一、饭店信息的含义

饭店在进行日常经营管理活动的过程中,既要与外界环境进行信息物质交换如要与客源市场、原材料和饭店用品、易耗品供应商、国家行政部门、银行、工商、税收部门、新闻媒体等;还有内部各部门之间的相互协调和衔接。只有饭店的人、财、物、信息达到相互配合,才能完成企业的共同目标。对饭店信息的界定是对饭店信息所包括的内容范围加以界定,形成研究管理饭店信息的范围。

从狭义上讲,饭店信息是指饭店经营管理业务活动中所产生的各种输入、输出信息,如饭店前厅接待过程中的宾客姓名、性别、国籍、结算方式等。该过程中的各种信息为中、高级管理人员提供管理依据和决策支持。这种狭义上的饭店信息实际上是从信息的产生者和发出者的角度来界定的。

二、饭店内部信息与外部信息

饭店的信息既有涉及内部经营管理方面的,如日常的业务运作、宾客信息、服务需求信息、员工对企业的信心、忠诚、抱怨等,又有饭店外部的各种信息,如市场变化的信息、新产品研制的信息、服务方式变革的信息以及政府方面的政策信息等。只有对这些信息及时进行收集、加工和处理,才能使信息转变为生产力、竞争力,才能为企业的经营管理服务。

饭店信息主要分为内部信息和外部信息两大类。

(一)饭店内部信息

一个饭店管理人员每天的各项业务活动,如一个电话、一份订单、一张凭证、一份汇总等,都与信息有关,各部门都通过信息交流来了解业务过程的现状与动态,管理人员也正是通过这些信息来管理和处理业务的。作为一个饭店管理人员,在使用信息系统时,除了了解本部门的相关信息数据以外,还必须了解整个饭店的所有内部处理信息。一个饭店的内部信息主要包括以下几种类别。

1. 客户和客源信息

了解客户和客源信息是饭店经营中客户资源管理的基本要求,我们不但要了解客户和客源的基本信息,还需要了解客户的需求信息。通过饭店的信息系统,实现与客户的信息互动，实现对客户的服务承诺，从而培养饭店的忠诚客户群体。作为一个饭店管理人员，必须利用信息系统，去了解客户的个人信息、客户的需求、客户对饭店服务的意见和建议，并通过信息系统处理客户的信息，使饭店经营者对客户的动态了如指掌，有利于饭店经营策略的制定。

资料链接　　上海锦江饭店客史档案管理

案例一

里根夫妇的晨衣

1984年美国总统里根到上海访问，下榻锦江饭店。里根总统和夫人南希早上起来，服务人员已经准备好了晨衣，里根和夫人穿上一试，不由得惊讶起来："哦，这么合身！就像为我们量了尺寸订做的。"里根和夫人没有想到，"锦江"早已留有他们这方面的档案资料，而且还知道南希喜欢红色服饰。里根在离开锦江饭店时，除在留言簿上留下他的赞誉之词外，还特地将他们夫妇的合影照片夹在留言簿内，并在背面签有赠给锦江饭店留念字样。

案例二

佩尔蒂尼总统的三眼插座

意大利总统佩尔蒂尼访问中国，来到上海，下榻锦江饭店，住进了总统套房。佩尔蒂尼总统进入房间后，取出自己的物品，并将电动剃须刀放在盥洗台上。负责为总统服务的是位男服务员，他发现总统带的电动剃须刀是三眼插头的，而锦江饭店客房内的电源均为两眼插座。第二天早上，总统按铃，服务员走进他的房间，未等总统开口，服务员就把事先准备好的三眼插座递了上去。总统惊讶地接过插座，说："太好了！"这位服务员的服务可谓丝丝入扣，令总统惊叹不已。在访问我国其他城市时，他仍然对这件事情津津乐道，不住地赞扬。

案例三

斐济总统的特大号拖鞋

当年，斐济国总统访华，在他访问中国其他几个城市后来到上海，下榻锦江饭店。这位身材高大的总统有一双出奇的大脚，因此，他在访问中国期间，还没有穿到一双合脚的拖鞋。此刻，当他走进锦江饭店的总统套房，一双特大号拖鞋端端正正摆在床前，总统穿上一试，刚好跟脚，不由得哈哈大笑，问道："你们怎么知道我的尺寸的？"服务员答道："得知您将来上海，下榻我们锦江，公关部人员早就把您的资料提供给我们，我们就给您特地定做了这双拖鞋，您看可以吗？""舒服，太舒服了，大小正好！谢谢你们！”当总统离开中国时，特意把这双拖鞋作为纪念品带回了斐济。

资料来源：http://www.canyin168.com，职业餐饮网。

2. 销售信息

销售是饭店经营的命脉，销售信息可以决定饭店经营的战略、战术。饭店的主要管理人员，特别是饭店的总经理和营销部经理，必须时刻关心饭店经营的销售信息和动态。销售信息包括饭店客房信息和销售报表信息，这些信息和客源信息密切相关，通过销售信息可以分析饭店的经营状况。管理人员通过信息系统，可以及时了解饭店经营的销售信息，掌握饭店经营的销售情况。销售信息有时也涉及商业机密，通过信息系统的权限设置，可以让管理人员分级查看饭店经营的销售信息。

3. 财务信息

财务是饭店经营的核心，财务信息反映了饭店经营的盈亏状况、经营水平，是饭店信息系统中的主要信息。通过信息系统，饭店经营的所有数据都汇总到财务部，经过信息系统的处理形成财务信息，供饭店总经理和主要管理人员查看。财务信息包括凭证信息、账务信息、总账和明细账等信息，由信息系统中的专门软件进行处理。

4. 人力资源信息

人力资源是饭店经营管理中的主要内容之一。饭店经营者必须要能够合理使用人才，发挥每一个人的工作积极性。信息系统可以记录每一人的基本信息、培训信息、工资奖励信息、业绩和晋升信息等，并供管理部门查询。同时，员工对企业的满意程度与信心，员工之间、员工与管理者之间的关系，凝聚力和团队士气，团结与否，也是影响员工流动的主要原因。因此，人力资源信息是饭店内部管理中的重要信息，充分利用它不但可以提高人力资源部门的管理效率，还可以激励每个员工的工作热情，有利于提高饭店员工的凝聚力。

5. 工程设备信息

饭店是提供服务产品的场所，会使用到许多工程设备，在这些设备的使用和维护过程中会产生许多信息，必须通过信息系统充分处理这些信息，使设备使用和维护处于最佳状态，并且可以延长设备的使用寿命，同时可以降低设备的维护费用。工程设备信息包括设备的基本信息、维护信息、资产信息、报修信息、备件信息等。通过信息系统处理设备信息以后，可以产生每周的设备维修清单、设备折旧清单，并可以实现设备的计算机报修，也可以记录设备的使用和维护情况，保证设备处于良好的运行状况。

6. 物资用品信息

饭店经营需要使用很多的物资用品，并存放在相应的仓库里。通过信息系统对物资用品信息的处理，可以提高物资用品的管理效率，同时提高物资用品对资金的周转率。物资用品信息包括耗材物品信息、办公用品信息、客房用品信息、饮料食用品信息、餐饮原料信息以及商场商品信息等。信息系统记录了这些物资用品信息的采购、入库、出库、库存等情况，形成各类采购报表、统计报表、汇总分析报表，使饭店管理中的各类物资商品得到合理的使用。

(二)饭店外部信息

1. 行业政策信息

行业政策信息包括：行业规范、星级标准、安全要求等政策性文件，行业的优惠政策，涉外的管理规范以及一些地方性行业管理政策等。行业的政策信息可指导饭店经营，饭店在经营过程中必须时刻关心行业的政策信息。饭店在设计信息系统时，必须考虑这些信息的获取途径，并帮助管理人员查询到这些信息，使管理人员可以随时随地的了解和使用这些信息。

2. 经济、金融信息

经济、金融信息包括外汇牌价信息、宏观经济指标信息、股票行情信息以及市场变动指数等信息。经济、金融信息对饭店经营同样重要，它反映了经济发展的走势和金融发展的动态。在设计信息系统时，必须为高层管理人员提供相应的经济、金融信息，便于其在制定经营管理决策时参考这些信息，有利于其对饭店经营管理作战略调整。

3. 相关协作单位信息

饭店的经营离不开相关协作单位的支持，如旅行社、旅游公司、旅游用品提供商、旅游耗材提供商、餐饮原料提供商等。在设计信息系统时，必须随时记录这些单位的信息，并让管理人员可以方便地查询和处理这些协作单位信息。这些信息便于管理人员联系、咨询和处理相关业务。

4. 饭店同行信息

饭店同行信息包括同行的设施、价格、经营特色、服务承诺以及经营活动等情况。饭店经营的市场类似于战场，只有“知己知彼”才能“百战不殆”。通过信息系统的信息收集和整理，饭店管理人员可以随时查看同行的相关信息，了解他们的经营动态。在设计信息系统时，考虑饭店同行的信息收集、储存、查询、分类处理方式就显得十分重要。

5. 社会公共信息

社会公共信息主要包括交通信息、气象信息、旅游景点信息、其他饭店信息、本地环境和公共服务设施等。饭店在经营过程中要关注社会公共信息，对住店宾客提供社会公共信息有利于提高服务质量。信息系统在设计上必须能够对公共信息进行收集、加工、分类、删除，以供住店宾客和管理人员查询，这是饭店管理的基本要求之一。

三、饭店信息在现代饭店经营管理中的作用

(一)饭店信息是加强饭店经营管理的前提和基础

饭店管理与饭店信息密不可分,管理者往往在运用计划、组织、指挥、监督与协调的各项管理职能进行管理决策时,利用饭店信息进行协助决策,所以饭店信息起着神经与纽带的作用。实践证明,饭店经营管理过程实际也是饭店信息的循环过程,对管理过程中的信息分析有助于提高管理水平。另外,饭店信息将饭店管理体系内管理系统与被管理系统、各管理层次、经营环节联系起来。如果没有信息在其中发挥作用,组织管理就无法存在下去。

(二)饭店信息是增强饭店市场经营活动生命力的依据和条件

市场营销活动能否顺利开展,饭店信息是极其重要的条件和依据。饭店只有掌握宾客的不同需求、年龄组成、区域特点、消费状况、季节变化等信息,并掌握竞争对手的社会地位、品牌效应、设备设施档次、宾客组成、服务项目、服务档次、服务质量、价格等信息,才能确定市场营销的一系列策略。

(三)饭店信息是提高服务质量的关键

饭店经营的灵魂是服务,而优质服务要做到礼仪礼貌、熟练的服务技能、高办事效率、设施舒适、清洁卫生、安全保安、环境安静、食物质量等,这些都离不开信息的支持。

(四)饭店信息能够提高管理人员的素质和水平

提高饭店管理人员的素质有很多内容和途径,其中智力水平是不可忽视的一个重要方面。开发饭店信息资源,实际上就是开发员工及管理者的智力资源。饭店信息资源开发程度越高,作用发挥得越充分,经营管理人员的智力水平提高得也越快。

(五)饭店信息是整个饭店系统的基本要素和神经

饭店系统是由前厅子系统、财务子系统、餐饮子系统、客房子系统、康乐子系统、人事子系统等组成的有机整体,为了使各子系统的活动协调于系统整体之中,必须借助于饭店信息这一“神经系统”把各部门及员工的信息送到每一个员工(管理者)手中,并把每一个下属单位重要的活动和问题及时反映到有关部门,实现上下纵向的和左右横向的多方面联系,沟通系统内部与外部各方面的情况。这个建立在管理、服务、技术和知识基础上的经济管理服务系统,正是依赖于信息资源的开发和利用从而使整个饭店充满了活力。

资料链接　　智能应用塑造酒店服务新模式

除了解决住宿,不少人入住酒店就是为了体验舒适的环境及服务。如何为酒店

注入高科技元素，开始成为酒店业的新目标。

目前，已经有不少酒店开始为顾客提供科技感十足的客房服务。例如，在顾客办理入住手续之后，可以直接用自己的智能手机解锁房门。英国平价连锁经济型酒店 Premier Inn 甚至还允许客人通过智能可穿戴设备来操控他们的房间。客人们可以通过智能设备来调整室内温度、开关电视机以及室内灯光，从此可以告别必须在黑暗中起床开灯的窘境，并且在专用的应用程序中，还配有客房服务或者家政服务申请的选项，客人如果需要清扫房间或者叫醒服务时只需一个按钮即可搞定。

业内人士表示：Premier Inn 酒店允许客人通过专用的智能应用程序或是智能手表来对房间进行操控，按照自己的意愿来操控房间内的一切。这很有可能就是未来酒店发展的模式。

资料来源：科技日报。

第二节　饭店管理信息系统

一、饭店管理信息系统概述

管理信息系统（management information system，MIS）是信息科学的一个分支，是由人和计算机等组成的能进行信息的收集、传递、储存、加工、维护和使用的系统。饭店管理信息系统（hotel management information system，HMIS）又是 MIS 中的一个重要分支，其主要功能是实现计算机管理系统在饭店中的具体应用。HMIS 是为饭店经营服务的，是饭店经营的辅助管理工具，是饭店经营管理信息化的主要手段。

20 世纪 70 年代初，北美等发达国家饭店业开始使用饭店计算机管理系统，至 20 世纪 80 年代，国外的饭店计算机管理系统，如 EC-CO、HIS、CLS 等已基本定型，技术较成熟，功能也较齐全。

二、饭店管理信息系统的构成及功能

（一）系统结构

1. 软件结构

一般饭店内部管理信息系统的结构如图 9—1 所示。

2. 硬件结构

饭店业务量较大，高度的信息资源共享将产生大量的数据通信，因此对网络有较高的要求。一般饭店可采用宽带网络介质、网络拓扑结构采用树状星形连接，以减少非关键性设备的单点失效对整个系统的影响。采用双机备份，确保系统数据安

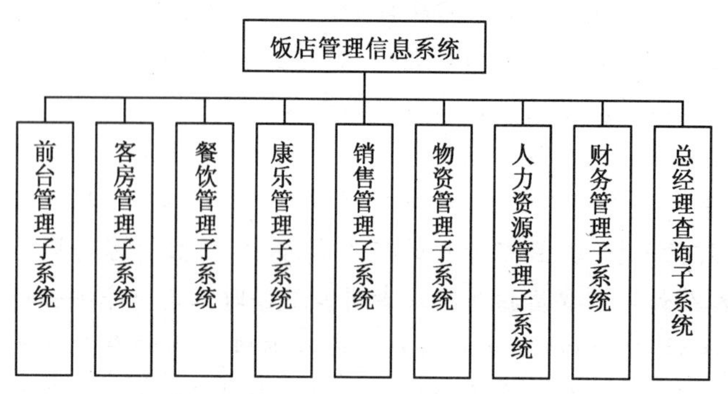

图 9—1 饭店内部管理信息系统结构

全。

（二）系统功能

饭店管理信息系统的系统功能与系统结构密切相关，主要子系统基本功能既相互独立，又有联系。

1. 前台管理子系统

前台子系统较多，主要有预订、接待、问询、结账、稽核、电话计费等子系统。

（1）预订子系统。实现散客、团体、会议预订登记，实现对客房、餐饮、康乐、会议室等的预订。预订子系统应能查询客房、餐饮、康乐等子系统，了解客房、餐饮、康乐设施在未来特定时段内的占用或空闲状态。

（2）接待子系统：主要完成散客、团体入住登记管理，建立宾客姓名、性别、住店事由、入住日期、预计离店日期、房间号、换房记录等项目。

（3）问询子系统：提供饭店服务指南，供宾客查询饭店所在的交通位置、饭店外景、饭店各楼层平面分布、饭店内部客房、餐厅、KTV 包房、会议室的内景等，甚至可以查看各餐位的灯光效果、各种菜品的颜色照片等。

（4）结账子系统：提供散客、团体单项消费结账及一次性离店结账服务，具有预订金管理及杂项消费入账功能。能查询宾客的账务情况并在欠账等情况下通知宾客，结账时可以打印正式收据和明细账单。

（5）稽核子系统：一般具有核对房价、核对收入、过账、夜间处理、打印报表、查询等功能。

（6）电话计费子系统：与程控交换机连接，提供对自动电话计费、自动加入宾客账目或结账、打印正式话费收据等的管理。

2. 客房管理子系统

提供对客房占用或空闲状态、客房物品种类及状态、宾客姓名、宾客留言、宾客客房消费等的管理。

3. 餐饮管理子系统

具有零点功能、宴会管理功能、酒水管理功能、信息查询功能、报表统计功能和餐饮账务管理功能。其中,从目前来看,餐饮账务管理功能是最基本的系统功能。

4. 康乐管理子系统

例如 KTV 包房,提供点歌、乐曲播放、入账或结账等的管理。

5. 销售管理子系统

包括客户档案管理、销售协议管理、互联网接口等。

6. 物资管理子系统

用于库存管理,可对每日出入库物品数量及金额进行管理,同时,自动控制物品的库存数量及金额,并可根据需要显示或打印出各种账目及统计图表。

7. 人力资源管理子系统

提供对员工姓名、性别、年龄、学历、职务、考勤、工作绩效、工资等的管理。

8. 账务管理系统

根据会计制度设置一级、二级明细科目,汇总入账、出账、各明细科目账,生成各种财务报表。

9. 总经理查询子系统

提供对客源、经营状况、内部管理等多方面的查询和统计分析,如宾客构成、饭店收入构成、饭店员工与房间数的配置比例等方面的统计分析。

资料链接

宁波首家智能化酒店 点 iPad 就能得到你想要的服务

窗帘自动开关,灯光浪漫可调,收音机变成充电器,镜子里面暗藏电视……入住这样的酒店,有没有感到很酷呢?

提供这样的服务的,是慈溪一家新开的白金五星酒店,这也是宁波首家智能型酒店,名叫杭州湾环球酒店。

2012 年底,宁波五星级酒店的房价保持在 650 至 670 元之间,但到今年上半年,平均房价降至 570 元左右。所以眼下开五星级酒店,不少人认为是“逆市而行”。为了拓展客源,杭州湾环球酒店另辟蹊径,走智能化的路子。

点击 iPad,就能得到你想要的客房服务。来到酒店,记者跟着服务人员来到 22 层。一进客房,桌子上放着一个 iPad。点击酒店的按键,就会出现“即刻体验”的画面。随后进入一个页面,出现了数字媒体、灯光、空调窗帘、信息等栏目。

工作人员给记者做了演示:睡眠模式,窗帘和窗纱就会自动关上,灯光也会自动关闭。如果切换成会客模式,所有的灯都会开启。记者尝试点了浪漫模式,大部分的灯光变暗了，切换到30%的光晕。

数字媒体，就是电视机的控制开关。记者发现，在iPad里，每个频道都一一列明，客人不用一个个换台。

走进卫生间，切换水疗模式，会自动响起SPA音乐。在悠扬的音乐中，如果你还想看看电视，浴缸的正前方有一面镜子，用遥控器一点，镜子马上"变身"，成为一个电视屏幕。

"以前客人进门，都要找，灯的开关在哪里？空调按钮在哪？现在一台iPad就搞定了。"服务人员说，如果客人需要换枕头，或者房间设备需要维修，任何服务都可以在iPad上进行点击，信息会第一时间提交给房务中心进行处理。就算是日常的打扫，也能在iPad上预约，不用服务人员敲门一个个询问了。

除了智能化的客房服务，如果你要退房，按一下墙上的退房按键，就能减少退房的步骤，让客人充分感受到便捷服务。

"这样的智能客房，在宁波还是第一例。我们希望引领时尚、便捷、数字的现代生活方式。"工作人员说，这家酒店是慈溪市政府的一项重点建设工程，是慈溪市CBD的标志性建筑，有"城市会客厅"的美称。

这么高端的智能客房，价格贵不贵呢？服务人员说，酒店均价五六百元左右，最低的房价仅425元。除了酒店外，杭州湾环球酒店还提供88间五星级酒店公寓，一晚入住，房价仅398元。

除了智能客房，在宁波，不少酒店已经用智能化开始招揽生意。

最早的，有香格里拉酒店的龙虾扒房，试水iPad点单。如今，宁波人到酒店用餐，使用iPad菜单，已成了一道风景。

记者了解到，还有一些酒店为了保护客人的隐私，采用会员制，用会员卡顶替房卡，客人可以不通过前台，就能直接进入房间，甚至连停车都能一卡通用。

还有十余家酒店，在会员制的基础上，采取了"积分制"服务。

比如杭州湾环球酒店，早餐用房卡刷，不用再人工登记，每笔消费都能积分，一元钱积一分。如果累计积分达到万分以上，能兑换酒店礼品。如果达到10万分，能免费入住酒店一晚。

记者了解到一卡通用，便捷的服务和具有诱惑力的积分礼品，为一些酒店留住了不少"回头客"。

业内人士表示，酒店引入智能化，是服务的一种提升，也是提升人气的一种方法。不过因为智能化的开发成本过高，一些酒店目前还在观望。不过从长远角度来看，酒店采用智能化，肯定是未来的一种趋势。

资料链接：http://www.itxinwen.com/it，商业新闻网。

三、饭店办公自动化系统

(一)办公自动化概述

随着21世纪信息时代的到来,席卷全球的信息化浪潮将彻底改变人类的生活方式和工作习惯,各企事业单位、政府机构管理职能信息化不断增强。同时,随着社会信息量的迅速膨胀,想要依靠人工手段及时对大量信息进行收集、处理、分析是难以做到的。因此,改革传统办公模式,将办公业务的处理、管理过程电子化,就必须实现办公自动化。

所谓办公自动化(Office Automation)就是利用先进的计算机网络技术和信息技术处理和控制日常的办公事务,使办公室事务和文件管理电子化,即实现全方位的无纸办公,以提高事务的处理效率。

信息是被加工的对象,计算机是加工的手段,人是加工过程的设计者、指挥者和成果的享受者。办公自动化能使办公人员从繁重的工作中解脱出来,利用网络系统及时准确地掌握第一手信息,并在第一时间内处理事务并做出决策。同时各部门能利用网络实现资源共享、相互交流和协作。

(二)饭店办公自动化系统的主要功能

饭店办公自动化系统是新经济时代的产物,一家饭店企业每天需要处理大量的公文、信函、文件、报告和表单,各种统计报表需要上报,内部文件资料需要传递,办公自动化系统就是为解决这些工作而设计的。利用办公自动化系统,可以实现办公事务的自动化管理、电话、传真等自动记录与跟踪管理,还可以通过国际互联网与客户及供应商进行网上交易与沟通,实现商务活动的电子化。

饭店办公自动化系统的主要功能是提高饭店办公自动化水平和处理事务的效率,节约纸张能源,是21世纪现代饭店管理的基本要求,主要使用对象是饭店的总经理办公室。从现阶段来看,饭店办公自动化系统应具有如图9—2所示的功能。

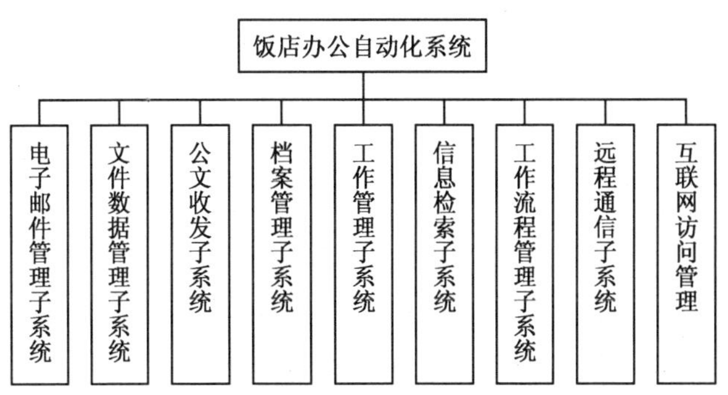

图9—2 饭店办公自动化系统功能结构

1. 电子邮件管理子系统

电子邮件管理是办公自动化系统的一个重要功能。所谓电子邮件管理，就是将日常工作中的邮件收发、管理等工作通过计算机和互联网来处理，包括邮件的起草、发送、接受、转发、回信等。各部门的工作联系都以电子邮件方式进行，必将极大地提高管理工作的效率。

2. 文件数据管理子系统

办公自动化系统具有很强的文件数据库管理功能。文件数据库和关系型数据库不同，其中存储的可以是文章、声音、图像、图形、视频等多媒体信息。对这些数据库内容可以进行查询、增加、删除等操作。数据库可以存放在本地计算机上，由个人使用，也可以放在服务器上，由大家共享。系统对数据库的访问提供安全控制，每个访问数据库的客户根据其访问权限，可以对数据库进行浏览、编辑、增加、修改等操作。

3. 公文收发子系统

该模块主要实现收文管理和发文管理的自动化，由电子行文代替手工行文，解决公文传递慢，信息不及时、不同步，不易于查阅等问题。系统还可灵活设定公文流程，自动进行跟踪、催办、查办，并可归类存盘、全文检索，最终实现“文档一体化”。

4. 档案管理子系统

该模块可实现对饭店或部门各种档案和资料的分类管理、归档保存，完成档案的组卷、拆卷、移卷、封卷、注销、借阅、全文检索、统计等管理功能，为各级用户提供方便的检索和借阅功能，从而大大减轻办公室的档案处理工作量，并可以更加方便地进行档案的查询和借阅。在档案管理的基础上，将进一步实现文档一体化。所谓文档一体化，就是对公文管理、签报管理以及会议管理等模块中产生的公文、签报、通知等文档，通过自动或半自动的方式，直接归档，节省手工操作，从而大大提高档案建立的工作效率。

5. 工作管理子系统

工作管理模块是用户对工作全过程，即从工作计划到工作执行记录，再到工作完成后的报告与总结进行控制和协调的工具。它同时将工作时的各种信息在饭店内部实现传达与共享。工作管理子系统可分四大部分：

(1)工作计划模块。该模块分为两部分，项目工作计划和企业内部自定义的例行工作计划。项目工作计划可完全现场跟踪某项目的计划制定到计划完成的全过程。例行工作计划是提供给单位内部的一个强有力的工作管理控制工具。通过自定义各种类型工作计划的填写要求，事后对各部门工作计划的填写与执行情况进行统计与监督，使各部门的工作安排更为规范、有效。工作计划生成之后，可作为工作任务派发给部门或员工并可随时监控其任务完成情况。

(2)工作任务模块。该模块可提供对任务制定、任务分派、任务执行、任务监控、任务评价等任务及事务的统一管理。工作任务的管理还要考虑到任务执行过程中对参与人员的考核管理,在任务执行中和结束后,系统都可提供人员工作效率、质量、用时的分析和汇总,为用户分析任务执行全过程中人员情况提供有力工具。

(3)日常事务处理模块。该模块主要处理部门内部和各部门之间的日常事务记录,使部门之间通过日常事务记录的传送与反馈实现相互之间的无缝合作与快速协调。

(4)工作记录模块。该模块可以实现对部门或某工作岗位的工作进行自动记录,可以对每天的记录进行各种分类排序,记录每一个工作人员的交接班情况,并可把每一条或者多条记录组织在一起生成报告,供领导审阅。

6. 信息检索子系统

办公自动化系统提供了很强的全文信息检索功能。只要输入要查询的一个关键词在数据库中进行检索,系统会将所有包含该关键词的文件查找出来,并将这些文件按照该关键词的出现频率显示在屏幕上。

7. 工作流程管理子系统

办公自动化系统对工作流程的管理提供了很强的支持。在日常工作中,一项工作的完成需要经过多个步骤,如订货过程就是一个多步骤工作流程,首先由业务员起草订货报告,报告中包括需要订购货物的品种、规格和数量等,然后将该报告交给相应的主管领导审批,领导审批后,将该报告交给财务部门,最后由财务部门根据该报告确定所需要的资金等。在办公自动化系统中,数据库和电子邮件的功能是结合在一起的,因而一项工作的有关人员只需将数据库中的有关记录或视图以电子邮件的形式传递给有关人员,如此一来,系统就会形成一套规范、有序的工作流程。

8. 远程通信子系统

远程通信也称移动通信,该功能主要解决远程用户和出差人员的系统接入问题。当管理人员出差在外或下班后,只要有笔记本计算机,就可以通过电话线保持和饭店办公自动化系统或其他人的通信联系,使管理人员完全可以和在办公室一样进行工作。

9. 互联网访问子系统

饭店办公自动化系统允许访问互联网,允许与外界进行信息交流。办公自动化系统提供的访问互联网的功能使用起来十分灵活和方便,用户出口实现统一管理。

四、饭店计算机预订系统

有效地处理预订信息对饭店企业的成功起着关键作用。20 世纪 70 年代早期,饭店业开始积极寻求预订业务自动化的可能性。在计算机使用上相对的后进优势使得饭店业能从计算机技术的最新进展中获益。经过不断地研究、使用与改进,发展进化到第三代的计算机预订系统,该系统已经能够更有效地与航空公司、汽车租赁机构、旅行社以及其他的旅行相关企业的系统相连接。

在计算机预订系统中,预订可以针对散客、团队或会议。每个顾客的食宿要求都将生成一个需求,系统应以准确的房间类型以及折扣等信息及时地回复顾客。

饭店计算机预订系统包括全球销售系统(也叫全球预订系统)、混合销售代理、中央预订系统以及企业级的预订系统。

(一)全球销售系统

全球销售系统(global distribution system,GDS)通常由多行业的企业相互联系,以合资的方式创建。GDS在全球范围内通过互联网或专用网路直接连接饭店、航空公司、汽车租赁和旅行社等企业的预订系统,提供了一种能获取全世界的旅游资源的服务方式。全球销售系统可以给许多机场和度假地带来预订业务。

全球销售系统和中央预定系统可能成为竞争对手。因此,全球销售系统必须提供一个可以保护饭店的房态、开房率等私有数据的安全机制。安全性一般通过口令、数据加密以及其他安全方法来维护。系统用户在访问私有数据时会被问及口令。尽管口令需要经常更换,但仍不失为一种有效的安全方法。

(二)混合销售代理

混合销售代理(intersell agency)特指提供不止一个产品线的一种预订网络。混合销售代理一般可以提供航空、汽车租赁与饭店客房的预订。混合销售的主题可以用一句促销语来表达:"一个电话全搞定"。尽管混合销售代理通常将他们的预订请求直接转送至独立饭店,还是有一些混合销售代理会与中央预订系统通信,偶尔也与全球销售系统联系。

预订中心或独立饭店在与不同的混合销售代理互联上有许多选择,但这种业务集成的目标之一是使延迟时间达到最短。延迟时间特指从系统查询到获得回应所耗费的时间。混合销售代理自动地共享预订系统数据库,比起预订中心和独立饭店的通讯方式,其延迟时间更少。数据库共享给混合销售代理提供了一个处理顾客全部旅行需求的简单方法,同时也使参与的饭店能同步更新预订中心的数据。混合系统能够提供成本高昂的预订中心的各种基本业务,以此加强产品的销售,使预订中心能在降低操作费用的同时提高曝光度。

(三)中央预订系统

中央预订系统的类型有两种:会员制和非会员制的系统。会员制预订系统特指一种饭店连锁中央预订系统,所有参与的饭店都有合同联系。每个饭店都在计算机系统数据库里描述出来,并被要求向预订中心提供及时的可出租客房和库存数据。连锁饭店将他们的业务联系在一起以简化预订处理并降低整个系统的费用。非会员制预订系统特指连接着众多独立饭店的签约系统。饭店接受系统服务，并负责为系统更新准确的可出租客房数据。

各个饭店不仅可以通过中央预订系统获得中央预订服务，还可以通过中央预订系统自动更新可出租客房状态，并进行整体营销。

（四）饭店级预订系统

饭店级的预订系统是为满足饭店业的特定需求而专门设计的。这些系统将饭店业务简化为针对顾客、职员和管理的需求的某个方面。每个饭店的特定需要和需求决定了应该购买并独立运行应用软件，还是将预订系统作为整个饭店管理系统的一部分来运行。

计算机化饭店管理系统的预订模块使预订员能对顾客未来的入住要求做出快速准确的反应。这个模块显著地减少了文书工作、文件归档以及其他的书记过程。这给了预订员更多的时间去注意顾客，并向顾客推荐饭店提供的多种服务。

饭店级预订系统中的主要模块包括：预订查询、可出租客房确认、预订记录建立、预订确认、预订记录维护、报告生成。

资料链接 借势电子支付 7天饭店走服务创新之路

作为中国连锁饭店行业的领导品牌，7天连锁饭店秉承让客人“天天睡好觉”的愿景，从关注客户的核心需求出发，在产品及服务流程设计上不断进行整合创新，致力向超过800万“7天会”会员提供环保、健康、便捷、更具人性化的优质饭店服务和会员服务。作为全球饭店业领先的电子商务平台，7天是目前业内少数能同时提供4种便利预订方式的连锁饭店。

创新的原因

为了在国内经济型连锁饭店数量饱和之前，占据有利竞争态势，国内经济型连锁饭店纷纷增开门店数量，不断加快扩张步伐。然而随着物业租赁成本不断攀升，以及国内经济型饭店数量的快速增长，经济型饭店扩张成本急速上升。为此，7天连锁饭店在沿袭传统扩张模式的同时，也开始探寻新的经营模式。

于是，7天经济连锁饭店借助电子商务就开始走出了一条“鼠标＋水泥”的发展之路。作为业内第一家开拓电子商务平台的经济型饭店，7天连锁饭店成为业界内唯一一个实现企业门户网站和数据库完全对接的商务平台，能同时提供互联网络、呼叫中心、短信、手机WAP等四种便利预订方式的饭店，拥有注册会员近500万。

然而，随着饭店电子商务的发展，消费者越来越要求经济型连锁饭店能够提供预定、支付一体化订房服务，简化订房付费的程序。在迅速扩张的同时，连锁饭店的跨地区资金管理也正式成为连锁饭店着力解决的问题。由于连锁饭店分店网点多、分布地区广，采用现金支付，不仅管理成本高，而且影响资金周转速度。

于是，7天连锁饭店开始与国内独立第三方支付机构快钱合作，全面探索新型的饭店电子商务服务，走上了饭店业电子商务业务创新之路。

创新的过程

7天连锁饭店通过自己的网站对旅客开放预定入住服务，并且通过与快钱等第三方支付企业合作实现房费的实时支付。7天连锁饭店的创新模式主要有以下几点：

(1)全面接入快钱提供的支付解决方案，涵盖了银行卡、快钱账户、信用卡在线支付(CNP)、呼叫中心的电话CNP、门店的VPOS—CP快钱POS支付终端，以及总部集团账户。通过与快钱合作，不仅能使消费者通过7天的各种收款渠道完成客房的预定支付服务，使旅客在预订饭店时就可以方便地付款，让消费者办理入住的手续更加简捷，还完善了饭店的服务流程，提升了入住，也使得饭店实现了实时订房，降低饭店的空房率。同时，快钱独立、开放的第三方支付服务系统也方便了饭店预定、财务系统与之完美对接，提高了财务管理效率和资金运作效率。

(2)借助快钱的集团账户功能，将多种收款途径(官网、呼叫中心和门店)的资金和信息实时归集至集团总部，方便中心核算。同时，还可以为集团公司对分店的资金流进行调拨，对实时掌握所有分店的资金流量、流向和存量起到较好的管理功能，使交易明细、资金支出等情况更为透明和容易监控，提升财务管理效率及资金效果。

(3)此外，快钱4 700万注册用户和31万商业合作伙伴也为经济型连锁饭店带来了庞大的潜在消费群体。这些饭店选择与快钱合作的同时，也就能够共享快钱丰富的客户资源，拓宽自身的销售渠道，使饭店的经营迈进精准化、高效化。

创新的结果

通过与国内独立第三方电子支付机构合作，7天连锁饭店的财务管理效率得到了显著提升，资金运转效率较以往大大提升，有力地配合了饭店的规模化经营步伐，并取得了实际的应用效果和显著的经济效益。

作为经济型饭店创新佼佼者的7天连锁饭店，颠覆了行业的传统管理模式，建立起自己的管理体系，成功进行企业的运营，迅速发展成为行业的领导品牌。这套跨越饭店和连锁行业的管理模式，帮助7天以令人难以置信的速度扩张到中国的每一个主要城市，同时保持持续稳定的客源。该创新模式所带来的种种优势和成绩，将进一步拉大7天连锁饭店与其他饭店的距离，使7天连锁饭店成为新的行业王者。

资料来源：http://www.qitianjiudian.info/，七天连锁饭店官网。

第三节　信息系统在饭店中的其他应用

一、IC 卡技术在饭店管理中的应用

IC 卡是集成电路卡(integrated circuit card)的英文简称，在有些国家也称之为智能卡、智慧卡、微芯片卡等。IC 卡具有以下特点：一是可靠性高，IC 卡具有防磁、防静电、防机械损坏和防化学破坏等能力，信息可保存 100 年以上，读写次数在 10 万次以上，至少可用 10 年；二是安全性好；三是存储容量大；四是类型多。从全球范围看，现在 IC 卡的应用范围已不再局限于早期的通信领域，而广泛地应用于金融财务、社会保险、交通旅游、医疗卫生、政府行政、商品零售、休闲娱乐、学校管理及其他领域。

IC 卡电子门锁系统与饭店计算机管理系统结合。以 IC 卡作为“钥匙”的电子门锁系统，以其安全可靠、使用方便等优势，在饭店中得到了广泛的应用。目前部分系统已经实现了 IC 卡电子门锁系统与饭店计算机管理系统合二为一的 IC 卡饭店管理系统，使一卡多用成为现实。该系统可实现整个饭店的出入口、客房门锁、消费、娱乐一卡通用，使各消费点的收费和记账实现自动化管理。

饭店实现了“一卡通”管理后，可以进行科学的统一管理。取消独立的 IC 卡“钥匙”发行系统，不但节约了设备，同时也免去了操作人员重复登入的操作步骤，减少了发卡过程中可能出现的人为错误。IC 卡不只作为门钥匙，也可作为消费卡、优惠卡、会员卡等供宾客长期使用，它与饭店的前台计算机管理软件、餐饮和成本控制管理软件、宴会与销售管理软件、工程管理软件、财务管理软件等各个模块相互联系，同时与电话计算系统、餐厅收款机系统、收费电视系统、床头板控制系统等进行连接，实现了 IC 卡的一卡通用。

IC 卡的使用可减少饭店内部现金的流通，阻塞可能的漏洞，减少人为挂账错误，提高工作效率，减小劳动强度。IC 卡的使用方便了宾客消费，使宾客得到合理的优惠，吸引更多的回头客。由于 IC 卡的安全性及整个系统是建立在计算机实时网络之上的，从而可最大限度地减少漏账和跑账，提高饭店的经济效益。

二、客房 VOD 视频服务系统

客房 VOD 视频服务系统是目前饭店信息化的热点技术之一。它通过电视机屏幕界面和极其简单的操作向用户提供交互式的信息服务，包括影视节目、卡拉 OK、音乐、广告和培训等。饭店使用 VOD 系统服务后，宾客可以通过遥控器和电视机享受系统提供的影视点播和多种个性化的服务，饭店可通过点播收费、客房基本收费

及向发布信息的单位收取信息费而获取收益。一般客房 VOD 视频服务系统的功能主要有：

1. 开机欢迎界面

个性化欢迎服务是 VOD 视频服务系统一个非常人性化的功能。宾客入住登记的资料通过客房 VOD 视频服务系统实时传送到客房电视机屏幕上，当宾客进入房间，接通电源后，电视屏幕上将自动出现个性化的欢迎界面，并提示如何进一步查询使用客房 VOD 视频服务系统。

2. 影视节目轮播

客房 VOD 视频服务系统可以对固定的节目安排轮播，能全面取代饭店的内部闭路电视。

3. 旅游信息服务

公布饭店所在城市及其周边地区的主要旅游景点、交通方式、餐饮、商场等，具有一定的广告功能，可作为饭店收入来源的一部分。

4. 饭店服务指南

系统能图文并茂、音像同步地提供饭店简介和各种服务指南。

5. 网络点菜、订票和购买

客房 VOD 视频服务系统能为宾客提供房内餐饮预订、点菜、送餐、订票以及在饭店内购买商品等一系列服务。宾客只需根据提示按下各个确认键，各种服务和所购物品将会很快地送到房间，并将消费账单自动挂入宾客房账。

6. 账单查询及电子留言

宾客可以通过客房内的客房 VOD 视频服务系统查询当前消费账单并可以实现电子留言，部分系统可实现宾客自动结账功能。

7. 音乐欣赏

住客可通过客房 VOD 视频服务系统选择自己喜欢的音乐或 MTV，实现音乐欣赏。

8. 产品信息发布

各类企业可以通过客房 VOD 视频服务系统发布产品付费广告，宾客有选择地了解某些感兴趣的广告信息。

9. 交互视频点播

宾客通过片源索引，进行交互式付费点播，一般具备点播预订功能。

三、电子菜单与电子点菜

传统菜单在品种、类别、定价、方案设计、有形展示以及美术设计等方面都进行了大量的卓有成效的加工，基于多媒体技术的电子菜单使之进一步完善。电子菜单和电子点菜的功能包括：

1. 多层次个性化组合

由于电子菜单的多层次性和灵活性，宾客可以根据自己的口味对菜肴进行实时组合。

2. 有形展示，明码标价

价格是影响餐饮销售的重要因素，由于电子菜单的展示性和标价特性，在整个点菜过程中，由于菜单的自动计费功能，宾客能很清楚地了解到菜单的总计价格。同时，对不了解的菜肴，还可以通过图片及文字了解到菜肴的色、形，以及主要原、辅材料和烹调方法。

3. 快速落单，及时上菜

由于网络的功能，厅面的菜肴及酒水的落单确认，能分别实时地传递到备餐间、厨房及吧台并打印出来，大大缩短了落单和人工传递的时间，提高了上菜速度。

4. 网上点菜

电子菜单的另一强大功能是网上点菜，宾客可以通过因特网访问饭店网站，实现网上点菜功能。

资料链接 那些科技炫酷的酒店

巴黎半岛酒店

这家象征顶级奢华的酒店将高科技感以及传统服务有效结合，酒店内收藏有1928年从法国起飞前往美国的第一架越洋飞机，以及1934年产的劳斯莱斯汽车，所有客房设有支持11种语言的桌边互动触控式控制面板(智能PAD)，住客可自己控制从房内控制到预订客房送餐、从城内游览到礼宾服务等各种服务信息。

苏州科技城源宿酒店

源宿(Element)酒店集团的所有酒店均符合绿色能源与环境设计(LEED)认证。这家将于年中开业的酒店通过采用低流量水龙头和节能电器来节约用水及能源，客房浴室均使用皂液分配器以及设置环保回收箱等措施，实现可持续发展环保理念。

长崎“奇怪的酒店”

由日本著名景点豪斯登堡主理这家酒店，卖点在于美女机器人和竞拍房价入住，而房间的门锁等采用脸部识别系统。这个机器人像真正的服务生那样会接待顾客、登记入住，甚至包括搬运行李和房间清扫等，把真正的服务生数量减至原来的1/4到1/3。

资料来源：南都周刊。

四、虚拟员工之家

由于互联网的应用，饭店可以实现员工网上园地计划，构建饭店虚拟员工之家，员工网上园地可以说是员工与饭店、员工与员工之间信息交流最直接、最有效的途径之一。通常，员工网上园地包括以下内容：

（一）发布各种信息

饭店通过员工网上园地向职工发布各种信息。例如，信息通报、饭店文化宣传、接待任务动员和饭店创新思路信息等。

（二）员工留言板

员工留言板包括员工对饭店的合理化建议、员工与员工之间的信息交流。例如：工作心得、学习心得的交流，创新思路的发布和遇难题提出求救请求等。

（三）总经理投诉信箱

员工可以通过网上园地直接向总经理的邮箱发送各种投诉信件和合理化建议等，既保密又安全。

（四）网上店报

饭店可以在网上开办各种店内报纸杂志，由饭店网络爱好者自行编辑和发行。

（五）网上培训

通过员工网上园地实现网上培训及考核，是饭店人事培训工作的又一创举。由于饭店班次多，员工上、下班时间不一，要对所有员工统一进行面授是比较困难的，而网上培训能使员工在不同时间、地点接受饭店的各种培训，并完成各项考核。

（六）员工网吧

员工网吧是信息化饭店的一大特色。员工网吧不但可以让员工在业余时间内访问内部网上园地、参与网上园地各项活动，又能通过网上园地遨游因特网，使每一位员工能实现“身在饭店，环视全球”的梦想。

（七）虚拟社区与网上娱乐

虚拟社区与网上娱乐可以为员工提供休闲娱乐的场所。

除了以上几种先进的饭店信息技术外，在饭店中的信息应用还涉及诸多方面，并带给饭店和全球宾客越来越多的便利。

本章小结

本章介绍了饭店信息与饭店管理信息系统概述的内容，包括饭店信息的含义、内容、作用和饭店管理信息系统的含义。在此基础上，进一步阐述了饭店管理信息系统的内容，包括饭店管理信息系统的构成及功能、饭店办公自动化系统及饭店计算机预订系统等方面。最后介绍了信息系统在饭店中的其他应用。

知识结构图

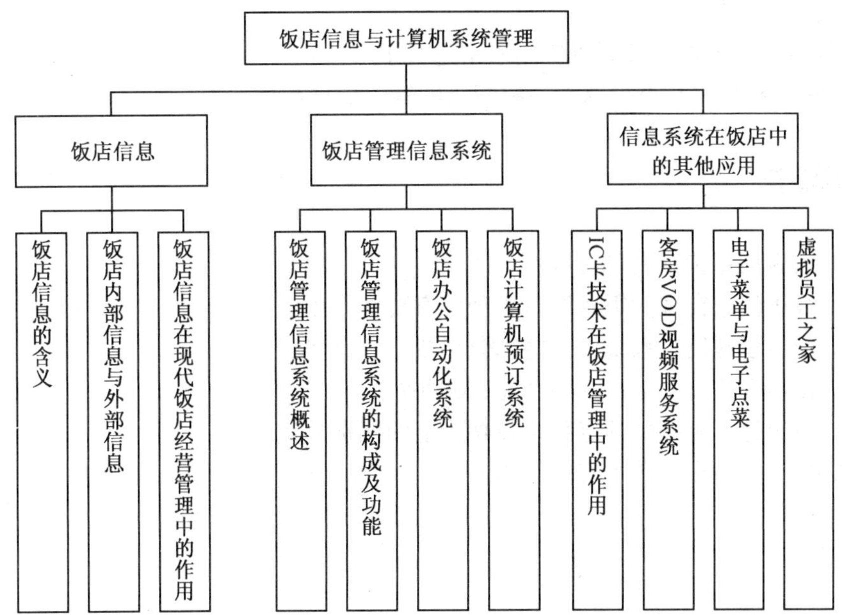

案例研究

客房重复预定之后

某饭店销售公关部接到一日本团队住宿的预订，在确定了客房类型和安排在10楼整层后，销售公关部开具了“来客委托书”，交给了总台石小姐。由于石小姐工作疏忽，输错了电脑，而且与此同时，又接到一位中国台湾石姓客人的来电预订。因为双方都姓石，石先生又是饭店的常客与石小姐相识，石小姐便把10楼1015客房许诺订给了这位台湾客人。

当发现客房被重复预订之后，总台的石小姐受到了严厉的处分。不仅因为工作出现了差错，而且违反了客人预订只提供客房类型、楼层，不得提供具体的房号的店规。这样一来，饭店则处于潜在的被动地位。

问题：

1. 饭店出现了以上情况，你认为应如何妥当处理以解决这一矛盾？
2. 为了避免类似以上情况的失误，饭店应如何加强对计算机信息系统的管理？

实验练习

对本地的一家星级饭店进行调查，了解计算机管理信息系统在本饭店的使用情况，并写出调查报告。

目的：对当地饭店计算机应用水平进行了解。

要求：分组进行，至少熟悉一家饭店的管理信息系统。

复习思考

1. 饭店信息包括哪些内容？
2. 饭店信息在现代饭店经营管理中有哪些作用？
3. 饭店管理信息系统由哪些部分组成？各有何功能？
4. 饭店办公自动化系统的功能有哪些？
5. 饭店计算机四种预定系统在功能上的区别是什么？
6. IC卡技术在饭店中有何作用？

第十章

饭店公共关系与饭店文化

能力目标

- 使学生掌握基本的公关技能;
- 培养学生社交能力、协调能力。

知识目标

- 掌握饭店公共关系的概念、内涵及特点;
- 了解饭店公共关系类型和活动分析;
- 了解饭店公关形象设计的含义、构成要素、定位及实施;
- 了解饭店文化的形成、特征、作用以及建设与管理。

课程导入

广州中国大酒店的公共关系

1984 年 5 月 22 日下午,胡耀邦在任仲夷的陪同下来到广州中国大酒店,参观落成不久的一家中外合资酒店。"在 18 楼套房参观时,胡耀邦兴致勃勃地用毛笔写下'中国大酒店'五个大字,胡风趣地说,因我不喝酒,所以酒字总是写不好;任则幽默地反驳道:'那么你香烟二字肯定写得漂亮了。'惹得哄堂大笑。"

这段文字抄写在一张信纸上,存放于酒店的档案室,书写者名叫沙慧贞,时为中国大酒店公关部的副经理,她惟妙惟肖地记录下了这一具有历史价值的瞬间。沙慧贞是中国大陆第一代公关小姐,1983 年,当"公共关系"这个由国外引进的新名词开始叩开祖国南大门的时候,她从香港北上广州,成为这家酒店公关部的第一届员工。

沙慧贞的上司叫田小玲,出生在香港,毕业于美国加州大学新闻广播系,曾在洛杉矶美国电视广播公司任舞台制作经理,主持"纵横今宵"节目,这是一个颇受当地人欢迎的节目。1983年,已经加入美国国籍的田小玲受聘为中国大酒店首任公关部经理。

田小玲的任期不长,时间不足2年。但是,她把自己在美国的"公关经验"传入中国大陆,提出"让新闻界了解大酒店"的公关理念,密切与国内外新闻界的联系。那时,公关部的主要工作就是媒体公关,目的是通过提升酒店形象来促进酒店业务的增长。

资料来源:陈统奎,《公关暗战中国》。

第一节　饭店公共关系的概述

一、饭店公共关系的概念

饭店公共关系是一门比较成熟的行业公关,它是一个饭店为了在公众中树立良好的形象,通过传播活动进行的一项持久不断的工作。一般情况下,对于公共关系的理解,可以从静态和动态两个角度来进行。

从静态的角度看,它表现为一种关系状态,这种关系状态反映了饭店内部和外部各种关系的亲疏程度、好坏程度。作为一种状态,公共关系具有客观性的特点,因为任何一个饭店组织,一经成立,就必然存在各种关系,包括员工和饭店之间的关系,饭店领导和基层员工的关系,饭店和竞争对手之间的关系,饭店和新闻媒介的关系等,饭店和上级主管部门的关系等。这些关系,就是这个饭店公共关系状态的具体体现,它不以人的意志而存在,而是一种自然存在,因此,任何一个饭店,都应正视公共关系这一特点。从企业创办初期,就应意识到公共关系作为一种状态是客观存在的,所以应具备强烈的公关意识,协调好方方面面的关系,创造一种和谐的公关状态。

从动态的角度看,公共关系表现为一种活动,即一个饭店为了协调各方面的关系,在社会上树立良好的形象而开展的一系列专题性或日常性公关活动的总和。这些活动始终贯穿饭店企业的发展过程。值得注意的是,从动态的角度来理解公共关系,许多人认为是指各项专业色彩浓厚的专题公关活动。其实,除了这些专题性活动外,公关活动的范围贯穿饭店企业发展的全过程。它包括所有日常性的活动,如日常的服务活动、广告活动、礼仪活动等。因此,饭店企业应注意做好各方面的工作。

二、饭店公共关系的内涵

饭店公共关系是一项专业性的行业公关,它由三方面的要素构成,即公关的主体、客体和手段。

(一)公关的主体

公关的主体指在公关活动中,居于主动地位的个体或组织的总称,是公关活动的实践者和倡导者。作为公关的主体,应具备强烈的公关意识,并能根据变化的内外环境适时、适地地开展公关活动。

饭店公共关系的主体就是饭店企业。相对于别的企业而言,饭店企业有自己鲜明的行业特色,这就要求饭店在开展公关活动时,应结合自己的行业特点来组织各类公关活动。

(二)公关的客体

公关的客体是指在公关活动中,处于被动地位的组织或个体的总称,是公关主体的作用对象或是活动对象。相对于公关主体而言,公关客体具有被动性的特点。当然,这种被动性也是相对的,在特定情况下,公关客体也会对公关主体产生一定的反作用。

对于饭店业而言,公关活动面临的客体无论是在数量上还是性质上,都具有多样性的特点。并且,客体也都具有鲜明的行业特色。因此,饭店企业在开展公关活动时,应充分了解公关客体的特征、态度,尤其是要了解公关客体的各种共性需求和个性需求,在此基础上,结合主体的特点,有针对性地开展公关活动。

(三)公关手段

公关手段是指联系公关主体和公关客体的桥梁,通过公关手段,使得主体和客体发生关系。一般的最常用的公关手段是传播沟通活动。通过形形色色的传播沟通活动,在公关的主体和客体之间搭起一座信息流通的桥梁,使得公关主体和客体在信息充分共享的基础上,达成一种比较优良的关系状态。对于饭店企业而言,可供利用的公关手段是很丰富的。就拿信息传播沟通手段而言,就有语言沟通、非语言沟通、电子媒体沟通、印刷媒体沟通、其他媒体沟通等手段。不同的沟通手段有不同的特点,饭店企业应该根据不同的公关目的、公关活动来选择不同的传播沟通手段,以使沟通效用最大化。

资料链接 “先搞清这些问题”

有一家宾馆新设了公共关系部,开办伊始,该部就配备了豪华的办公室、漂亮迷人的公关小姐、现代化的通信设备……但该部部长却发现无事可做。后来,这个部长请来了一位公共关系顾问,向他请教“怎么办”。于是这位顾问一连问了以下几个问题:

“本地共有多少宾馆?总铺位有多少?”

"旅游旺季时,本地的外国游客每月有多少,港澳游客有多少?国内的外地游客有多少?"

"贵宾馆的'知名度'如何?在过去三年中,花在宣传上的经费共多少?"

"贵宾馆最大的竞争对手是谁?宾馆潜在的竞争对手将是谁?"

"去年一年中因服务不周引起房客不满的事件有多少起?服务不周的症结何在?"

对这样一些极其普通而又极为重要的问题,这位公共关系部部长竟张口结舌,无以对答。于是,那位被请来的公共关系顾问这样说道:"先搞清这些问题,然后再开始你们的公共关系工作。"

资料来源:百度文库。

三、饭店公共关系的特点

饭店公共关系是一种以沟通协调为表现形式的管理活动。因而,它与一般企业管理和单纯的市场营销活动都有一定的区别,具有八方面的特点:

(一)以公众为对象,了解公众,满足公众

这一特点表明饭店公关活动对象是形形色色的公众,而不是其他的事或物。所谓公众指的是与饭店企业有联系的组织和个人的总称。这些公众之所以和饭店发生联系,是因为他们和饭店之间存在不同的关系,如协作关系、竞争关系、归属关系、买卖关系等。这就要求饭店企业在开展公共关系时,应善于察言观色,通过不同的途径了解不同公众的不同特点和需求,了解不同公众的思想状态和心理想法,了解不同公众的价值取向和发展趋势。据此,把握恰当的公关时机,选取不同的公关方式,有效地开展公关活动,让公众意识到他们是受尊重的、被理解的。也就是说,饭店企业在开展公关活动时,应以"公众的需求"作为一切问题的出发点和归宿点。对于饭店企业而言,建立一个和谐完美的关系网络,为饭店企业的生存和发展创造一个良好的人事环境和社会环境,就成为饭店公关的首要和关键的任务。

(二)以美誉为目标,塑造形象,增加美誉

这一特点揭示了公关活动的最终目标是为公关主体也就是饭店企业塑造一个良好的社会形象。这是公关活动的核心目标。当今企业竞争中,良好的企业形象已经成为一个有力的竞争资本。因此,公关活动要始终围绕企业形象的塑造而展开工作。饭店企业之所以开展公关活动，根本的目标是树立良好的形象，扩大饭店的知名度和美誉度，在此基础上获得经济效益。饭店企业在开展公关活动时，应着眼于长远而不是追求近期的经济效益。

(三)以互惠为原则，平等互利，协调发展

这一特点要求饭店在开展公关活动时，应强调主体利益和公众利益的平衡协调发展。公关思想要求饭店企业在处理主体、公众和全社会利益时，强调利益的公共性和共享性。公关的主体和客体之所以发生联系，是以一定的利益关系为基础的，正是利益因素作纽带，才把公关的主体和客体有机地联系在一起。公关的价值取向是强调主体、客体和社会三者利益的有机统一，即饭店企业开展公关活动，追求自身利益的同时，必须担负起相应的社会责任，兼顾客体即公众的利益，要平等互利、相互帮助，谋取主体和客体之间的长久合作和主体与社会的共同发展。

(四)以长远发展为方针，持之以恒，长期努力

这一特点说明开展公关活动必须具有连续性和计划性。良好的公关效果是在有计划的长期努力下才能形成的。公关不是一项短期行为，它不是为了一时一事的眼前利益，也不计较一时一地的得失功利，而是经过周密计划，科学运筹而妥善实施的一系列战略战术，是公关主体为了追求长期的、稳定的、战略性的合作关系而进行的长期性努力。

(五)以诚实为信条，广结良缘，信誉天下

这一特点要求饭店企业在开展公关活动时，应强调真实。首先公关活动的内容要真实。所谓的“诚招天下客，信地万人心”，对于企业而言，失诚、失信就等于失去了公众。因此，公关活动应严格以诚实为信条开展活动。其二，对公众的态度要诚恳、守信用，做到表里如一，言行一致。

(六)以信息传播为手段，双向沟通，内外交流

公关的本质就是公关主体与其相关的公众之间开展的一种全方位的信息沟通活动，因此，公关主体应以信息传播为手段，与自己的内外公众进行沟通，使得公关的目标及时得以实现。但是，饭店企业在利用信息传播手段进行沟通时，要注意双向的信息沟通，一方面，饭店企业要及时、准确、有效地将本企业的信息传递给相关的公众，使公众认识、了解、喜欢，进而拥护和支持自己；另一方面，饭店企业要迅速、及时、准确地收集来自目标公众的反馈信息，了解舆论和民意，以调整自己的行为，改善自己的形象。这种双向的信息传播，是实现公关内外信息交流的重要手段，是公关的重要特征之一。

(七)以创意创新为生命，以特见长，出奇制胜

公关活动的吸引力在于以独特的思维和新颖的内容制胜，因此，饭店企业在开展公关活动时，应注重创意公关，以新、奇、特取胜。当然，“新、奇、特”应把握在一定

的度内。这个“度”要求饭店企业在开展公关活动时，综合考虑以下四个方面的要素：

(1)政府支持。公关策划的事件有一定的社会意义，受到政府的支持。

(2)公众关心。公关内容应贴近公众的生活，走进公众的生活，要能引起公众的兴趣。

资料链接　　利用名人公关　竭力影响公众

名人大多是公众关注的对象，他们的一举一动都可能影响公众。利用名人公关一般可分为三个步骤：一是收集名人的信息资料并加以整理；二是对名人进行超常服务，以获得其对饭店的最佳印象；三是通过新闻媒介大力渲染传播，影响公众。如有一次，世界著名艺术大师朱宾·梅特率纽约交响乐团到泰国演出，住在泰国曼谷东方大饭店。饭店公关部早以各种渠道了解到大师喜欢吃芒果，玩蟋蟀。经理们四处奔波，在芒果早已下市之际，送来了芒果；还动用外交途径，得到了一盒新出版的蟋蟀比赛录像带，赠送给大师。结果朱宾·梅特率喜出望外，新闻媒介大加渲染。使曼谷东方大饭店的美名不仅在泰国，在美国，甚至在全世界得到了宣扬。

社会名流对公众舆论和社会生活有极大的影响力，往往是新闻界和公众舆论注意的焦点。利用名人进行公关，不仅能为饭店创造良好的舆论气氛，而且还可以通过名人疏通各种公众关系，扩大社会影响，提高饭店在公众心目中的地位。宾馆饭店利用名人公关，费用比较节俭，有时只是提供些超常服务就会达到惊人的效益。

资料来源：《浅析饭店公关在饭店管理中的作用》，http://res.meadin.com，迈点网。

（八）以主动公关为先导，预防为主，防治结合

公关活动的基本任务是协调各方面的工作，为公关主体的发展创造一个良好的环境。这就要求企业开展公关活动时，应具备准确预测未来的能力，在听到了歪曲了的"小道消息"前，在发生各种重大纠纷前，积极公关，不要等弄得满城风雨才想到用公关手段来平息风雨。应具备忧患意识，通过开展各类公关活动，将引发各种不协调因素的发生概率降到最低。在日常的管理中，要及时倾听民情，明察现状，及时理顺上下内外各种关系，及早搬开横在企业发展道路上的绊脚石，使企业在发展之路上一帆风顺。

第二节　饭店公共关系的类型与活动分析

一、饭店公共关系的类型

根据饭店公共关系活动目的不同，大致可分为以下几种类型：

（一）宣传性公关

宣传性公关指以宣传自己、形成社会舆论、扩大饭店内外影响和声誉为主要目的的公共关系活动。这种公关的特点是主导性强，时效性强，能够比较有效地利用传播媒介，沟通与社会公众或特定公众的关系，获得较好的宣传效果。如饭店举办的新闻发布会、记者招待会、公关广告、产品和服务广告、饭店刊物、宣传小册子等，都属于这种性质的公关活动。

宣传性公关具有两个方面的作用。对外宣传性公关可以扩大企业影响，树立企业形象，推销企业产品或服务。对内宣传性公关可以沟通上下级关系，反馈外界信息，鼓舞员工士气等。

（二）交际性公关

交际性公关是指以扩大交往、增进友谊、联络感情、谋求潜在利益为目的的公共关系活动。这种公关的特点是基本无媒介的人际交往，直接性、灵活性较强，人情味较浓，是广结善缘、广交朋友的一种好形式。如饭店因各种原因举办的招待会、冷餐会、总经理酒会、鸡尾酒会、饭店公关部组织的"企业家俱乐部"等等，都属于这一种。交际性公关常常需要相当高的成本，而又没有直接的现实收入。因此，应慎重考虑其潜在目的、潜在利益。

（三）服务性公关

服务性公关是指以提供各种实惠性服务为表现方式来达到与特定公众的沟通，增进友谊，为饭店产品推开销路。这种公关活动的特点是把优质服务作为特殊媒体，让特定公众得到亲身感受，从而扩大企业影响和声誉。如饭店餐饮部为举办美

食节等主题活动而在开张剪彩时的免费美食品尝活动、周末或节假日举办的电影招待会、为检查饭店质量而邀请同行专家到饭店进行的 2～3 天以上的暗访活动、VIP 客人的特别服务活动等。服务性公关并不包括饭店日常接待服务，它是以免费服务为主要表现形式的。

（四）公益性公关

公益性公关又称社会性公关、赞助性公关。它是指对社会有益的各种公益性、赞助性公共关系活动。如帮助残疾人活动、赞助希望小学活动、因特殊自然灾害而开展的赞助活动，以及各种公益事业等。这种公关的特点是企业赞助一定数量的现金或实物，举办一定形式的公关赞助活动，通过媒体宣传来提高饭店的公众形象，因而，应该是一种值得提倡的一种公关活动。

（五）征询性公关

征询性公关指以信息采集、舆论监督、民意测验等为主要目的的一种公关活动。如针对客人需求而开设的客户热线电话、针对饭店内部的某些重要问题而开展民意测验、某些“有奖问答”，一定时期建立的信访制度、在饭店中设立的“总经理信箱”等，都属于这一类。

资料链接 长城饭店的日常调查透视

北京长城饭店是 1979 年 6 月由国务院批准的全国第三家中外合资合营企业。1983 年 12 月试营业，是北京 6 家五星级饭店中开业最早的饭店，是北京第一座玻璃大厦，北京 80 年代十大建筑之一。随着改革开放的深入发展，北京新建的大批高档饭店投入运营，饭店业竞争日益加剧。长城饭店之所以能在激烈的竞争中立于不败之地，成为京城饭店的佼佼者之一，除了出色的推销工作和优质服务外，饭店管理者认为公共关系工作在塑造饭店形象上发挥了重要的作用。

一提到长城饭店的公关工作，人们立刻会想到那举世闻名的里根总统的答谢宴会、北京市副市长证婚的 95 对新人集体婚礼、颐和园的中秋赏月和十三陵的野外烧烤等一系列使长城饭店声名鹊起的专题公关活动。长城饭店的大量公关工作，尤其是围绕为客人服务的日常公关工作，源于它周密的系统调查研究。

长城饭店日常的调查研究通常由以下几个方面组成。

（一）日常调查

1. 问卷调查。每天将表放在客房内,表中的项目包括客人对饭店的总体评价,对十几个类别的服务质量评价,对服务员服务态度评价,以及是否加入喜来登俱乐部和客人的游历情况等等。

2. 接待投诉。几位客务经理 24 小时轮班在大厅内接待客人,随时随地帮助客人处理困难、受理投诉、解答各种问题。

(二)月调查

1. 顾客态度调查。每天向客人发送喜来登集团在全球统一使用的调查问卷,每日收回,月底集中寄到喜来登集团总部,进行全球性综合分析,并在全球范围内进行季度评比。根据量化分析,对全球最好的喜来登饭店和进步最快的饭店给予奖励。

2. 市场调查。前台经理与在京各大饭店的前台经理每月交流一次顾客情况,互通情报,共同分析本地区的形势。

(三)半年调查

喜来登总部每半年召开一次世界范围内的全球旅游情况会,其所属的各饭店的销售经理从世界各地带来大量的信息,相互交流、研究,使每个饭店都能了解世界旅游形势,站在全球的角度商议经营方针。

这种系统的全方位调研制度,宏观上可以使饭店决策者高瞻远瞩地了解全世界旅游业的形势,进而可以了解本地区的行情;微观上可以了解本店每个岗位、每项服务及每个员工工作的情况,从而使他们有的放矢地进行决策。

资料来源:张岩松等编著,《公共关系案例精选精析》,经济管理出版社。

二、饭店公共关系活动分析

饭店公共关系之所以在现代旅游饭店中扮演着越来越重要的角色,重要原因之一是它在企业经营管理中的活动领域越来越大,起了越来越重要的作用。对于饭店企业而言,公共关系的活动领域主要体现在收集信息、塑造形象、协调关系、决策咨询四大方面

(一)收集信息

公共关系是一门预测发展趋势、为饭店企业的领导提供决策咨询的科学。要实现科学的预测,首先就要重视信息的收集。因此,对信息的收集、整理、传递、反馈是公关部门和公关人员的重要职责。

1. 信息收集的范围

公关人员接触面积大,可以获得的信息是非常多的。公关人员应明确所需要的信息范围。一般来说,饭店企业的公关人员在收集信息时,要明确以下信息是必须

收集的：

(1)关于形象的信息

公共关系的根本目标是塑造一个良好的形象。因此，饭店对目前企业的形象现状要做到心中有底，要对企业的形象现状有一个充分的、客观的认识。因此，公关人员信息收集的第一块内容就是饭店企业的形象现状。主要有三个指标：

①知名度指标

知名度是指社会公众对饭店企业的知晓和了解程度，以及这个饭店社会影响的广度和深度。它是衡量形象现状的一个“量”的指标，衡量的结果揭示了饭店企业被人知晓的范围的大小。

②美誉度指标

美誉度是指社会公众对饭店企业的信任和赞美程度，以及这个饭店社会影响的好坏。它是衡量形象现状的一个“质”的指标，衡量的结果揭示了饭店企业被人评价的性质好坏。

③支持率指标

支持率表明了饭店企业在社会公众心目中的地位是高还是低，是重要还是一般，是正面还是负面，它预示着民心所向。因此它是一个最具体的指标。

(2)关于产品的信息

饭店企业的存在价值在于其产品被公众所接受和喜欢，了解饭店产品的有关信息，就能从中看出饭店企业的经营现状和形象现状。

饭店产品从可见性的角度来看，可以分为如下两部分：

①有形产品。主要是指各种以有形的物质状态呈现在公众面前的产品。如客房的布置、大堂的环境、餐厅的摆设、菜肴的色香形等。

②无形的产品即服务。主要表现为饭店各级工作人员的工作态度、工作技巧、工作方式、工作熟练程度、工作的精力投入等。

(3)有关公众的信息

饭店开展的所有公关活动都是围绕饭店的公众而进行的，因此饭店应及时了解公众的信息。这些信息包括公众基本情况、公众类别、公众态度、公众需要和欲望等信息。

(4)社会环境信息

公共关系在收集信息时，还要收集那些具有宏观性、长远性和社会性特点的信息。饭店尤其要重视收集以下四方面的大环境信息，包括各项方针政策、法令法规，变化中的各项社会生活方式，有关传统文化的信息和社会各种热点话题和焦点问题以及不同时期不同的公众舆论。

2. 信息收集的渠道

在大致框定信息收集范围的基础上，公关人员应了解不同的信息收集渠道。通过掌握不同的信息收集渠道，多途径、多角度地收集信息。一般来说，信息收集的渠道可以分为两类，一是内部信息收集渠道，二是外部信息收集渠道。

3. 信息收集的方法

公关人员在具体实施信息收集工作时，可以采用不同的方法。一般来说，收集信息的方法包括问卷法、访谈法、观察法、资料摘录法。

4. 信息收集的原则

公关人员在收集信息时，应时时刻刻将信息作为一种重要的经济资源来看待，并贯彻以下原则：有效性原则、适用性原则、适时性原则、适量性原则、真实性原则、新鲜性原则。

（二）塑造形象

饭店形象是指社会公众对饭店企业形成的整体印象和综合评价。因此，它是一种带有个人主观色彩的判断。它反映了社会公众对饭店整体特征的认识程度和感情倾向程度。饭店形象具有以下特征：客观性和主观性统一，变动性和稳定性统一，独立性和多维性统一，可塑性和可毁性统一。

1. 饭店形象的构成

组成饭店形象的要素有：

（1）产品形象：指产品本身所具有的属性以及附加服务所蕴涵的价值特征留给公众的印象。

（2）人员形象：包括领导人员形象和普通员工形象。

（3）市场形象：指饭店的产品进入市场后在公众心目中形成的看法和评价，由销售形象和竞争形象组成。

（4）管理形象：饭店管理是一种系统控制，饭店内部各子系统运行正常，各要素充分发挥作用，说明饭店的管理水平高，管理形象好。

（5）实力形象：饭店的实力形象表现在饭店的空间方面，如饭店的建筑构造、装潢格调、设施设备、环境布置等，这是饭店实力形象的硬件。实力形象还表现在员工的待遇和福利方面。待遇和福利好，说明饭店的实力强，实力形象好，容易产生吸引力和凝聚力，这是饭店实力形象的软件。

（6）社会形象：表现为饭店对社会的关心和支持程度。

2. 饭店形象的塑造

在塑造饭店形象时，不能急于求成，应遵循诊断、开方、治疗三步走的程式，有计划地塑造形象，步骤如下：

（1）诊断

形象塑造的第一步就是通过诊断，清楚地认识饭店形象的现状。诊断工作建立在大量的调查研究的基础上。通过调查研究，计算出饭店知名度和美誉度两个指标，并以知名度为横坐标，以美誉度为纵坐标，建立一个饭店形象坐标图。

(2)开方

在诊断的基础上，拟定各种改进的对策。

一般来说，对于饭店企业而言，可供选择参考的公关模式有以下十类：

①宣传型公关：饭店通过各类大众传播媒体或内部沟通等途径，开展各类信息沟通活动，树立形象。

②交际型公关：在人际交往过程中，以语言、类语言以及体态语、物语等作为信息沟通的媒介开展公关活动。

③服务型公关：通过提供实实在在的周到的服务来密切和公众的关系。

④社会型公关：通过举办各种社会性、公益性、赞助性的活动来塑造形象，目的是通过积极的社会活动来扩大饭店的社会影响。

⑤征询型公关：以采集、提供信息服务为主的公关活动，目的是通过信息采集、舆论监督、民意测验等工作，掌握与饭店有关的信息，为饭店管理决策提供咨询，使得饭店的行为与民情民意、市场发展趋势以及社会利益相结合。

⑥建设型公关：适用于饭店成立初期或首次推出新的服务项目时，饭店为了打开知名度而进行的公关活动。

⑦维系型公关：适用于饭店稳定发展时期，通过开展此类公关活动，巩固饭店现有的良好公关状态，维持已有的好形象，吸引更多的回头客。

⑧防御型公关：适用于饭店与外界环境出现不协调因素或与公众发生摩擦的时候。

⑨矫正型公关：适用于饭店遇到风险时采用。

⑩进攻性公关：适用于饭店与公众或社会环境发生严重冲突的时候。

(3)治疗

在治疗时，应遵循以下原则：立足长远、立足公众、真实第一、双向沟通和创新独特。同时，要处理好两对关系：公众利益和企业利益的关系及短期利益和长期利益的关系。

资料链接　燕子道歉

日本奈良市郊区有一家旅馆，外在环境优美，招待客人热情，很能吸引顾客。美中不足的是，每到春季，许多燕子争相光临，在屋檐下营巢安家，排泄的鸟粪弄脏了玻璃窗和走廊，服务小姐擦不胜擦，使得客人有些不快。

旅馆主人爱鸟，不忍心把燕子赶走，但又难以把燕巢及时、彻底清除，很是苦恼。

一天，旅馆经理忽然想到一条妙计，他提笔写道：

女士们、先生们：我们是刚从南方赶到这里来过春天的小燕子，没有征得主人的同意，就在这里安了家，还要生儿育女。我们的小宝贝年幼无知，我们的习惯也不好，常常弄脏您的玻璃和走廊，致使您不愉快，我们很过意不去，请女士们、先生们多多原谅！还有一事恳求女士们和先生们，请您千万不要埋怨服务员小姐，她们是经常打扫的，只是她们擦不胜擦。这完全是我们的过错。请您稍等一会儿，她们就来了。

您的朋友 小燕子

这显然是以小燕子的名义写的一封向旅客们解释道歉的信。旅馆经理把它张贴到显眼的地方。客人们看了这封公开信，都给逗乐了，不仅不再提意见，而且还对这家旅馆更感亲切，并留下了美好的印象。为了看望体贴温柔可人的小燕子，以后可能还会再来投宿。

资料来源：张岩松等编著，《公共关系案例精选精析》，经济管理出版社。

（三）协调关系

协调关系是公共关系的又一重要活动领域。通过开展公关活动，协调饭店与公众之间的关系，争取公众对饭店的谅解和支持，同时搞好饭店内部各部门的关系，使之和谐同步，为饭店的发展铺平道路。

1. 公关协调的基本形态

公关协调的基本形态是指采用何种方式，使双方的关系达到何种协调状态。一般公关协调的基本形态由低级到高级依次可分为：强制、顺从、合作。

2. 协调关系的基本内容

根据协调对象与饭店的归属关系看，协调关系的基本内容有二：内部关系协调和外部关系协调。

（1）内部关系协调

协调饭店内部关系主要有两方面内容：

①协调饭店领导和群众的关系，即纵向关系的协调；

②协调各个职能部门之间的关系，即横向关系的协调。

（2）外部关系协调

较之于内部协调，外部协调无论是在工作的面上还在工作的量上都要更大、更复杂。这些必须协调的关系包括：协调饭店与宾客的关系，协调饭店与政府部门的关系，协调饭店与社区的关系，协调饭店与竞争对手的关系，协调饭店与众多物资供给企业的关系，协调饭店与众多潜在公众的关系；协调其他突发事件。

3. 协调关系的原则

在协调各方关系时，公关人员应遵循以下原则：平等、互利、双向调节、求同存异、信誉至上的原则。

（四）决策咨询

公关机构和人员在饭店内部，是以决策者的咨询机构和咨询人员的面目出现的，决策咨询也是公关的活动领域，它充当饭店决策机构的智囊角色。

1. 公关咨询的重要性

现代社会的竞争，无论从竞争的数量上看还是从竞争的质量上看，都进入了一个全新的更高的阶段。饭店接待对象的复杂性和不确定性，更需要决策者在决策时，综合考虑不同公众的意见，而作为一个决策人员不可能是全能型的，因此，依据公关人员提供的数据、资料、情报等信息，进行决策是十分重要的。所以，在饭店企业的发展过程中，应重视公关在咨询领域的出色贡献。

2. 公关咨询的范围

公关咨询是从专业角度为决策提供咨询服务：一是社会公众方面，二是饭店形象方面，三是传播沟通方式方面，四是问题公关和危机公关方面。

3. 公关咨询方式

公关咨询的作用主要通过以下方式体现出来：一是提供信息服务，二是为确定决策目标提供各种建议和意见，三是协助拟定决策方案，四是从信息的角度控制决策实施的全过程，五是从公关角度评价决策效果。

第三节　饭店公关形象设计(CIS)

一、CIS的含义

CIS是英文corporate identity system的缩写，一般翻译为企业形象识别系统或是企业身份战略。具体而言，它指一个企业运用独特、新颖、鲜明、引人入胜的标识，将饭店企业的内在气质和外显特征，通过传播的方式向企业的公众进行宣传，借以树立企业良好的社会形象，达到促销的最终目的。

（一）CIS的内容

传播企业的内在气质和外显特征。内在气质指的是企业在生产经营管理过程中应该达到的发展目标、应该遵守的经营信条、应该奉行的价值观念、应该体现的精神风貌、应该框定的活动领域。外显特征主要是指企业开展的种种活动以及各种能够被人的肉眼所获知的环境要素、人员要素、物质要素的总称。

（二）CIS的表现形式

CIS通过一系列完整的、独特的识别系统来表现其精神内涵。这些识别系统是饭店企业区别于别的同类企业、表现自己独特个性的“代号”。一旦这些代号出现在公众面前，公众马上会联想到它们所代表的饭店企业。

（三）CIS宣传手段

CIS需要借助于各种传播手段来扩散。企业可以通过报纸、电视、杂志、户外广告、网络、自办刊物、人际交往等手段，向饭店企业的公众传播、解释、宣传CIS的含义，也可通过举办新闻发布会、组织CIS培训班等形式来宣传、扩散。总之，要将CIS的种种要求落到实处，谨防只说不做。在传播过程中应努力维护各类传播渠道的顺畅，防止信息受过多外界的干扰，确保信息的精确度。

（四）CIS的职能

CIS的职能是处理好饭店企业和内外公众之间的关系，企业的发展需要有一个最佳的社会环境，需要正确处理好企业与公众的关系。这就要求企业的经营理念和经营活动要符合时代要求和社会发展的大趋势，要有社会使命感，要与公众的利益相一致。

（五）CIS的活动效果

对于企业而言，导入CIS是企业的一项长期储蓄，其效果不可能立竿见影，但是经过一段时期的努力后，CIS的效果将会逐步凸现，并且这种效果具有滞后性、全局性、战略性和长期性的特点。

（六）CIS的目的

CIS最终目的是树立良好的社会形象，使企业内部形成一个发展、壮大、再发展、再壮大的良性循环系统，并且不断改善和加快这个系统的循环，使得企业在竞争中脱颖而出，立于不败之地。

二、CIS构成要素

饭店企业的CIS是由三大要素构成的，即理念识别系统、行为识别系统和视觉识别系统。这三大要素有机结合，相互作用，协调运作，共同塑造饭店整体形象。

（一）MIS(mind identity system)，理念识别系统

理念识别系统意为理念、精神、意识的识别。理念识别系统是饭店企业形象识别的核心，是指企业的精神气质。简单地说，理念识别系统就是企业构建的一种价值体系。这种价值体系能得到社会普遍认同，能体现饭店企业自身个性特征，能促进并保持企业正常运作以及长足发展，能反映出饭店企业明确的经营目标。理念识别主要包括以下几方面的内容：

1. 战略目标

战略目标是饭店在较长时间内指导全局的总方针、总计划。它要求饭店企业以全局为对象，综合考虑供应、生产、技术、销售、服务、财务、人事等多方面因素，根据

社会企业人才的总体发展需要来制定企业经营活动的行为纲领和奋斗目标。这是一种面向未来、向前看的目标系统。它包括饭店企业的人才目标、市场目标、社会贡献目标、利润目标和服务目标。

战略目标的确定是一种预测未来的工作，要求饭店企业在复杂多变的竞争中选择适合自己生存发展的战略目标，因此，在确定时会遇到许多模糊的、不确定的因素。这就需要饭店企业的决策层高瞻远瞩，依靠群体力量，借助公关的咨询作用，确立科学的、合理的，具有一定超前性和可行性的战略目标。

2. 经营理念

经营理念是饭店运作的基本特色，是决定饭店个性的重要组成因素。对于饭店而言，必须明确经营理念要有独特性，即饭店要根据自身所处的地理条件、硬件构造等来确定经营理念，不要一味模仿他人的做法。美国假日旅馆其经营理念就是“一切为宾客着想”。里兹树立了“国王饭店”的高贵形象。

3. 企业文化

企业要以文化为根，经济为叶，才能取得大发展。企业文化是一种全新的文化管理哲学。它是饭店在发展过程中逐步形成，并根植于饭店全体员工心中的精神观念总和，由企业精神、价值观念、行为准则、职业道德等内容构成。其核心是企业精神。

(二)BIS(behavior identity system)，行为识别系统

行为识别系统是饭店在经营过程中采取的种种活动的总称。它是理念识别系统的具体体现。行为识别系统通过开展形形色色的活动，把饭店抽象的理念外化、动化，让公众真切地体会到“内在思想和外在行动”的有机统一。

饭店行为识别系统主要由内部行为识别和外部行为识别两方面内容构成。

1. 饭店内部行为识别

内部行为识别的活动重心是饭店企业内部，其活动的主体对象是饭店内所有的员工。通过开展内部行为识别，旨在理顺饭店内部各种关系，加强员工的整体素质，减少内部摩擦，促进饭店整体的有机、高效运转。因此，它多表现为饭店的管理活动。内部行为识别包括：设置组织机构、设置岗位职责、规范服务过程、安排人事管理、严格质量管理。

2. 饭店外部行为识别

外部行为识别的活动重心是饭店企业外部，其活动的主体对象是饭店外部广大的公众。通过开展外部行为识别活动，旨在改善饭店与各类外部公众的关系，为饭店的发展创造一个和谐的外部环境。外部行为识别活动主要包括：开展周密的市场调查活动，做好产品的促销工作，组织各类新闻宣传活动，开展健康的社区交往活动等。

饭店在开展行为识别活动时，应坚持“外化理念”“内外兼顾”“立足长远”“防微杜渐”的原则开展各项识别活动。

（三）VIS（visual identity system），视觉识别系统

视觉识别系统是饭店静态的识别系统，它通过各种符号传递饭店的理念和活动，是饭店形象识别系统中最具传播力和感染力的要素。视觉识别系统由基本要素和应用要素两大块组成：

1. 基本要素

根据信息传递的实际情况，我们把那些相对稳定的信息称为基本要素。即这类要素都是饭店的形象代表，一旦确定，一般不会轻易改变。包括：饭店的名称、饭店的标准字体、饭店的标准色、饭店的活动造型、饭店的象征图案和饭店的宣传口号。

2. 应用要素

各类基本要素作为饭店的形象代表，必须被广泛地加以宣传才有效，否则就形同虚设，发挥不了应有的效力。这些基本要素的传播，需要借助于一定的载体，这些信息传播的载体就是应用要素。包括饭店的员工服装、接待用品、客用物品、办公用品、名片、请柬、信封等宣传用品、运输车辆等。通过这些视觉运用要素将饭店的名称、店徽、标志等反复传达给内外公众，从而给他们留下深刻印象，达到树立饭店形象，提高企业知名度和美誉度的目的。

总之，对饭店而言，可供开发、利用的应用要素是非常丰富的。饭店应努力开发各类应用要素，增加这些免费“广告媒体”的数量，并在质量上加以提高，全方位地塑造饭店的整体形象。

CIS 的三大组成部分是一个有机的整体，三者缺一不可，必须保持和谐统一、高度一致。中国 CIS 的创始人之一贺懋华先生对于 CIS 的三要素有一个生动的比喻：MIS 是 CIS 的策略面，是企业的心，看不见却统帅一切，它指导 BIS 和 VIS；BIS 是 CIS 的执行面，是企业的手；VIS 是 CIS 的展开面，是企业的脸。BIS 和 VIS 共同将 MIS 具体化、可视化。

资料链接　苏州建屋国际饭店视觉识别系统设计

建屋国际饭店是苏州一家四星级饭店，隶属于建屋发展集团有限公司，注册资金 22 亿元人民币，资产规模 105 亿元人民币，是江苏省最大的综合性房地产开发企业之一。标志由四片祥云构成，代表苏州的泉、桥、亭、瓦，以美轮美奂的苏州园林艺术，来体现建屋饭店温馨典雅别致的企业文化与艺术内涵，与其园林特色的室内装饰搭配上下了一番苦功，做到了古色古香，尽善尽美。

资料来源：http://www.ccii.com.cn/liuyi.html.，国际设计网。

三、CIS 定位与实施

作为一种现代化的经营管理哲学，越来越多的饭店开始导入 CIS。

(一)定位策划阶段

(1)明确饭店的类型。本饭店应定位于哪一类饭店，是商务型还是度假型，是经济型还是豪华型。

(2)明确主要公众的需求。了解各类公众的特点和需求，从公众的需求和饭店的实际出发来选择本饭店形象的突破口。

(3)正确定位。选用各种定位方法进行准确定位。

(4)进行策划。根据已定好的形象，策划各种标识系统，主要是视觉识别要素中的基本要素，并最终形成具体的、可行的策划书。

(二)实施管理阶段

(1)合理选择导入 CIS 的时机。一般情况下，导入 CIS 的最佳时期为饭店创立之初，饭店推出比较大的、全新的服务项目时，周年纪念日，饭店合并或重组时，出现形象危机或经营危机时。

(2)合理地选择导入的方式。饭店可以根据自己的经济实力考虑是全方位集中导入还是分阶段、分部门导入。

(3)加强导入管理。主要从经费、人员等方面进行监督管理,确保 CIS 的系统导入之后,后续进展顺利。

(三)成果发表阶段

1. 通过比较,选择恰当的发表媒体;

2. 科学设计发表内容,注意掌握发表重点,在发表过程中要防止信息的失真。

(四)检测评估阶段

从新闻舆论分析、营业效果比较、公众的态度变化等角度作对比,检测导入 CIS 的效果,对照提案,总结成败得失,并进一步修正提案,不断提高形象建设工程的质量。

第四节　饭店文化建设与管理

一、饭店文化的形成、特征与作用

(一)饭店文化的形成

企业文化是指在企业管理中长期形成的全体员工共有的价值观念、理想信念、道德规范和行为准则的总称。它渗透在企业各项活动之中,能够形成一种强大的推动力,激发人们做出难以估量的贡献。一切成功的企业都非常重视和充分运用生产经营管理活动中的文化因素来塑造企业形象,它是企业经营管理的文明之魂。同时随着现代科技的发展,计算机技术逐渐应用到饭店领域,并成为现代饭店业竞争的一个重要手段。

20 世纪 90 年代,我国饭店管理进入文化管理阶段,饭店管理对象为知识化和学习型的劳动者,主要管理策略是建立共同意愿和价值观,提高职工凝聚力和奉献精神。但是在 20 世纪 80 年代以前,我国的饭店管理基本上是经验管理阶段。饭店管理主要凭管理人员的经验和意志,进行家长式和随意性的管理。管理效果完全依靠管理者的素质、经验。20 世纪 80 年代后,我国的旅游企业经济体制进行了改革,确立了饭店性质属于企业,确定了自主经营、自负盈亏的经营方针,我国饭店管理进入科学管理阶段。这一阶段,饭店管理者采用科学的管理策略和方法,强调理性、制度与考核标准。然而在进入文化管理阶段的今天,管理人员已经认识到,饭店要想在竞争中取得成功,必须建立本企业的特色文化。

(二)饭店文化的特征

企业文化是一种观念形态,是一定政治、经济环境的产物。它受民族传统、生产力发展水平和社会制度的制约和影响，因而具有以下特征：

1. 精神性和观念性

企业文化是指导企业发展的生产经营意识、质量效益意识、目标发展意识、道德关系意识等汇集而成的一种群体精神。它集中反映出企业全体员工的思想观念、心理观念、价值取向和精神状态。因此，它属于上层建筑、精神文化和思想观念的范围，具有精神性和观念性。

2. 独特性和持久性

企业文化是每个企业根据自身性质、环境、经营范围在长期业务发展中形成和发展起来的。它所反映的是各个企业自身的特色。另一方面，一个企业的企业文化，要经过长期的培育、倡导、灌输、塑造才能建立起来。而这种企业文化一经形成，它又能够产生一种强大的精神力量，长时期地发挥作用。因而，企业文化又同时具有独特性和持久性。

资料链接　　半岛饭店一以贯之的风格

香港上海大饭店有限公司下属机构的半岛集团，已在香港、马尼拉、曼谷、北京、纽约、比华利山以及芝加哥管理着八家豪华饭店，拥有三千多间客房，并以其在每个大都市只建立一家顶级豪华饭店的理念而闻名于世，被国际饭店业尊称为“五星半岛”。半岛饭店形成了一以贯之的风格。以下是75年来半岛饭店的风格特写。

饭店共有4.8万件纯银餐具，市值100万美元，每天需启动八部打磨机擦拭，餐具自1925年至今的80年中都是用同一个制造商。

门僮每天为客人拉开雕有一对门神的玻璃大门约4 000次，他们身上的全白制服和白帽自开业以来是同一款式。

半岛共有775个员工，平均2.6位员工服务1位客人，其中有1个员工服务75年，2个员工服务40年，服务达30年的有9个，20年的则有29名，10年以上则有148名，员工流失率全港最低。

资料来源：百度文库。

3. 群体性和动态性

企业文化是一家企业全体员工所形成的精神状态，它是依靠共同的思想、观念、意识和行为准则而形成的，不是少数人或个别先进员工的行为。另一方面，企业文化建设的好坏,会随着时代的进步、企业的发展、领导班子的辛勤培育和大力提倡而逐步发展变化。因而,饭店企业文化又具有群体性和动态性。

4. 人文性和时代性

企业文化讲究对员工的人情味管理,甚至可以说是人情味的服务。企业文化建设的主体是人,它是一种集经济、文化和人于一体的发展战略。企业文化要求在企业的发展过程中,努力做到人的建设、经济的建设、文化的建设互相渗透、相互贯通、有机统一,尤其是突出以人为本的思想,结合为人民服务的本质要求,把经营和文化建设密切地联系在一起,培养和造就适应社会主义市场经济全面发展的文化管理型的人才。同时企业文化属于上层建筑,其内容受一定时期经济制度和政治制度的制约,因而具有时代性。同样,饭店企业文化也会打上时代的烙印,反映一定时代的价值取向和精神风貌。

(三)饭店文化的作用

1. 教育功能

专业知识及操作规程是必需和必要的,但这只是表现在饭店文化的中层结构方面,而表现在深层结构方面的内涵更需要挖掘。一家文化氛围比较浓的饭店,员工表现出的素质、知识面、文明修养程度及表现出的服务意识、服务技巧、服务水准都是高人一筹的。

2. 凝聚功能

先进的饭店文化所培育出的良好的饭店工作环境,如同强有力的磁场一样,将众多的员工吸引来这里。这是因为饭店文化和进行饭店文化管理所产生出的高水准的服务质量、优秀的企业精神、良好的企业形象、温馨的人际关系、融洽的工作环境、丰富的文化内涵等使人感到在这里工作能够实现人生价值,工作的荣誉感和自豪感。

3. 导向功能

主要表现在:因员工年龄、经历、文化的差异与饭店统一的服务标准及服务意识的认同;员工的个人利益与饭店整体利益;员工的自我发展或个性发展与饭店的整体发展;部门的局部利益、局部发展与整体利益、整体发展;部门的局部经营与整体经营等均应受饭店的主体文化导向,而且也只有饭店文化才能起导向作用。深层的文化影响形成强有力的共同目标,在这个共同目标的主体文化导向下,饭店员工将会自觉地为遵照这个目标而努力。因此,牢牢地把握饭店文化的导向功能,是饭店经营管理成功的前提。

4. 调适功能

饭店文化对内对外都有较强的调适功能。员工从一个比较自由的生活环境到一个高标准严要求的工作环境,从由父母(指年轻的饭店工作人员)为他们服务的环境到他们为别人服务的环境，这是一个较大的转变，饭店文化能够培育他们适应这种转变。此外，饭店文化还能调适饭店经营随着市场的变化而转变；能够调适饭店适应环境；能够调适与合作单位、与各业务关系单位的合作关系；调适与各接待单位、业务单位接待计划的变化或接待过程中的变化。

5. 辐射功能

一个好的含有文化内涵的表现形态将会被人广泛地借鉴、仿造、复制，因此，它产生的效应已超出了原来的范围，具有很强的辐射功能。饭店文化孕育出的无论是物质的还是精神的各种表现形态，只要它代表着时代，代表着先进，就会有很强的生命力和影响力，它就能由局部辐射到全局，由内部辐射到外部，产生出广泛的效应。饭店文化培育出的精神文明和物质文明已逐步被我国和世界各方人士认识。

6. 自我完善功能

企业在不断的发展过程中所形成的文化积淀，通过无数次的辐射、反馈和强化，会随着实践的发展而不断地更新和优化，推动企业文化从一个高度向另一个高度迈进。

二、饭店文化的构成

企业文化是在企业中长期形成的共同思想、作风、价值观念和行为准则，是一种具有企业个性的信念和行为方式，是一种客观存在的文化现象。从广义上说企业文化是指企业在社会实践过程中所创造的物质财富与精神财富的总和；从狭义上说，企业文化是指企业在经营管理过程中所形成的独具特色的思想意识、价值观念和行为方式，是以价值观为核心的企业的内在素质及其外在表现。企业文化由以企业精神文化为内核的三个层次构成。

（一）表层结构

是企业的物质文化层。包括饭店的景观文化和产品文化，是饭店生产、服务经营的物质基础，前者如饭店的环境文化、设计建筑外观、装修风格及工艺品的陈列、绿色文化、广告文化、用品文化、灯具文化等。后者如饭店的房间文化、饮食文化、特种服务产品（娱乐）、硬件设备的整齐及其技术先进性等。

（二）中层结构

中层结构企业的制度文化层。包括企业的经济体制文化、组织文化、规章制度文化、管理文化等。它是企业物质和精神文化的中介，企业精神通过中间层转化为物质文化层。

（三）深层结构

企业的精神文化层，包括各种行为规范和价值观念、知识和知识结构、人际关系、职业道德、经营风格、企业哲学和职工素质等，是企业文化核心，人们称饭店文化的表层结构和中层结构为饭店的物质文化和制度文化，均属于外显文化。这种外显文化是容易被人察觉和认知的，也是容易改变的。而饭店文化的深层结构被人们称为深层文化或内核文化。这种文化不容易被人察觉、认知，而且相对稳定、保守、不容易改变。用通俗的语言说，内核文化是饭店文化的灵魂；物质文化、景观文化是内核文化的外部表现，它不仅有助于饭店外部形象的树立，而且有助于促进饭店文化的形成与发展；而制度文化则是内核文化的内部表现或者说是实质性表现，为饭店文化的奠定、弘扬与变革，提供有力的组织保证：这就是它们之间的辩证关系。

总之，物质文化、制度文化、精神文化三者共同形成各企业间各具特色的企业文化。企业文化制约企业内部的物质制度、精神诸要素间的动态平衡。它的精髓是提高人的文化素质、重视人的社会价值、尊重人的独立人格。

三、饭店文化建设

（一）饭店企业文化建设的原则和途径

1. 饭店企业文化建设的原则

（1）目标原则。每个饭店都有一个明确而崇高的目标，让每个员工都明确他们的工作是与企业目标联系在一起的，是为实现企业的目标而努力的。

（2）价值原则。每个饭店都应有一个共同信守的价值标准。

（3）卓越原则。饭店要具备追求卓越的精神，即永不自满、不断攀登高峰的精神。

（4）参与原则。需要饭店全体员工参与管理和决策。

（5）成效原则。即把饭店员工的利益与其工作成效联系起来，使其每项成就都能得到承认和肯定。

（6）亲密原则。在饭店中，组织与个人之间、管理者与员工之间、上下级之间建立亲密联系，以满足每个员工的情感需要。

（7）正直原则。每个饭店管理人员和领导要诚实正直、言行一致。

（8）环境原则。把饭店作为一个整体，让管理者与员工参与各种活动，使每个员工感受到自己是企业一员，形成一个整体环境。

（9）兼容原则。处理好古代文化与现代文化、外来文化与本土文化的关系，继承和发扬传统文化的优秀遗产，逐步塑造现代饭店的企业文化。

2. 饭店企业文化建设的途径

（1）选择价值标准。由于饭店企业价值观是整个饭店企业文化的核心和灵魂，因此选择正确的企业价值观是塑造企业文化的首要战略同题，它有两个前提：第一，要立足于本饭店的具体特点。不同的饭店有不同的目的、环境习惯和组成方式，由此构成千差万别的饭店类型，因此必须准确地把握本饭店的特点，选择适合自身发展的饭店文化模式，否则，就不会得到广大员工和社会公众的认同与理解。第二．要把握企业价值观与饭店文化各要素之间的相互协调，因为各要素只有经过科学的组合，才能实现整体的系统优化，在此基础上，选择正确的组织价值标准，但要注意四点：一是饭店企业价值标准要正确、明晰、科学，具有鲜明特点。二是饭店文化要体现组织的宗旨、管理战略和发展方向。三是要切实调查本企业员工的认可程度和接纳程度，使之与本企业员工的基本素质相和谐，过高或过低的标准都很难奏效。四是饭店价值观要坚持群众路线，充分发挥群众的创造精神，认真听取群众的各种意见，并经过自上而下和自下而上的多次反复过程，审慎地筛选出既符合本企业特点又反映员工心态的企业价值观和企业文化模式。

资料链接　　洲际酒店集团核心价值观

洲际酒店的制胜之道是“做对的事，体现关爱，追求卓越，求同存异，协作共赢”，这是每位员工的工作准则。

洲际酒店集团的使命：

营造一个世界顶级的供人相聚，令人放松，众人向往的地方。

洲际酒店集团的愿景：

成为世界上在酒店业内最令人认可和称赞、最成功的酒店管理集团。

洲际酒店集团的核心价值观：

诚信——我们的顾客知道我们始终是言行一致的。

信任——我们彼此的信任是我们建立工作关系的基础和起点。

尊重——我们尊重每一个人，无论他们是谁。

一体——我们从事同一个事业，我们像一个队伍一样前进并赢得胜利。

服务——我们竭尽所能提供优质服务。

洲际酒店集团的文化价值在酒店内使得酒店员工更加团结，规范了员工行为，并以优质的服务赢取高回客率，使得顾客满意，以取得优质评价，使得集团在正确的方向上发展。优质舒适完善的服务是洲际酒店集团的王牌。例如，它的战略始终是以最能发挥规模效应的市场为核心，建立最强大的酒店运营体系。通过优悦会，全球会员在全球洲际酒店集团旗下酒店享有会员特权，并在全球设有呼叫中心，提供13种语言的官方网站，贴心为顾客着想。同时对于员工的奖励政策是非常合理的。洲际酒店集团的文化价值体系是在目前所有酒店集团里最为专业的一个。

资料来源：http://www.canyin168.com，职业餐饮网。

(2)强化员工认同。一旦选择和确立企业价值观和企业文化模式，就应把基本认可的方案通过一定的方法使其深入人心，具体做法包括：第一，充分利用一切宣传工具和手段，大规模地宣传企业文化的内容和要求，使之家喻户晓，人人皆知，以创造浓厚的环境氛围；第二，树立典型人物；第三，培训教育，其形式可以多种多样。

(3)提炼定格。注意：第一，要精心分析并在经过群众性的初步认同实践之后，详细分析和仔细比较实践结果与规划方案的差距。第二，要全面归纳。在系统分析的基础上，进行综合的整理、归纳、总结和反思，采取去粗取精、去伪存真、由此及彼、由表及里的方法。第三，提炼定格。把经过科学论证和实践检验的饭店企业精神、饭店企业价值观、饭店企业文化，予以条理化、完善化、格式化，经过必要的理论加工和文学处理，用精练的语言表述出来。

(4)巩固落实。做到必要的制度保障和领导的率先垂范。企业领导要观念更新、作风正派、率先垂范，真正肩负起带领企业成员共建优秀企业文化的历史重任。

(5)丰富发展。任何一种企业文化都是特定历史的产物，当企业的内外条件发生变化时，应不失时机地调整、更新、丰富和发展企业文化的内容和形式。这既是一个企业文化自我扬弃的过程，也是一个不断深化和发展的过程。

(二)饭店企业的特色文化建设

只有有特色的饭店文化才是真正有生命力的饭店企业文化。特色鲜明、个性独特的饭店文化是饭店成熟的标志。华夏文明五千年，形成了有特色的、优秀的华夏文化，将这些文化运用到饭店文化的建设中去，使饭店文化既具有中国特色，又具有国际先进性，饭店经营管理一定会取得成功。

1. 人本文化特色

饭店是人力高度密集的行业，在饭店经营管理活动的诸要素中，人是最重要、最根本、最活跃的要素。饭店产品的生产、整理、维护、销售和服务都是由人来把握、驾驭和实现的。以人为本来建设饭店文化，提高人的素质，使员工与饭店结成命运共同体，将个人的自我价值与饭店的企业价值结合起来，使饭店精神得到弘扬，这是饭店文化建设的首要目的。

2. 整体文化特色

饭店是一个小社会，以群体活动为特色。许多工作需要大家协调一致、配合默契才能较好地完成。饭店文化建设，确立以整体为目标，培养一支齐心协力、同心同德为饭店事业奋斗的员工队伍，是饭店经营管理成功的又一重要因素。

3. 创业文化特色

吃苦耐劳、艰苦奋斗、奋发图强是我国人民优良的传统美德，也是中华民族文化的特色。在饭店经营管理活动中，要用吃苦耐劳、艰苦奋斗和奋发图强的创业文化精神来培养员工，使员工发扬这种优良的传统美德，在实际工作中节约一张纸、一度电、一吨水，从而使人的精神培养也得以净化和提高。

4. 创新文化特色

饭店发展的历史过程就是一个不断创新发展的历史过程。创新已成为饭店生存与发展的动力。饭店若不创新，就跟不上社会和科技发展和前进的步伐，就不能够满足宾客越来越高的物质和文化生活的要求，就不能够在竞争日益激烈的市场上赢得市场占有率。饭店在经营管理活动中，要运用创新文化培养员工具有新意识、新观念、利用新技术不断创造新产品，运用新的服务方式和方法来为广大顾客服务。只有这样，饭店经营管理才能够达到新的更高的水平，创造新的业绩。

5. 求实文化特色

实事求是是中华传统文化的古训，是事业成功的根本。求实，是建立在一切从实际出发，以事实为依据，以实践作验证的基础之上的。凡是在这基础上作出的决策，就能够取得成功。饭店是一个经济实体，是通过一项项的产品、一件件细微的服务做出来的，来不得半点的虚假，有一点就会失去客人。饭店通过求实文化的建设，使员工牢固地树立实事求是的思想意识和工作作风，在饭店经营管理活动中坚持一切从实际出发，工作讲求实际，业绩讲求实效。

6. 服务文化特色

饭店产品的文化特色就是服务。饭店经营管理就是通过服务来实现的。全心全意为宾客服务是饭店经营管理活动的宗旨。服务是饭店经营管理活动中的永恒的主题。服务质量的优劣，既反映饭店经营管理的水准，又决定着饭店的生存与发展。

7. 民族和地方特色

饭店文化作为一种亚文化，应该植根于民族和地方文化之中。中国传统文化历史悠久，积淀深厚，有很多关于群体与组织管理的著名事例和理论。同时，幅员辽阔的中华大地，也产生了基于不同地理区域、不同民族的各具特色的文化单元。从这个意义上讲，饭店不仅承载着民族和地方文化，更肩负着传承民族和地方文化的义务。我们应该在民族文化中落脚生根，跟本地文化有机结合，从历史人文、民族风情、待人接物的文化传统等各个方面进行挖掘整理、艺术再现和提炼升华。

资料链接　皇家文化主题酒店——北京颐和安缦酒店

颐和园东门外隐藏在民居院落之中的颐和安缦中一些院落已拥有上百年的历史。这些院落最初供颐和园的贵客居住，方便他们在此恭候慈禧太后的銮驾。

北京颐和安缦酒店为顾客提供风格各异的住宿环境。套房位于独立庭院四周，院内的花草树木和林荫小道纵横交错。房间装饰的美学理念以传统材质为灵感，家具和设计完全符合皇家特色。地板采用北京特有的金色陶瓦铺设，经过抛光泛出深邃的光泽，大部分房间采用敞开式屋顶，客人可以直接看到木质屋顶梁和结构柱。

这些院落展现出一种超凡脱俗、宁静和谐的氛围。绝大多数房间配备四帷柱豪华大床，以及明代风格的大型衣柜。客房和套房均装饰从传统的木质屏风和竹质百叶窗，营造出简约、怀旧的氛围，仿佛透过时间的薄雾感受到另一个时空的浪漫气息，勾起人们对逝去时光的追忆。池塘边设有古乐亭，酒店的中国乐师会在芳香扑鼻的午后和夜晚演奏醉人的丝竹乐。

屋内陈设部分明式古典家具，并配以中国字画、古董及各种手工艺品装饰。院中亭台楼阁、草木扶疏、古典回廊，集历史和现代于一身，随着四季的变化，院中景致各异。建筑设计的巧妙不禁让人发出"庭院深深深几许"的感慨。

资料来源：http://travel.sina.com.cn，新浪旅游。

四、饭店跨文化管理

（一）饭店跨文化管理的必要性

目前，我国旅游业与饭店业进入快速发展期，旅游信息技术高度发达，区域经济一体化和 WTO 等多边贸易协定的建立，使各国旅游市场统一起来，成为真正的世界市场。我国越来越多的饭店和餐饮集团与其他国家建立了直接或间接的业务，许多旅游饭店已跨出国门，投入世界饭店市场。因此，现代饭店管理人员必须具备全球化的知识、全球化的经营意识和全球化的经营技巧。目前在跨文化经营的饭店或饭店集团中，管理者几乎都面对不同群体文化的矛盾和冲突，由于这些企业由不同文化背景的职工和管理人员组成，面临不同文化、语言、教育、宗教信仰和生活习俗，不同的工作态度和追求，不同的管理方法、技巧和经验等，因此饭店如何进行文化沟通、协调和管理，成为直接影响经营效果的重要问题。此外，跨文化饭店不仅要满足不同文化的消费者需求，还要适应东道地区的风俗习惯和法律制度。这样，如何在多元文化条件下经营饭店，一直是跨文化饭店管理探讨的重要课题。此外，国内饭店业面临跨文化管理，这是因为饭店产品要在不同地区销售，在销售中面临外来产品的冲击。

由于跨文化管理饭店是管理人员在不同文化背景下的共同经营管理，共同承担风险及分享收益，这种饭店要取得成功，各方需要共同努力，从跨文化经营的实际出发，以各方不同的管理文化为基础，构筑适合本企业的有效运行方式和管理文化。根据实践，跨文化饭店的合作内涵实质是职工之间的合作关系。由于人的行为源于个人内在心理动机及所处环境的共同作用，这样，在饭店的筹建、成长和发展中，合作各方必然带有本身的背景文化，因而不可避免地在管理中产生摩擦。为解决以上问题，首先需要双方管理人员、技术人员共同实施管理，高层管理人员进行文化协调，各部门经理主动合作，使饭店经营得到有效控制。不仅如此，跨文化管理的饭店还必须引进先进的管理手段，提高企业决策水平。

(二)现代饭店跨文化管理

1. 现代饭店跨文化管理程序

(1)分析文化对饭店管理的影响

根据调查，不同文化背景决定了职工不同的价值观和行为准则，导致了职工对各项管理职能的不同态度。饭店要有效地管理不同文化背景的职工，首先要了解他们的各自需求、价值观和行为模式，分析各种文化的特点，以便有针对性地采取措施，减少文化冲突和矛盾，构建和谐的管理文化。同时不同文化背景决定了饭店管理者的价值观，从而决定了他们不同的经营理念和行为模式。因而，有效的跨文化管理必须分析不同文化对饭店管理各项职能的影响，从而有针对性地减少管理障碍，迈进理想的管理途径。

(2)调查外来文化的容忍度

在跨文化饭店的管理中，职工有着不同文化背景，只有通过调查职工对外来文化的容忍度，才能制定管理规范，避免和减少文化冲突。此外，总结不同文化的相同点，作为跨文化沟通和文化整合的基点。由于企业最终目的是完成社会责任，为企业带来经济回报，因此不同文化背景的饭店经营目标基本相同，管理者应以此为契机进行文化整合，形成双方都能接受的、高效的管理文化。

(3)选择适合的管理文化

管理文化的整合应因地制宜，应选择最适合本企业及所处环境的管理文化。影响饭店管理文化的因素很多，最重要的是文化特点及其管理效率。通常在选择文化初期，可保留部分对本企业不适合的外来文化，运作一段时间后，可由其他优秀文化替代；对先进与高效的管理文化，应积极吸收其合理之处。此外，应根据合作各方文化的共同点及职工对外来文化的容忍度，确定合作各方都能接受的经营理念和管理文化。最后将整合后的管理文化，制成企业运行准则，并通过各种激励和约束手段，使之成为饭店独特的管理文化。

(4)建立反馈与评价系统

整合后的饭店管理文化应具有高效运行的功能,而不仅是解决文化矛盾问题。因此,新的管理文化系统必须经过实践检验,对产品质量、营销效果、企业利润及社会效益等方面进行全面测量和评价。

2. 跨文化管理基本原则

(1)因地制宜原则

跨文化管理的饭店必须以双方不同的文化背景为基础,针对东道国的宏观环境、企业微观环境和职工接受能力,因地制宜地建立适合本饭店企业的管理文化;其次,随着饭店的发展和内外环境的变化,原有共同管理的文化不一定永远适应企业发展,应适时调整。

(2)平等互利原则

饭店是一个开放系统,由相互联系而共同工作的各职能部门和各岗位组成,管理文化作为一个完整系统,常设立一个总经理、一个管理班子,然而双方不同的投资动机会形成不同的利益观,处理好合作各方的利益并使其统一是饭店经营成功的关键。因此,跨文化管理饭店中应坚持平等互利,发挥各方优势,主动让利,使合资者增强合作信心,也要敢于争利,维护本企业的合理利益。

(3)相互了解和尊重

在跨文化管理饭店中,管理双方应对各方的文化背景、管理理念、风俗习惯等情况有较深的了解,这样有利于因人而异,因势利导,增强合作。相互尊重是合作各方诚意与信誉的保证,对于合作方提出的任何疑问,都应尽快答复,不能立即答复的,要申明理由,促进双方和谐工作。

(4)相互协商和信任

在跨文化管理饭店中,合作方应相互了解对方的管理文化,应协商共事,相互信任、相互理解、相互尊重。在一定程度上,相互信任是共同管理饭店的重要基础。作为自主经营、自负盈亏、自我发展的中外合作饭店,在合作期内的战略决策应当是长期的,否则会影响到企业的长远发展,合作方应以饭店长期的发展为前提,共同进行决策和管理控制。

资料链接　　中西方服务思想的差异

“世界上最大的快乐就是能够使他人快乐。”这一伟大的思想由来已久,但怎样去将其实现,怎样通过带给他人快乐而使他人自身得到无限满足,这并不是人人都能做到,关键在于思想和理念的转变。“服务”的概念便体现了这一思想和理念。

我们通常指服务,便意味着由他人指使、为他人效劳,但在西方社会服务并不是

如此简单。在中国“服”和“务”是两个字，都是从事某种工作的意思，例如“服役”、“务农”。两重意思叠加，即为从事某种工作的人而工作，因此从造词法来看，服务一词仿佛有着低人一等的意思；在西方，“服务(Service)”与“仆人(Servant)”两词出于同源，但由于“人人皆为耶稣之奴仆”的圣经文化的长久熏陶，使得服务理念早已有了提升和转变。在丽思卡尔顿的文化中要求员工不以服务为耻，反以为荣，因为服务能为他人带来快乐和满足，服务能使人的精神得以充实、品行得以提高，甚至心灵得以净化，而这一做法也极为符合西方文化中基督原罪的心态。

资料来源：百度文库。

3. 跨文化管理方法

(1)决策权共享

决策权共享是跨文化管理的特色，也是饭店取得成功的保证。占有多数股权的合作方与占有董事长位置的一方不应强行以表决方式通过决策。由于合作方共同决策体现着跨文化饭店相互制衡的经济关系，所以执行共同决策机制首先要在董事会和高层管理人员中展开。

(2)提高管理人员素质

跨文化管理的前提需要管理人员的高素质，因此饭店应选拔德才兼备的优秀人才作为高层管理人员，加强对部门经理和业务主管的培训，在合作开始阶段就使管理人员学会有关跨文化管理知识并了解合作方的文化背景。在跨文化饭店的经营中，更需要通过培训，使管理人员达到业务素质要求。

(3)促进信息交流

由于跨文化管理饭店的特点是共同决策，共同管理，因此合作方的信息交流就显得十分重要。信息交流可使不同文化背景的管理人员互相借鉴，互相学习，融合不同的管理理念和管理方法，并形成新的管理模式和管理文化。各方人员应在相互尊重和信任的环境下，以诚恳态度加强文化交流，促进和谐共事。此外，促进信息交流必须加强饭店工作环境建设，包括经营环境和人际环境建设，行使好部门、职务的职责权力及制定工资报酬规范与标准。

(4)加强制度建设

饭店管理文化最终是以具体的管理制度体现的，饭店规章制度直接约束着组织结构、经营行为和工作准则。现代饭店管理的正规化、规范化要求企业形成一套科学而合理的、为全体职工共同遵守的规章制度。在跨文化管理的饭店中，制度化是统一不同管理方法的有效手段。制度化即以企业规章制度的形式将各方管理人员的不同管理理念和方法统一为一个有效的管理模式，使合作方都能按规章制度办事，达到统一的标准，从而有利于建立统一的管理文化。

本章小结

公共关系是现代饭店企业外求发展、内求团结和塑造企业形象和声誉的重要手段。公共关系具有以公众为对象、以名誉为目的、以互惠为原则、以情感为纽带、以长远为方针、以创新为生命、以信息为手段、以诚信为信条的特点。饭店企业识别系统包括理念识别系统、行为识别系统和视觉识别系统三部分，构建一般分为四个阶段。企业文化是企业管理的精神支柱，是指导企业发展和业务经营活动的思想指南。饭店企业文化具有导向功能、教育功能、凝聚功能、调适功能、辐射功能和自我完善功能。

知识结构图

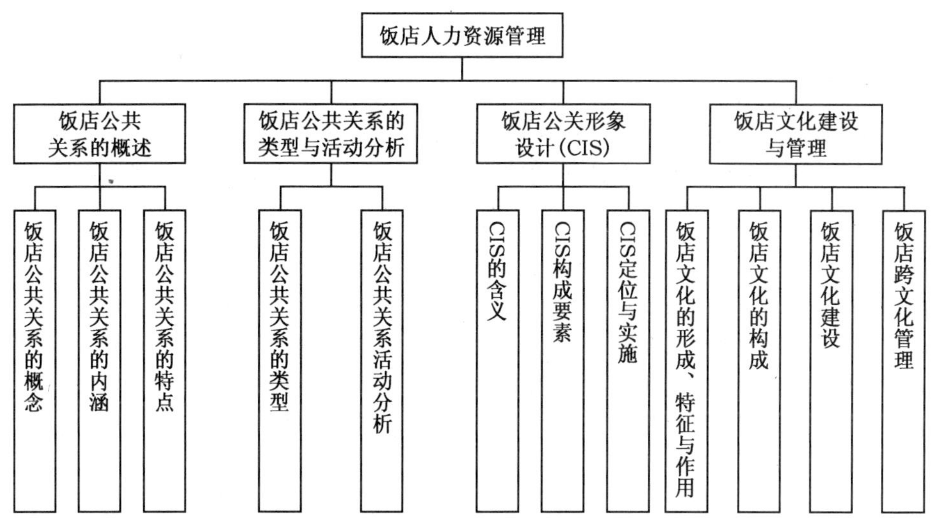

案例研究

一次巧妙的公关

公关已经成为营销的重要手段和内容。在营销过程中，巧妙的公关活动往往能起到出其不意的作用。

王先生是威海一家大型外资企业的老板，也是威海卫大厦的一个客户。由于其公司每年都要接待很多国内外的商务客人，王老板也因此成为各家饭店争相公关的对象。某年5月王老板生日那天，威海卫大厦公关部照例根据客户档案显示的信息给他送生日蛋糕。蛋糕到达公司后，却被告知王老板携夫人去北京了。按照常理，此事该就此作罢，但威海卫大厦的公关人员不肯就此罢休，向公司办公室人员百般请求，费尽口舌，终于打听到了王先生在北京住的饭店，分管公关的纪红斌副总马上打电话给北京那家饭店的公关部，以威海卫大厦名义请求饭店在晚上王先生用餐时送上一份生日蛋糕，并注明威海卫大厦敬呈字样，费用由威海卫大厦支付。北京这家饭店的公关部经理深有感触地说："你们真了不起啊，公关工作都做到北京来了！我们也深受启发，请放心，我们一定按你们的要求把蛋糕和祝福转达到王先生，至于生日蛋糕，我们就免费送了。"

晚上，王先生携夫人到餐厅用餐，当看到餐桌中央摆放着插着蜡烛、写着"祝您生日决乐，威海卫大厦敬呈"字样的生日蛋糕时，十分疑惑和惊讶，原来王先生因为工作忙把自己的生日也忘了。当服务人员把事情原委告诉王先生时，他激动地说："千里送蛋糕，礼轻情意重啊！"王先生和夫人在异乡过了一个难忘的生日，而王先生和威海卫大厦的感情却在这个难忘的生日里升华了。

评析：威海卫大厦公关人员千里送真情的公关举措着实让所有公关人员赞叹，也让所有顾客感动。在当今这个信息时代，各商家为了取得竞争优势而竞相采取各类公关举措早已不是什么新鲜事，在自己的主要客户过生日时为他们送上一份生日蛋糕，以便能更好地维持双方持久的往来关系，这更是为人们司空见惯。但像威海卫大厦的公关人员这样，在顾客出差在外的情形下，仍能不怕麻烦地委托他人为远在他方的顾客送上一份生日的问候和祝福，这种程度的公关却着实少见。为什么威海卫大厦的公关人员要如是做呢？我想他们心里也清楚，即便他们不这样做也不会惹怒王先生，也不会因此失去王先生这个老客户，因为这不是他们的义务。但他们却毫不犹豫地这样做了。其实他们的行动恰恰体现出他们已经把最新的"抢先营销"、"深度营销"及"真情营销"等理念切实贯彻到了实践中，他们意识到了要想比别人获得更多的竞争优势，只有真正从顾客的角度出发去思考，并以此来指导自己的行动，才能赢得顾客更多的信任和忠诚。在此案例中，如果威海卫大厦的公关人员也和其他一般的公关人员一样，看到王先生不在威海也就放弃了此次公关行动，虽然从表面上看，他们不会因此而输给其他公关人员，但他们也仅仅只能做到与其他公关人员扯平而已，而无法再略胜他们一筹。因此，从长远发展来看，他们其实在无形中还是既输给了他人也输给了自己。

实训练习

对本地区的星级饭店作一项调查，了解当地饭店的公共关系活动及其成效，调查当地饭店公关形象设计的定位与实施情况。

目的：使学生了解饭店的公关活动及特点，掌握饭店形象设计的技巧。

要求：分组进行，结合所学知识，写出调查报告。

复习思考

1. 结合饭店公共关系的特点，试论述饭店开展公共关系活动的要点有哪些？
2. 饭店公共关系的活动领域之一是收集各类信息，在收集信息时，应将重点放在哪些方面？为什么？
3. 饭店形象有什么特征？如何塑造饭店形象？
4. 如何理解饭店企业 CIS 的构成？
5. 饭店文化的特点是什么？
6. 饭店跨文化管理的含义和内容是什么？
7. 饭店跨文化管理的方法有哪些？
8. 简述饭店跨文化管理的重要性。

参考文献

[1]罗明义,仇学琴.旅游饭店经营管理[M].昆明:云南大学出版社,2000.

[2]蒋丁新.饭店管理概论[M].大连:东北财经大学出版社,2002.

[3]吕建中.现代旅游饭店管理.中国旅游出版社,2002.

[4]赵星铁.新编饭店管理.立信会计出版社,2003.

[5]郑向敏.现代饭店管理学.南开大学出版社,2004.

[6]蒂莫西·R.辛金著,陈晓东、吴卫译.酒店管理案例.大连:大连理工大学出版社,2004.

[7]吴宝宏.现代饭店管理概论[M].沈阳:辽宁民族出版社,2005.

[8]罗通嵘.旅馆业经营实务》,经济管理出版社,2005.

[9]宋凤鸣,胡占友.现代宾馆饭店管理操作规范[M].北京:机械工业出版社,2005.

[10]梭伦.宾馆酒店员工培训教程[M].北京:中国纺织出版社,2005.

[11]梁玉社、白毅.饭店管理概论[M].北京:旅游教育出版社,2006.

[12]王天佑.饭店管理概论[M].北京:清华大学出版社,2006.

[13]徐文苑、王珑.酒店经营管理[M].广州:广东经济出版社,2006.